本书是英国政府双边赠款"西部地区基础教育发展"项目"中西部地区农村中小学合理布局结构研究"课题和全国教育科学规划青年基金项目"农村教学点问题研究"课题的研究成果之一。

《中国西部基础教育文库》编委会

主　任　崔邦焱
副主任　田祖荫　周　坚　张光明
成　员　何光彩　王晓清　张连敏
　　　　左　涛　赵应生　辛倩倩

中国西部基础教育文库/教育部财务司组编

中小学布局调整与教学点建设研究

郭清扬　赵　丹　范先佐　著

人民教育出版社

·北京·

图书在版编目(CIP)数据

中小学布局调整与教学点建设研究/郭清扬,赵丹,范先佐著.
—北京:人民教育出版社,2011
(中国西部基础教育文库)
ISBN 978-7-107-23306-7

Ⅰ.①中…
Ⅱ.①郭…
Ⅲ.①基础教育-教育政策-西北地区 ②基础教育-教育政策-西南地区
Ⅳ.①G639.21

中国版本图书馆 CIP 数据核字(2011)第 043642 号

人民教育出版社出版发行
网址:http://www.pep.com.cn
北京人卫印刷厂印装 全国新华书店经销
2011年8月第1版 2011年8月第1次印刷
开本:787毫米×1 092毫米 1/16 印张:16.75
字数:279千字 印数:0 001~3 000册
定价:22.40元
如发现印、装质量问题,影响阅读,请与本社出版科联系调换。
(联系地址:北京市海淀区中关村南大街17号院1号楼 邮编:100081)

《中国西部基础教育文库》
序　　言

　　为实现"两基"目标，促进义务教育均衡发展，在中央和地方政府切实加大财政投入的同时，我国政府积极引进外资，从1992年到2002年先后利用世界银行贷款组织实施了四个农村基础教育发展项目，贷款及配套资金总额达10.65亿美元，覆盖21个省（自治区）的466个国家级和省级贫困县（旗），其中包括11个西部省（自治区）的255个贫困县（旗），对当地普及九年义务教育起到了积极的促进作用。

　　2003年11月11日，中英两国政府及世界银行签订了"西部地区基础教育发展"项目（以下简称"西发项目"）三方协议，正式启动第五个中国农村基础教育发展项目。该项目于2004年5月20日正式生效。为实施西发项目，世界银行提供1亿美元硬贷款（固定利率贷款），主要用于改善四川、云南、广西、宁夏和甘肃五个省（自治区）（以下统称为"项目省"）112个县的小学、初中的办学条件，提高教育教学质量和教育行政管理水平；英国国际发展部提供3 440万美元赠款，主要用于在项目省中选择部分县的中小学开展从英国引进的"学校发展计划"和"参与式教师培训"两项改革课题研究和试点工作。此外，英国国际发展部还另提供443.2万美元赠款，由我国教育部组织有关专家和项目省开展5项课题研究活动，以及为项目省实施西发项目提供专家咨询服务。英国政府赠款支持的5项课题研究如下：

　　（一）农村贫困学生就学资助制度研究：由西北师范大学教育学院金东海教授牵头的课题组承担。这项研究的调查范围涉及四川、甘肃、河南和湖北四省，调查对象包括政府机构、学校、学生家庭，研究的主要内容是：（1）确定学生就学资助的目的与任务，以提高义务教育的产出；（2）了解农村学生就学所需支付的成本情况，以及学生家庭的教育支付能力；（3）评价现有资助对农村义务教育阶段学生就学的影响；（4）提出完善农村义务教育阶段学生就学资助的政策建议。

　　（二）中西部地区农村中小学合理布局结构研究：由华中师范大学范

先佐教授牵头的课题组承担。该研究采用问卷、访谈、查阅文献、观察等方式对中西部地区的湖北、河南、广西、云南、陕西、内蒙古等6省（自治区）38个县（市）177个乡镇的中小学布局调整情况进行调查研究，了解我国农村中小学布局调整的背景、目的、方式、成效与问题，在此基础上提出进一步完善我国农村中小学布局结构调整的政策性建议。

（三）西发项目的影响力评价研究：由北京师范大学教育管理学院杜育红教授牵头的课题组承担。该研究目的是为了更好地实现西发项目的总体目标，并通过项目影响当地人群的行为方式与教育观念，提高当地政府及相关群体的教育管理能力。影响力评价不仅包括对项目本身的投入过程与产出过程的评价，还包括对项目产生的直接效果与间接效果的评价。该研究涉及西部5个省（自治区）的112个县，抽样调查涉及15个县、244所学校，约2.2万名学生、3 000多名教师和2 000多个村民，采集的数据量多达500多万条。

（四）农村教育改革研究：由北京师范大学教育学院袁桂林教授牵头的课题组承担。该课题主要是针对西部农村教育的具体问题，利用行动研究的方式，把研究和项目省的改革实践结合起来，以期促进农村教育改革发展。该课题组将5个项目省提交的10个研究课题分为三类：（1）教育机会问题；（2）教育质量问题；（3）教育资源配置问题。从2006年开始，课题组深入试点县，和县教育局及有关专家进行了研讨，指导项目单位开展研究工作。

（五）"学校发展计划与参与式教师培训"国家级技术支持研究：由北京大学教育学院陈向明教授牵头的课题组承担。主要是根据"学校发展计划"和"参与式教师培训"的要求，指导项目省制订工作计划，对省级专家、县级专家进行培训和技术指导，评估和总结成果和经验。

目前，上述5个课题的研究工作已全部结束。各课题组撰写了系统翔实的研究报告，分别提交给了我国教育部财务司、世界银行和英国国际发展部北京办事处，得到了各方的充分肯定。其中，陈向明教授课题组的成果《学校发展计划与学校自主发展》、《参与式教学与教师专业发展》已由北京大学出版社于2008年12月出版。应该说，这些研究成果的取得十分不易，得益于英国国际发展部提供的资金支持、技术指导和世界银行给予的帮助，凝聚了各课题组成员的辛勤劳动和学术智慧。各项目省（自治区）、市（地、州）、县（旗）教育行政部门和项目学校大力配合、积极参与，为研究工作的顺利完成作出了贡献。为以适当的方式呈现、发掘并推广这些研究成果，我们请金东海、范先佐、杜育红、袁桂林四位教授牵头的课题组对其研究报告进行了修改、完善和充实，以《中国西部基础教育文库》的名义结集出版，希望得到基础教育理论与实践工作者们的批评与指正。

谨此为序。

2010 年 11 月 20 日

（本序作者系教育部财务司巡视员）

目 录

1 第一章 导论
　一、研究意义　2
　二、研究现状　6
　三、概念界定　18
　四、研究方法　33
　五、研究思路　37
　六、数据来源　38

42 第二章 农村中小学布局结构调整的背景与目的
　一、农村中小学布局结构调整的理论依据　42
　二、农村中小学布局的影响因素及其布局原则　47
　三、我国农村中小学布局结构调整的历史回顾　50
　四、不同主体对农村中小学布局结构调整的预期
　　和目的　53
　五、农村中小学布局结构调整的实施步骤　60
　六、农村中小学布局结构调整后的办学模式　66

69 第三章 农村中小学布局结构调整的成效与问题
　一、农村中小学布局结构调整的评价标准　69
　二、农村中小学布局结构调整的总体评价　77
　三、农村中小学布局结构调整的具体评价　85

112 第四章 农村教学点面临的困境与原因分析
　一、农村教学点产生的背景　112

二、当前农村教学点面临的困境　122
三、农村教学点面临困境的负面影响　135
四、农村教学点面临困境的原因分析　137

第五章　加强农村教学点建设的对策建议　150
一、农村教学点的作用　150
二、加强农村教学点建设的若干对策建议　161
三、加强农村教学点建设需要着力解决的问题　179

参考文献　184
附录　189
后记　256

第一章 导 论

义务教育是实施科教兴国战略的奠基工程,是一项带有全局性、基础性和先导性的事业。我国作为拥有13亿人口的发展中大国,农村人口占近60%,农村义务教育的发展对于提高国民素质,培养各级各类人才,促进社会主义现代化建设起着至关重要的作用。截至2006年末,全国总人口为131 448万人,其中农村人口为 73 742万人,占全国总人口的 56.1%。①而根据2006年的统计数据,我国农村小学和初中校数为29.5万所和3.53万所,分别占全国总数的86%和58%;在校生数为6 676万人和2 575万人,分别占全国总数的62%和43%(见表1-1)。农村义务教育是中国基础教育的重要组成部分。如果再把县镇中小学也计算在内,那么农村教育所占的比重还要更大,这充分说明了农村义务教育在整个中国教育中的特殊地位。因此,从某种意义上说,中国的教育问题,实质上是农村的教育问题,中国农村教育的问题解决了,中国的教育就好办了。

表1-1 2006年全国普通中小学分城镇、农村的学校数和在校生数

		学校数（所）	百分比（%）	在校生数（人）	百分比（%）
小学	全国	341 639	100	107 115 346	100
	城市	16 999	5	16 035 689	15
	县镇	29 588	9	24 318 225	23
	农村	295 052	86	66 761 432	62
初中	全国	60 550	100	59 579 491	100
	城市	7 190	12	9 508 499	16
	县镇	18 077	30	24 312 660	41
	农村	35 283	58	25 758 332	43

数据来源于教育部网站,http://www.moe.gov.cn/edoas/website18/info33518.htm,http://www.moe.gov.cn/edoas/website18/info33521.htm。

---

① 数据来源于《中华人民共和国2006年国民经济和社会发展统计公报》,2007年2月28日,http://www.stats.gov.cn/tjgb/ndtjgb/qgndtjgb/t20070228_402387821.htm。

农村教育的改革与发展是我国党和政府长期高度关注的重要问题。保障农村义务教育的持续、健康发展，不仅直接关系到亿万农民的切身利益，而且也是全面提升国民素质与综合国力的基础与前提。为此，党和政府先后采取了多项政策与措施推进农村中小学学校建设，促进农村义务教育质量的提高。其中，农村中小学布局结构调整就是一项旨在优化农村基础教育结构，合理配置农村教育资源，以进一步促进农村义务教育改革与发展的重要举措。特别是从20世纪90年代中后期开始，随着计划生育政策的落实，农村学龄人口不断减少和城镇化水平不断提高，我国农村地区不少中小学生源不足，学校布局分散，规模小，质量低的矛盾日益突出。为此，我国农村地区，特别是中西部农村地区开始了新一轮中小学布局结构的大调整。

那么，这一次农村中小学布局结构调整的情况究竟如何呢？为了客观把握我国农村中小学布局结构调整的真实情况，全面了解当前我国农村地区中小学布局结构调整的经验及其存在的主要问题，探讨科学、合理的农村地区中小学合理布局的途径和方法，并结合我国农村义务教育政策的调整和各地实际情况，提出一套科学、合理的农村地区中小学合理布局方案，华中师范大学"中西部地区农村中小学合理布局结构研究"课题组受教育部财务司的委托，在英国政府双边赠款"西部地区基础教育发展"项目的资助下，从2005年7月至2008年10月，对中西部地区的湖北、河南、广西、云南、陕西、内蒙古6省（自治区）、38个县（市）、177个乡镇的中小学布局结构调整情况进行了深入、细致的调查研究。之后我们课题组的几位年青教师和博士研究生申报的全国教育科学"十一五"规划国家青年基金项目"农村教学点问题研究"获准立项，并就农村教学点问题进行了调研。调查采用问卷、访谈、查阅文献、观察等方式进行。课题组在调查中深入了解了我国农村中小学布局调整的背景、目的、方式、成效与问题，分析了存在问题的原因，提出了解决问题的对策建议。该研究的成果《中国中西部地区农村中小学合理布局结构研究》已由中国社会科学出版社出版。本书主要就农村中小学布局结构调整与农村教学点建设问题进行探讨，以作为上述研究的补充和深化。

一、研究意义

学术研究的意义一般体现在理论意义和实践意义两个方面。理论意义是指学术研究的价值，即"应该在研究方向、研究方法、论证逻辑体系或研究基本结论上，对已有的学术研究活动的补充或修正"；实践意义是指一项研究对于"现实社会问题本身"的价值,主要表现在"对现实社会问题的理性关怀"。①

农村中小学布局结构调整和教学点建设是一项复杂的系统工程。这种调整不是一个突变的过程,而是一个渐进的、长期的过程,是一个随着经济社会的发展,特别是人口的年龄结构和空间布局结构的变化而不断调整的过程。据最新的数据统计显示,我国农村地区仍有小学教学点87 590个,占全国小学教学点数的98%以上②;在高山、高原、高寒及牧区、半农牧区和荒漠地区,80%左右的初中生、50%左右的小学生需要寄宿;特殊的办学形式使得学校布局分散、校舍建设成本普遍较高,原本短缺的教育经费难以满足基本的教育需求,适龄少年儿童"进不来、留不住"成为"两基"攻坚的难点。面对2010年中国全面普及义务教育的目标,探讨农村中小学布局调整和教学点的建设,对于进一步搞好农村中小学布局结构调整,保证边远贫困地区的孩子公平接受义务教育,促进城乡教育的均衡发展,具有十分重要的理论意义和实践意义。

(一) 有助于农村中小学合理布局

所谓农村中小学合理布局,是指农村中小学在哪里办学、怎样办学的问题,合理的中小学教育布局不仅能使人力、物力、财力得到充分、合理的使用,而且有利于基础教育的均衡发展。学校布局是一个国家或地区学校在地理空间上的分布结构,它与经济社会发展水平和人口分布状况密切相关。农村中小学布局是否科学,直接关系到教育资源的利用效率和教育的发展。由于影响农村中小学布局的社会经济发展水平和人口分布是变化发展的,因而学校布局结构的调整是不可避免的。但现有研究大多将农村中小学布局结构调整理解为扩大学校规模,优化教育资源配置,认为农村中小学布局结构调整就是撤点并校。而本研究是将农村中小学布局结构调整与教学点建设结合起来,认为教学点的存在及发展受到经济、社会等多方面因素的制约和影响,在农村中小学布局结构调整过程中,对那些布点过于分散、规模小的教学点适当撤并有利于教育规模效益的形成;而对于那些偏远地区的教学点,应该更多地从教育和社会的视角去衡量和看待其

---

① 于建嵘著:《岳村政治——转型期中国社会乡村政治体系的变迁》,商务印书馆2001年版,第12页。

② 根据教育部网站公布的数据计算得出,http://www.moe.gov.cn/edoas/website18/info33518.htm。

作用及未来走向。因为对于教学点的学生及其家长来说，大量教学点被撤销撤并，原来就读于教学点的学生要转到离家较远的中心校或完小上学，尤其是对偏远山区的学生来讲，就会面临上学远、上学难的问题，甚至会导致辍学。对那些在中心学校寄宿学生的家长来说，加重了家庭的经济负担。而对于暂时保留下来的教学点的学生，他们享受不到同等质量的教育。"教育系统的首要目标，应是减少来自社会边远和处境不利阶层的儿童在社会上易受伤害的程度，以便打破贫困和排斥的恶性循环"。① 偏远地区经济落后的客观现实已经使那里的学生处于不利境地，而他们接受教育又面临种种困难，因此，将农村中小学布局结构调整与教学点建设结合起来研究，有助于消除布局结构调整给偏远落后地区学生及家长带来的负面影响，有助于农村中小学合理布局。

（二）有助于实现教育均衡发展

义务教育的均衡发展，是近年来我国政府一直致力的目标，是建设社会主义和谐社会、促进社会公平正义的重要方面。2005 年 5 月，教育部颁布《关于进一步推进义务教育均衡发展的若干意见》，把推进义务教育均衡发展摆上了重要议事日程，明确要求各地把义务教育工作重心进一步落实到办好每一所学校和关注每一个孩子的健康成长上来。但长期以来，作为二元社会的中国，教育发展最突出的一个问题就是城乡教育发展的不平衡。这种不平衡一方面体现在各级各类教育的普及率上；另一方面，也是更重要的问题，即教育质量的差异——无论是办学条件，还是师资水平，农村都无法与城市相比。农村办学质量低的原因之一，就是农村中小学布局结构不合理。而教育均衡发展的最基本要求是在教育机构和教育群体之间，公平地配置教育资源，达到教育需求与教育供给的相对均衡。因此，通过学校布局结构调整，一方面适当集中办学，使有限的教育资源得以充分利用；另一方面重视学校布局结构调整后保留下来的教学点的建设，改善其办学条件，从而提高农村学校，尤其是偏远落后地区农村中小学的教学质量和教育水平。农村学校办学条件的极大改善，能缓解校际两极分化现象，促进城乡间教育的均衡发展。

---

① 国际 21 世纪教育委员会著，联合国教科文组织总部中文科译：《教育——财富蕴藏其中》，教育科学出版社 1996 年版，第 129 页。

（三）有助于促进义务教育的公平

教育公平是社会公平的基础，而义务教育公平则是社会公平的基石。普及义务教育既是现代经济和民主政治发展的客观要求，是现代文明的标志，同时也是实现教育公平和社会公平的基础。义务教育是国家保证全民族素质提高的基本途径，没有义务教育的公平，就没有社会公平，代际传递会加速社会分化。我国著名经济学家、北京大学厉以宁教授认为，"一切不平等的根源在哪儿呢？不平等的根源在教育的不平等。教育不平等，就业就不平等，就业不平等，收入就不平等，收入不平等，生活就不平等，生活不平等，下一代就不平等。"① 因此，追求教育公平的核心是使每一个受教育者都能得到与其智力相当的合理开发，通过自身的能力和努力，使其进入社会能找到适合自己的社会地位。义务教育，作为政府提供的最低标准的合格规范教育，保障的是广大人民群众及其子女的基本人权和发展权利。所以，义务教育追求的不仅仅是免费，而是教育公平和社会公平。免费是实施义务教育的重要支柱，是强制性和普及性的经济保障，是实现教育公平和社会公平的根本保证。因此，国家及其各级政府有责任保证公民依法平等享有接受良好教育的权利，而受教育者也有公平接受教育的权利。同所有适龄儿童少年一样，农村地区，特别是偏远落后农村地区的孩子同样应当享有公平接受义务教育的权利。

但是，在我国当前社会，相对于城市居民的孩子，农村地区，特别是偏远落后农村地区的孩子是社会的弱势群体。由于农村孩子，特别是偏远落后农村地区孩子的弱势地位，进而导致了这些孩子的教育公平问题，这印证了美国社会学家科尔曼曾经提出的家庭背景是影响学校教育公平的主要原因的论断。如果农村孩子，特别是偏远落后农村地区孩子的教育问题得不到很好的解决，就会影响这一庞大群体公平接受教育，进而难以适应未来社会发展的需要，而且会使代际传递加速社会分化。因此，通过研究农村中小学合理布局和教学点的建设问题，给农村孩子，特别是偏远落后农村地区孩子提供一个受教育的良好环境，不仅有助于促进教育公平，而且有助于防止代际传递加速社会分化。

---

① 熊健：《北京大学的农业经济学教授姚洋谈三农问题》，绿色果农网，2004年1月14日，http://www.hispeed.com.cn/Forum/ReadPost.asp? PostID=351123。

（四）有助于教育经济学学科的发展

从教育经济学的研究对象来看，教育结构与经济结构的关系无疑在教育经济学研究领域中占有重要地位，但是已有的研究几乎忽略了农村中小学的布局结构和农村教学点的建设。事实上，农村中小学布局结构合理，对农村乃至全国的经济和社会发展有重要的作用。大量事实证明，农村中小学布局结构合理，有助于改善地区间经济发展不平衡的状态，缩小先进地区与落后地区之间的差别。所以，对农村中小学布局结构调整和教学点建设进行研究，可以为教育经济学的研究开辟一个新的领域，扩大教育经济学的研究视野，甚至成为教育经济学研究领域的增长点。

二、研究现状

国内对农村中小学布局结构调整研究的文献较多，对农村教学点建设问题的研究文献较少，将两者结合起来进行研究的文献更是十分有限。目前一些文献均是在集中探讨农村中小学布局结构调整时涉及对教学点问题的研究。这些研究主要有以下几种类型。

（一）从复式教学的角度反映教学点的作用

这方面的研究侧重从教学组织形式的角度分析复式教学的作用和实用性，其中也有相当一部分文章侧重对教学点教师的奉献精神和刻苦钻研复式教学方法的赞颂。赵百禄在《复式教学浅说》中指出："复式教学是在一个教室里，有一位老师同时给两个年级以上学生上课的教学组织形式。它是符合我国农村，特别是广大山区特点的节省人力、物力和财力的一种行之有效的教学组织形式。"[①] 吕晓虹也指出：我国广大农村的自然环境、社会条件、人口分布千差万别，情况各异。特别是偏僻的山庄、窝铺、海岛、渔村、边陲、牧区……村庄稀疏，居民居住分散，再加上交通不便，信息闭塞，文化经济比较落后。复式教学使适龄儿童能按时就近入学，又不造成人力、物力、财力的浪费。[②] 中国教育学会复式教学专业委员会认为，复式教学还有很强的生命力。由于经济上和习惯上的原因，寄宿制学

---

① 赵百禄著：《复式教学浅说》，未来出版社1989年版，第5页。
② 吕晓虹：《复式教学在义务教育中的地位及前景》，载《教育评论》1999第3期。

校一时难以在农村普及。在这些地方，复式教学自有其生命力。①

对复式教学的研究与教学点问题的联系在于当前我国大多数教学点采取的教学组织形式是复式教学，而复式教学正是适应我国偏远地区教学点规模小、办学条件差、师资短缺的情况而存在，并为农村教育教学发挥重要作用的。在相当长的时期内，它将继续为偏远山区的教育发挥作用，这种教学组织形式的载体也就是规模小的教学点，二者具有统一性。相对于农村中小学布局调整与教学点建设来讲，复式教学的研究从教学组织形式的角度反射出农村教学点的作用，因此，农村中小学布局结构调整必须考虑到教学点的作用。

（二）对农村中小学布局结构调整的研究

相对于教学点来讲，农村中小学布局结构调整则是一个相对宏观的问题，因为当前教学点面临的问题很大程度上是布局结构调整过程所造成的。教学点面临的问题与农村中小学布局结构调整有着密切的联系。国内学者对中小学布局结构调整的研究较多，其中与教学点直接有关的有以下两个问题。

1. 关于农村中小学布局结构调整的目的研究

长期以来我国不少农村地区中小学布局分散，办学条件差，学校和班级规模普遍较小，复式班过多，教师负担重，教学质量差。通过学校布局结构调整，合理配置好公共教育资源，适当集中办学，调整和撤销一批生源不足、办学条件差、教育质量低的学校，实现区域（县、市、区）内或更大范围内中小学教育的均衡发展是政府进行农村中小学布局结构调整的直接动力。对此，庞丽娟指出："农村中小学布局结构调整就是一项旨在优化农村基础教育结构，合理配置农村教育资源，以进一步促进农村义务教育改革与发展的重要政策。"②

张忠福在论述农村学校布局结构调整的目的时也指出：从教育经济学的角度看，取得同样质量的教育效果，其教育资源消耗越少，效率就越高；或者消耗同样的资源取得相同质量的成果越多，效率就越高。因此，提高教育资源的利用率，降低资源消耗，提高劳动的有效性，使有限的资

---

① 田中岳：《复式教学还有很强的生命力——中国教育学会复式教学专业委员会第四届年会综述》，载《中小学管理》2001年第1期。

② 庞丽娟：《当前我国农村中小学布局调整的问题、原因与对策》，载《教育发展研究》2006年第4期。

源发挥最大的效能，是教育资源与成果产出之间的中心环节，这是农村中小学布局结构调整的理论依据，也是为实现教育增长方式的转变进行学校布局调整、优化教育资源配置的初衷。①

从规模经济理论看，在一定的市场条件下，生产规模的扩大可以导致最低平均成本的下降。改变广大农村地区办学点分散、班级容量过小、人员和投入效益不高、教育资源严重浪费的局面，打破村、片办学的模式，采用并点等多种形式调整学校布局，节约用地，建设规范校舍，使教学设施装备达标，有助于提高教育质量。学校规模过小，五脏俱全，但其资源利用不充分；规模过大而又不便于管理，办学设施和师资又难免出现捉襟见肘的现象。在现阶段，自发的办学集中化的趋势已初见端倪，在农村其过程具体表现为将分散的教学点或偏僻的小学校撤销，合并成一所新的学校，并对之加强投入和建设。在农村教育的整体构思中，学校布局调整工作使全面优化教育资源配置成为可能。

对布局调整目的的研究，其主要的理论依据为规模经济理论和资源合理配置理论。布局调整的动力来源于追求规模效益、促进中小学教育均衡发展和提高教育质量。因此，适当调整撤销布点过于分散、规模小、教育质量低的学校（很多是教学点）符合布局结构调整的初衷，也是农村教育发展的大势所趋。

2. 关于农村学校布局结构调整过程中存在问题及负面影响的研究

在农村中小学布局结构调整过程中，由于多方面的原因，也存在这样或那样的问题，其中由于大量撤并教学点造成学生上学远、上学难问题引起了社会的广泛关注。庞丽娟指出，部分地区脱离当地农村实际，快速撤减了大量的农村中小学和教学点，打破了调整前基本每村一所小学，一个乡镇2~4所初中的格局，不考虑当地的人口密度和地理环境等问题，盲目将学生集中到乡、镇的中心学校，使得许多农村学生上学路途遥远，就近上学成为奢望。一些农村中小学生一天往返要步行十里甚至二三十里崎岖的山路到乡、镇中心学校上学。② 石人炳也指出，在老、少、边、穷地区的农村，调整学校布局可能会使一些学生到离家较远的地方上学，带来诸多不便，这种"不方便"甚至可能导致学生辍学。以牺牲学生就学、降低

---

① 张忠福：《农村中小学布局调整问题研究——来自安徽省霍邱县的个案研究》，华东师范大学2003年硕士学位论文。

② 庞丽娟：《当前我国农村中小学布局调整的问题、原因与对策》，载《教育发展研究》2006年第4期。

普及程度为代价调整中小学布局，不符合教育事业发展的本质要求，① 也很难得到广大村民的理解和支持。

王林和广健梅通过个案调查的方式，发现学校布局结构调整是造成偏远地区学生上学难的主要原因。王林分析布局结构调整后存在的问题是：(1) 部分乡（镇）的布局调整缺乏科学规划；(2) 一些地方的农村中小学生上学路程远、困难，且存在严重的安全隐患；(3) 家庭经济、生活负担加重，群众供子女上学读书难、意见大。② 广健梅的结论与前者也大致相同：(1) 农村学校布局调整后学校服务半径太大，学生上学不便；(2) 教育经费短缺，教学条件得不到改善；(3) 后勤配套设施滞后，达不到寄宿制条件；(4) 寄宿会造成学生学习成本上扬，加重农民负担。③ 此外，王桂臣④、徐吉志⑤、杨延宝⑥、徐永生、石选坤⑦等人对农村中小学布局结构调整负面影响的研究，也都提到由于地方政府盲目撤校给偏远地区学生带来上学远、上学难的问题。

对布局结构调整负面影响的研究囊括的问题较多，包括中心校的建设、经费的短缺、校产的处理、教师缺编、学生上学不便、增加家长经济负担等多方面的问题。其中与教学点联系较大的是学生上学远的问题。但这一方面的研究并没有深入剖析布局结构调整给教学点带来哪些负面影响，布局结构调整是如何影响教学点的发展的。此外，布局结构调整对教学点的影响只是一定阶段上的，教学点的发展具有其历史性和长期性，一些地方在布局结构调整过程中的不恰当的做法更加剧了教学点的困境。因

---

① 石人炳：《用科学发展观指导中小学校布局调整》，载《中国教育学刊》2004年第7期。

② 王林：《民族贫困地区农村中小学布局调整问题研究——来自云南省镇沅彝族、哈尼族、拉祜族自治县的个案研究》，云南师范大学2006年教育硕士专业学位研究生学位论文。

③ 广健梅：《思茅市翠云区农村小学网点布局现状分析及调整中存在问题初探》，云南师范大学2006年教育硕士专业学位研究生学位论文。

④ 王桂臣：《关于农村中小学布局调整负面影响的思考》，载《河北教育》2005年第17期。

⑤ 徐吉志：《对当前农村小学布局调整的忧虑》，载《教书育人》2006年第18期。

⑥ 杨延宝：《当前农村小学布局调整存在的问题及思考》，载《基础教育研究》2004年第1期。

⑦ 徐永生、石选坤：《贫困地区农村小学布局调整的困难及应对策略》，载《中国教师》2005年第2期。

此，教学点问题与农村学校布局结构调整既有联系，又具有其自身的独立性。

（三）关于学校规模的研究

学校规模适度是提高教育资源利用效率的重要手段之一。学校规模适度理论主要是源于经济学上所谓之规模经济的理论应运而生。在经济学上，对于任何一种产业的投资与经营，均可视为一种生产过程，经济学家在讨论生产过程时，通常喜欢用投入和产出两个变量来表示。一般而论，当生产规模扩大时，产出增加的比例大于成本增加的比例，便是规模经济；反之，规模扩大时，产出增加的比例小于成本增加的比例，便是规模不经济。学校规模适度，是指在教育的其他条件基本不变的情况下，学校拥有恰好可以使所有资源得以充分和恰当利用，并在不违背教育规律的前提下，保证培养规格、教育质量不受到影响的合理限额的班级数和学生人数①。

与学校适度规模密切相关的是教育的合理布局问题。普通中小学应按人口密度和所跨地区半径设置学校网点，以方便学生就近入学。但这种布局也有不合理、不经济的一面。特别是在农村，小学一村一校，初中一乡一校，导致许多学校规模过小，师资力量差，班额严重不足，造成人力、财力、物力上的巨大浪费。随着我国农村城镇化的发展以及计划生育工作的不断深入，过去按照乡村依次设置中小学的学校布局已经显露出种种弊端，重新加以调整已势在必行。

在讨论学校规模与学校布局问题时，应当看到农村学校布点分散的不经济现象，布局结构调整是大势所趋。但布局结构调整并不是要把所有布点分散的小学校、教学点统统撤掉，而是要看到，"我国幅员辽阔，各个地区在人口分布、生源多寡、经济和地理条件等多方面都存在着较大差异。这就客观上决定了不同地区、不同性质的学校，其最佳规模的选择标准也就不同。"②因此，学校规模适度理论运用到实际中应具有它的灵活性，必须同时考虑到经济、社会和教育的各种因素，这就为我们对偏远地区农村教学点的调整提供了理论依据。

靳希斌分析了经济学中的规模经济理论，并运用于教育领域探讨了教育规模经济问题。英国学者马克西和西尔伯斯通过对汽车工业规模经济的

---

① ② 范先佐著：《教育经济学》，人民教育出版社1999年版，第278页。

研究，提出了关于规模经济的问题。在他们合著的《汽车工业》一书中，计算并绘制了汽车工业生产线的长期平均费用曲线图。这条曲线图就是著名的马克西—西尔伯斯通曲线①。

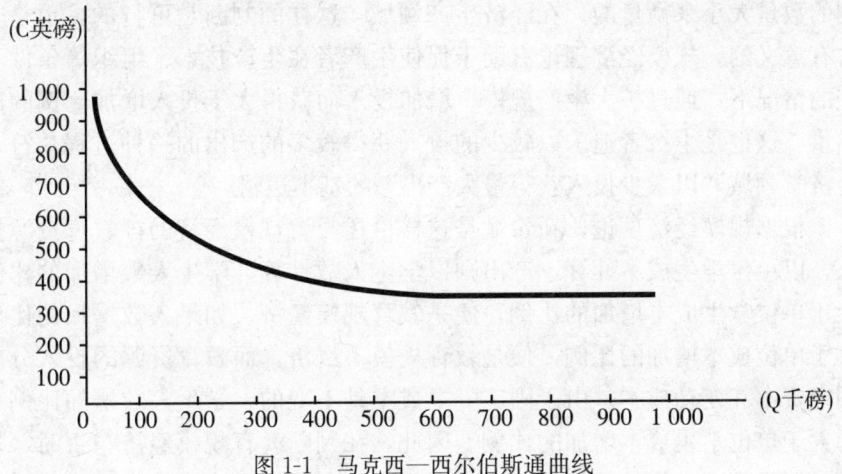

图1-1 马克西—西尔伯斯通曲线

根据马克西和西尔伯斯通对汽车生产线长期平均费用的分析，就一种车型的生产批量同成本的关系而言：当年产量由1 000辆增加到5万辆时，单位成本将下降40%；当年产量由5万辆增加到10万辆时，单位成本将下降15%；当年产量由10万辆增加到20万辆时，单位成本将下降10%；当年产量由20万辆增加到40万辆时，单位成本将下降5%；当年产量超过40万辆时，成本下降的幅度急剧减少，在达到年产100万辆的水平后，再加大批量，成本不再下降，反而上升。由此，在生产技术、组织和其他条件不变的情况下，一定的投入，固然会有一定的产出，却未必是在充分运用所投入的资源并发挥效能的条件下生产，如果投入以一定的比例增加，产出也相对增加同一比例，资源使用效率不变，这是规模效益恒常。用公式表示为：$\alpha=\beta$（α——产出的增长率；β——投入的增长率）。那么，当$\alpha>\beta$时，即生产规模扩大，产出增加的比例大于成本增加的比例，便是规模经济；反之，当$\alpha<\beta$时，即生产规模扩大，但产出增加的比例小于成本增加的比例，便是规模不经济。

可见，规模经济理论最初是从汽车生产领域而得出的经济学相关理论。与其他经济学理论一样，规模经济理论也具有严格的限制条件，即

---

① 唐杰等著：《城市产业分析——一项经济案例研究》，经济学院出版社1989年版。转引自靳希斌编著：《教育经济学》，人民教育出版社2001年版，第370页。

"在生产技术、组织和其他条件不变的情况下"。其自变量是"以一定比例增加的生产投入",因变量是"产出增加的比例情况"。判断规模经济与否的标准是在相关条件不变的情况下,严格按照产出增加比例与投入增加比例的数量大小来衡量的。在经济生产领域,这样的判断是可行的,也是非常有意义的。规模经济理论有助于促使生产者在生产技术、组织等条件不变的情况下,通过扩大生产规模、增加投入而获得大于投入增加比例的产出量。这也是生产者追求以较少的投入获得较多的产出的一种过程,符合经济学领域"以最少投入获得最大产出"的基本逻辑。

根据规模经济理论,靳希斌是这样论述教育规模经济的:教育资源投入,以单位学生成本计算,产出则以学生人数计算。学生人数增加的比例大于单位学生成本增加的比例,便是教育规模经济。如果人数增加的比例小于单位成本增加的比例,便是教育规模不经济。而教育资源的投入分成固定资本和变动成本。由于固定资本成本是不变的,学生人数增加比例永远大于单位学生成本增加的比例。因此,在判断教育规模经济与否时,教育资源投入通常指的是单位平均成本。即教育规模经济指的是单位平均成本因学生人数增加而下降的情况;反之,教育规模不经济是指单位平均成本因学生人数增加而上升的情况。①

但教育规模经济的形成也是有条件限制的,而且比经济学的规模经济更为复杂。教育规模经济的形成可使学校资源获得充分适当的使用;同时,规模经济的产生必须在规模扩大后不致衍生不经济缺陷的条件下才能成立。教育规模经济的形成基于以下三个条件。其一,资源利用的充分性,它是指由于教育资源本身具有整体性和不可分割性,即使学校规模小,也因教育功能的需求而投入相当大的比例,这就使已投入的资源因人数太少而未能获得充分利用,也就产生了教育规模不经济,这时就需要扩大学校规模,从而促使教育资源更充分的利用。其二,教育资源使用的适当性,它是指把资源功能的特性用在相当的需求场所,也就是说,学校规模扩大后,有利于促进专用建筑设备、教师专才专用及教育功能的多样性发挥,学校更能表现出课程及活动功能的多样性,有利于教育质量的提高。其三,教育规模扩大的有限性,它是指学校规模扩大到一定限度后,如果继续扩大,会产生人际关系冷漠和行政僵化等不经济缺陷,这时学校规模扩大就应该停止。

---

① 靳希斌编著:《教育经济学》,人民教育出版社2001年版,第371页。

上述关于学校规模形成条件的论述，不仅包括了学校规模扩大形成规模经济所需要的条件，而且隐含了学校规模扩大的必要性和相对优势，以及学校规模无限制扩大的负面影响。如关于"资源利用的充分性"，旨在指出要达到学校规模经济必须对教育资源充分利用，而在论述中又暗含了学校规模经济是有利于教育资源充分利用的，因为学校规模小，使投入的资源因人数太少而未能获得充分利用。此外，"教育资源使用的适当性"也说明了教育规模经济有利于各项设备、教师多样性的发挥。因此，教育规模经济形成的条件也同时是学校形成规模经济的优点。那么，如果根据教育规模经济理论，教学点学生人数少，但由于教育资源的整体性和不可分割性，要保证教学点质量，也必然向教学点投入一定的教育资源。显然，教学点规模小，不能达到教育规模经济，这与规模经济理论是不相符的。当然，这样的判断如果不考虑其他因素，仅仅从规模经济理论出发是正确的。

　　基于学校规模无限制扩大的弊端及学校规模过小造成的不经济，靳希斌指出，学校规模适度是指学校拥有恰好可以使资源获得充分与适当的运用，而又不衍生人际关系疏离及行政僵化等不经济现象。教育规模经济的效果唯有适度规模的学校可以获得。靳希斌关于学校规模适度的定义提出了学校规模适度与学校规模经济的统一性。关于学校规模适度实质上是教育规模经济效果形成的载体，也就是说，只有学校规模适度了，教育资源才得以充分有效地利用，同时也不会产生不经济因素，这就达到了教育规模经济的效果。那么同样对教学点来说，学校规模小却需要投入完整的一系列的教育资源，教学点的规模也不是适度的，而是规模偏小的不经济现象。

　　王善迈也指出：学校规模是影响资源利用效率的重要因素。学校规模效率是将经济学中规模经济的理论和方法运用到教育领域中的表现。学校作为非营利机构，是以教育成本大小，以资源利用效率度量收益。学校适度规模实质是把教育成本作为学校规模的函数。就全国总体情况来看，提高中小学规模效率还有一定的潜力，应当在学校布局上进一步实施教育资源优化配置，以提高规模效率。义务教育学生规模的扩大，应尽可能走现有学校扩大容量的路子。在城市郊区和农村发达地区，应对中小学布局作较大幅度的调整。在经济落后的山区、边远地区和少数民族地区，学校学生规模扩大有一定的困难，除建立寄宿制学校外，可推广复式教学，以扩大班额。①

---

① 王善迈著：《教育投入与产出》，河北教育出版社1999年版，第206页。

上述学者在论述学校规模经济问题时是结合学校布局进行讨论的，现实中，学校规模与学校布局也是密切相关的两个问题。杜晓俐、王贵福的研究也进一步指出：学校规模是学校布局的重要问题。学校规模是规划调整学校布局必须认真考虑的一个重要问题。学校规模的大小，涉及学校中教师、学生人数，班级的数量和教学设备的设置情况，还涉及教育资源利用的效率和教育效益等问题。从实际调查中，我们感到学校布局与学校规模要受人口数量、经济水平、交通情况、气候特点等诸多因素的制约。在地广人稀、居住分散或经济落后、交通不便、自然条件差的山区及偏远地区，学校布局和学校规模之间则出现了相互矛盾的状况。在这些地区，我们应该坚持义务教育的原则，采取灵活多样的办学模式，提高"下伸点"的教育质量。①

　　总结起来，靳希斌、王善迈等学者对学校规模经济问题的探讨不仅有对理论的精辟解释，也有对现实问题的深入分析。那么根据上述学者的研究，窥探学校规模经济理论与教学点问题之间的关系，可以说二者关联性非常强，联系十分紧密。从某种意义上说，关于教学点的研究是直接源于教育规模经济理论的，但并不是直接套用，而应是在对规模经济理论充分理解的基础上来分析教学点问题。因为教学点问题并不是被教育规模经济理论所完全覆盖和支配，而是具有自身的特殊性，甚至对规模经济理论提出了挑战。具体来讲，首先，从学校规模经济理论本身来说，它是根据经济学领域的规模经济理论衍生而来，其主要观点也是符合规模经济理论的要旨。教育经济学家们将规模经济理论引入到教育领域，便形成了教育规模经济理论。根据这一理论，教学点这种办学模式是达不到规模经济效果的，可以说它并不符合教育规模经济理论，甚至是背道而驰的。这是从教育规模经济理论出发而得出的判断。其次，从教学点本身来讲，教学点作为一种有效的教育教学组织形式，尽管达不到一定的规模，但并不意味着这种教育教学组织形式就应该取消。恰恰相反，在那些偏远落后、交通不便地区，保留教学点是十分必要的。因此，对待教学点的去留不能单纯以规模经济理论作为唯一尺度来衡量。教育规模经济理论只是一个分析问题的视角，而不能不切实际地套用。再次，从教育规模经济理论与教学点问题的关系角度看，研究者们虽然详细论述了教育规模经济理论，但我们应该清醒认识到这一理论对教学点的适用性问题。教育规模经济理论是有其

---

　　① 杜晓俐、王贵福：《关于学校布局与规模的思考》，载《教育探索》2000 年第 5 期。

限制条件的,其中最根本的也是最实质性的限制条件,就是必须保证教育质量,否则,即使教育规模经济形成也是有悖于教育规律和本质的。因此,如果片面追求规模效益,取消偏远地区教学点,将给当地学生带来上学远、上学难等诸多问题,是得不偿失的。总之,教育规模经济理论对确定学校规模、提高学校规模效益提供了理论依据,但对于教学点来讲,它显现出理论本身的局限性和不适用性,教学点的建设需要从更广阔的视角去探究。

(四) 小规模学校和小班教学的研究

将学校规模与班级规模研究归为一类,是因为二者是紧密相联的概念,既相互区别又相互联系。班级规模指的是一个特定教师指导下的一个特定班级或教学团体的学生人数。班级规模主要影响教师的"关照度"、课堂教学管理(包括班级成员间情感联系、班内差异大小带来的教师组织课堂所花费的时间和精力、班级成员间的交往模式、班内非正式小集体的形成与性质)、教学效果等。学校规模指的是一个学校的班级个数和注册学生人数。它主要影响学校氛围、教师集体、制度弹性、学生对学校生活的参与度、平等与对差异的理解并最终影响学业成绩。相比较而言,前者的影响对个体的发展显得直接、可察,后者显得潜在、深远。而从共同点来说,二者都是从学校本身、学校组织内部展开对提高学校教育质量的探讨,探讨的主体就是小规模学校和小班教学。而本书所要探讨的教学点问题,恰恰也在形式上符合小规模学校和小班教学的特征,因此,这些研究对教学点问题具有启示和借鉴意义。

首先,小规模学校的研究。关于小规模学校的研究,大多集中在对美国小规模学校改革的描述阶段,阐述小规模学校所产生的背景、改革进程、教育效益及其引发的一些争论。马健生、鲍枫在《缩小学校规模:美国教育改革的新动向》[1] 一文中认为,缩小学校规模是美国为了提高基础教育质量所采取的新举措之一,并分析了推动微型学校走向前台的教育和社会诱因,揭示出微型学校的教育特色以及微型学校在实施和推行的过程中所遭遇到的诸多困扰。陆伟、李素敏在《美国小型校的运行机制》[2] 一文中,从微型学校的目标运行机制、条件运行机制、措施运行机制的角

---

[1] 马健生、鲍枫:《缩小学校规模:美国教育改革的新动向》,载《比较教育研究》2003年第5期。

[2] 陆伟、李素敏:《美国小型校的运行机制》,载《教育评论》2003年第4期。

度,论述了微型学校如何保证教学质量的问题。李钰在《减小规模:班级?学校?——美国小班化改革与小学校化改革之争》① 一文中,详细介绍了美国教育界掀起的小班化与小学校化教育改革的论争,即到底是缩小班级规模对提高学生学业成就的作用大还是缩小学校规模的作用大?夏心军在《我国微型学校发展述评》② 一文中认为,随着现代教育的发展和社会的进步,传统学校的弊端也显而易见,微型学校已成为我国基础教育发展的必然趋势。该文以我国微型学校发展的背景为切入口,积极发掘微型学校教育资源的优势,实现教育主体的和谐发展,以及提高学校学术成绩与提高微型学校教育的有效性,进而促进微型学校的健康发展。

其次,小班教学的研究。中国教育学会教育实验研究会2001年学术年会以"小班化"教育为主体,就有关小班化的若干问题进行了研讨。与会者一致认为,在当前的教育形势下,随着小学入学人口数的降低,实行小班化教育是实现以学生为主、因材施教的有效形式,是实现素质教育的有效途径。国内一些研究者也逐渐开始考虑"缩小班级规模"的问题,并研究和介绍了国外改革的初步成果,涌现出一些相关的理论研究,如张雪珍的《小学"小班化教育"教学指南》、姚仲明主编的《"小班化教育"的区域性推进与实施》、青岛市四方区教育局编的《小班化教育理论与实践》与和学新主编的《小班化教育探索》等。这些研究大多是从介绍国外发达国家小规模学校的改革入手,总结和吸取它们的经验,并结合我国的具体实际,拓宽研究范围,加深研究层次,以推动我国小班化教育的发展。

总之,小规模学校与小班教学的相关研究,也可以说是教育规模经济理论实证研究的一部分。之所以只介绍发达国家小规模学校和小班教学的研究,而没有把学校规模和班级规模的研究全部列举,是因为前者与教学点的联系较为直接。而一些对我国小规模学校和小班教学的研究,主要是针对城市教育投入比较充裕的地区,探索通过缩小学校、班级规模以提高教育质量的新途径。这类研究大多是沿着发达国家的研究轨迹而前行的,即使对我国的研究也是侧重对城市地区学校的研究,而很少关注偏远地区的典型小规模学校——教学点。

那么,就教学点来说,我们必须认识到:发达国家小规模学校和小班化教学的发展经历了不同的阶段,现阶段发达国家发展小规模学校和小班

---

① 李钰:《减小规模:班级?学校?——美国小班化改革与小学校化改革之争》,载《上海教育科研》2003年第6期。

② 夏心军:《我国微型学校发展述评》,载《教育科学》2003年第2期。

教学是以充足的教育资源投入为基础的，其教育理念是追求教育质量提高、学生个性化发展。而我国教学点问题所处的背景是农村学校以规模办学为主，以提高教育资源利用效率为学校布局调整的目的，而教学点投入不足，学生享受不到基本的教育公平。因此，我国的教学点与发达国家小规模学校或是小班教学不是同一概念，但发达国家小规模学校或是小班教学的经验是值得借鉴的。

（五）关于学校布局结构调整的比较研究

这方面的研究，主要是运用比较的方法，看其他国家的教育规模及教育资源配置是如何应对本国适龄人口减少、人口流动等客观的经济社会因素的。其中讨论较多的问题是布局调整的标准问题，这直接关系到偏远地区学生上学远近的问题。

如学者石人炳介绍国外有学者对儿童入学距离用三种方法衡量：(1) 物理距离（physical distance）；(2) 文化距离（cultural distance），当儿童不得不离开自己的社区到另一个把他们当做外人并对他们不友好的社区上学，从而导致辍学的距离；(3) 时间距离（time distance）。① 世界银行全民教育资助项目高级执行专家塞尔加·塞尼克（Serge Theunynck）特别强调学校布局标准的重要性。他认为，没有标准不行。没有标准，学校可能建在不恰当的地点，或导致学校资源闲置。没有弹性的标准也不行，刚性的标准会影响到入学。此外，耶格尔（Meager）对于关闭学校也提出三条标准：(1) 综合考虑各因素（上学距离，对交通工具的需求等），将学生转到新学校的不适最小化；(2) 将关闭学校对社会的影响降到最小；(3) 原学校建筑可作其他用途。他将这三个标准用计算机模拟，为那些要关闭学校的"问题地区"（problematic area）提供决策参考。② 从印度的情况看，印度小学生是方圆3千米范围内就近入学，不允许他们自行选择学校。在农村地区，印度政府基本上做到了每个自然村能够有一所小学，所以不存在小学生还需要在学校里住宿之说。比照印度学校的布局，我们应当承认教育只唯经济原则是远远不够的。③

---

① Douglas Lehman. *Bringing the Schooitothe Children: Shortening the Path to EFA*, August, 2003. http://www.worldbank.org/education/notes.Asp.

② 转引自石人炳：《国外关于学校布局调整的研究及启示》，载《比较教育研究》2004年第12期。

③ 肖华：《从印度的教育布局说开去》，载《新西部》2006年第5期。

综上所述，无论是布局调整的标准，还是关闭小学校的标准，或是印度小学的教育布局，都为我国农村学校布局提供了参考。布局结构调整不仅要遵循经济规律，同时更要重视社会影响和教育规律。反思当前我国农村中小学布局调整，很多地方盲目撤销大量偏远地区的教学点，导致学生上学不方便甚至面临辍学的危机，这正是只看重效益而忽视教育规律的表现。

三、概念界定

对概念或范畴的正确理解，直接影响着人们的理论思考和实践过程。同样，对农村中小学布局结构调整和教学点的内涵进行界定，将有助于人们探讨农村中小学布局结构调整和科学地规划学校布局，合理实施学校布局结构调整。

分析教育学的代表人物谢弗勒（Scheffler）在其《教育的语言》一书中，曾把教育的定义区分为三种——规定性定义、描述性定义和纲领性定义[1]。规定性定义是创制的定义，是作者所下的定义，要求这个被界说的术语在整个讨论中自始至终表示作者所规定的特定要求。描述性定义，不是"我将用这个术语表示什么"这样的规定性主张，而是适当的描述被界说的对象或使用该术语的方法。实际上，词典就是试图罗列描述性定义，它给我们提供了不同场景下一个词的特定意义。纲领性定义明确地或隐含地告诉我们，事物应该怎样。事物应该怎样与事物在某种情景中实际怎样（描述性用法）完全不同，也与"我暂时用这表示它的意思"（规定性定义）迥然不同。纲领性定义，往往包含"是"和"应当"两种成分，是描述性定义和规定性定义的混合。本书试图定义的方式，就是将农村中小学布局结构调整是什么和应该是什么结合起来的一种纲领性的表述。下面将从几个关键的概念入手来解析农村中小学布局结构调整和农村教学点的概念。

（一）农村与农村中小学

农村，又称乡村，是一个对应于城市的称谓，指农业区，有集镇、村落，以农业产业（自然经济和第一产业）为主，包括各种农场（包括畜牧和水产养殖场）、林场（林业生产区）、园艺和蔬菜生产等。与人口集中的

---

[1] 转引自于海臣、金志远：《教育概念辨正》，载《前沿》2002年第12期。

城镇相比,农村地区人口呈散落居住。因此,农村的定义可以概括为:以从事农业生产为主的农业人口居住的地区,是同城市相对应的、具有特定的自然景观和社会经济条件的区域。

农村是生产力发展到一定阶段的产物。在进入工业化社会之前,社会中大部分的人口居住在农村。而在生产力高度发达的未来社会中,城市与农村的本质差别将消失。传统意义上的农村同城市相比,其特点包括:(1)人口稀少,居民点分散在农业生产的环境之中,具有田园风光;(2)家族聚居的现象较为明显;(3)工业、商业、金融、文化、教育、卫生事业的发展水平较低。

在不同的国家、不同时期、不同地区,所规定的农村统计口径有所不同。例如,美国在1950年以前规定,凡是人口在2 500人以下的、没有组织成自治单位的居住地就算农村;1950年以后规定,不论其是否组织成自治单位,凡人口在2 500人以下或人口在每平方英里1 500人以下的地区及城市郊区都算作农村。欧洲各国一般以居住地在2 000人以下者为农村。在中国没有直接规定"农村"这一统计指标的口径,仅规定了"市镇总人口"和"乡村总人口"这两个人口统计指标。国家统计局解释,"市镇总人口"指市、镇辖区内的全部人口;"乡村总人口"指县内全部人口。其中,"市"是指经国家规定成立"市"建制的城市;"镇"是指经省、自治区、直辖市批准的镇。1989年11月22日,国务院国发(1984)165号文件批转的民政部《关于调整建镇标准的报告》中规定,凡县级地方国家机关所在地,或总人口在2万人以下的乡,乡政府驻地非农业人口超过2 000人的,或总人口在2万人以上的乡,乡政府驻地非农业人口占全乡人口10%以上的,均可建镇。①

按照上述规定,行政意义上的农村应该是人口尚不足以设镇的地域,包括集镇和村庄。集镇是乡村一定区域内经济、文化、科技、服务的中心,具有一定规模的文化、教育、福利、服务设施,是农工商综合发展的综合体,绝大多数是乡人民政府所在地。村庄分中心村和基层村两个层次,中心村一般是村民委员会所在地,除是农民聚居和从事农副业生产的基地外,还设有农民日常生活必需的公共服务设施,为本村和所属基层村服务;而基层村除住宅和生产性设施外,一般没有其他公共服务设施。

行政意义上的农村地域十分狭小,一般地域相邻的几个村同属一个镇

---

① 浦善新:《中国建制镇的形成发展与展望(一)》,载《村镇建设》1997年第3期。

管辖。在新农村的建设中,如果我们仅把目光放在行政意义上的农村孤立地考虑其发展、规划和建设,必然会缺乏区域统筹,造成村与村之间的重复建设。因此应把镇也纳入到新农村建设的范围里来。虽然《中华人民共和国城市规划法》将建制镇作为城市范畴,但它与城市还是有着一定区别的,它介于城市和农村之间,是联系城乡的桥梁和纽带。因此,社会主义新农村建设中的农村概念应超越行政概念,将建制镇也纳入新农村建设的范畴,即农村是一个区域概念,是包括村社、集镇和建制镇在内的县域(包括整县立市、整区立市)范围。

这里所指的农村中小学则包括两方面的含义:(1)主要指义务教育阶段农村中小学,包括教学点、初小、完小、初中、九年一贯制学校;(2)主要指设在县城和县城以下的普通中小学,包括村小、乡镇中心小学、初中等。为叙述方便,有时也将县城中小学算作农村中小学。

(二)学校布局结构调整

学校布局结构调整涉及一系列概念,诸如布局、调整、学校布局结构、学校布局结构调整等。

1. 布局与调整

"布"为"布置"之意,"布局"本指下棋时从全局观点出发进行布子。吴梅《题天香石砚斋棋谱》诗中有"敛边丰腹审四隅,布局落子无其偶"之句①。引申指对事物的规划安排,多用于指文章、绘画、建筑等的结构层次。毛泽东在《论十大关系》中写道:"为了平衡工业发展的布局,内地工业必须大力发展。"本研究中的"布局"也是取此意。

所谓"调整",是重新调配整顿,以适应新的情况和要求。因此,"布局结构调整"可以理解为,为适应新的情况,对事物进行重新规划和调整。

2. 学校布局结构

要对学校布局结构这一概念进行界定,首先必须明确"教育布局结构"的定义。教育布局结构也称为教育的地域结构,它主要是指教育机构(包括学校、教育行政机构、社会教育机构、教育研究机构等)在整个教育区域内的分布状态或者是所形成的网络系统。

教育地域结构的形成,是在区域教育的形成与发展中随之形成和发展

---

① 《汉语大词典简编》,汉语大词典出版社1992年版,第677页。

起来的，因而，教育地域结构的形成也受历史条件、现实的政治、经济、文化、人口以及自然地理环境和历史行政地理环境的影响和制约。在社会发展的不同阶段，在不同的经济、文化、人口以及自然地理环境条件下，往往会形成不同的教育地域结构。

从我国来看，由于我国幅员辽阔、社会经济发展很不平衡，文化观念、传统生活习惯、自然环境等差异极大，导致我国教育布局结构也存在着不合理、不平衡现象，且已经成为阻碍我国教育发展的重要因素。例如，就每万人口中的各类学校在校生的比例情况比较而言，1996年，东部地区每万人口中的高等学校在校生为87.33人，中部地区为46.19人，而西部地区为37.17人；每万人口中的中等专业学校在校生东部为48.67人，中部为39.50人，西部为29.60人；每万人口中平均在校的高中生，东部为82.83人，中部为70.44人，西部为66.61人；每万人口中的平均在校初中生，东部为453.9人，中部为445.03人，西部为319.69人；每万人口中的平均职业中学在校生，东部为49.66人，中部为50.13人，西部为22.58人；每万人口中的平均小学在校生，东部为1 098.37人，中部为1 120.25人，西部为1 200.74人；每万人口中的平均幼儿园在园人数，东部为228.32人，中部为192.70人，西部为148.26人。① 这种不合理的分布，对我国各地区的社会经济、文化发展等均造成了巨大的影响，在教育机构、资源等相对集中的地方，特别是在教育中心，经济、文化、教育发展水平都较高，速度也较快。而在教育机构相对稀少、教育资源相对缺乏的地方，经济、文化、教育发展水平都较低，而且速度也较慢。例如，我国的东部地区与西部地区之间的巨大差别，就是极好的例子。

教育布局结构与社会、经济、人口、地理因素等有密切的关系。任何一个教育区域的教育布局结构都是在一定的历史条件、经济发展水平、人口状况、地理环境等因素的作用下形成的。而且教育布局结构一旦形成，就具有相对的历史继承性和稳定性，其对特定区域的影响也就稳定下来，除非人为地进行布局结构调整，否则，教育布局结构是不会发生太大的变化的。正是因为如此，研究区域教育布局的历史与现状，探讨区域教育合理的布局结构，就成为教育发展中的重大问题。

在教育的地域结构中，教育行政机构、社会教育机构的分布由行政区划定，变化不大，教育研究机构往往集中在教育中心。因此，影响教育地

---

① 吴德刚：《中国教育发展地区差距研究》，载《视角》第2卷第2期。

域结构的因素，实际上主要是学校的布局。人们在研究教育的地域结构时，也常常以学校布局结构为研究的中心。

从我国乃至世界的教育研究看，目前尚未形成系统的学校布局结构理论，大多数研究都是借助生产布局中的区位论和区域分析方法，结合教育的有关理论来研究学校布局结构，而且主要是从宏观——区域学校布局结构和微观——较小区域的学校布局结构（如城镇学校布局结构）两个方面来进行研究。例如，我国学者房淑云等在用这两种理论方法对学校的布局结构进行研究后指出，区域理论与区域研究方法在学校布局结构中的运用，关键要把握三个问题：一是要选择学校布点的最佳区位；二是追求教育投资的最佳效益；三是获得最大的教育效果。①

美国学者马克斯菲尔德（Maxfield）则从微观方面对学校的空间规划进行研究，他指出，学校规划涉及让学生就近上学的短期行为和确定最有利于学校扩建、改建的最佳位置的长期行为。管理者要考虑学生的容量、生源的位置、新学校的位置等因素，为教育规划和决策打下基础。②

综上所述，本书中的学校布局结构，指的是依据国家或地区的社会经济发展水平和人口分布状况，对学校在地理空间上的分布结构进行规划安排，以提高教育资源的利用效率和促进教育的均衡发展。

3. 农村中小学布局结构调整

本书中的"农村中小学布局结构调整"，是指根据各地区的自然条件、经济社会发展需要和人口分布状况，将比较分散的农村中小学校和教学点适当集中起来，重新进行区域内中小学网点的规划和布局，以提高农村中小学办学质量和规模效益的一项工作。简而言之，也就是农村地区中小学在哪里办学、怎样办学的问题。

对于这一概念的理解可说是见仁见智，从目前的文献资料和笔者调查情况来看，很多地方教育部门直接将农村中小学布局结构调整等同于撤点并校，认为合并学校就是布局结构调整；也有人将布局结构调整与规模办学连在一起，认为学校规模越大，布局结构就越合理；还有人认为布局结构调整是为了提高教育资源的利用效率，减少浪费。笔者认为，农村中小学布局结构调整是一项系统的工程，是对学校的重新规划和调整，这种规

---

① 房淑云、窦文章著：《区域教育发展理论探索》，陕西教育出版社1997年版。转引自罗明东著：《教育地理学》，云南大学出版社2003年版，第173~174页。

② Maxfield, K.W., *Spatial Planning of School Districts*, Annals of Association of American Geographers, Vol. 9, No. 2, 1979.

划和调整可能会有多种表现形式,"撤点并校"、"规模办学"都是其中的某种形式。但农村中小学布局结构调整绝不能简单等同于学校数量的减少和规模的扩大,在某些地区,根据实际发展需要新建学校、新设教学点,或是原有学校"迁校移址",都应包含在"布局结构调整"的范畴之中。因此,农村中小学布局结构调整至少应包括以下几种形式。

(1)撤点并校。根据布局结构调整的要求,将一所或一所以上未达标的中小学或教学点完全撤并到相对符合标准的中小学。在此类调整中,几所学校在合并的同时也扩大了规模,调查发现,目前农村中小学布局结构调整以此种形式居多。

(2)合并迁校。根据布局结构调整的要求,将两所或两所以上不达标的中小学合并后重新选址新建。

(3)新建学校。根据布局结构调整的要求,在原先没有学校的地方,新建学校。

(4)保留或新设"教学点"。这种形式常常是在"撤并"或"合并"的过程中产生的。当实际情况不允许一次性完全"撤并"或"合并"的时候,此种形式便应运而生。

(三)农村教学点

农村教学点主要涉及的是我国农村地区,特别是偏远地区的不完全学校,这些地区以山区为主,交通不便,人口稀少,居住分散,客观上决定了当地小学班级规模小、以复式教学为主。

1. 教学点的界定

农村教学点是适应我国农村地区,特别是人口稀少、居住分散、偏远落后地区的教育发展,而设置的以复式教学为主的小规模不完全学校。就当前情况来看,农村教学点具有区别于一般学校的典型特征:地处偏远;规模小;教学形式灵活;办学条件差。但教学点又是学校的一种形式。"学校是按照一定社会的需要,有目的、有计划、有组织地对年轻一代进行培养教育的场所。"[1] 郑金洲在其《教育通论》中进一步指出了学校应具备的条件:"学校作为一个组织严密的教育机构来说,具备下列条件是必要的:一是严格的入学规定,包括对年龄方面的以及入学水平方面的要求;二是修业年限的规定;三是分年级教学;四是有明确的课程方面的要

---

[1] 顾明远主编:《教育大辞典》第一卷,上海教育出版社1990年版,第74页。

求；五是有严格的管理制度，特别是严格的组织纪律方面的规定；六是有较为固定的专职教学人员；七是有较为固定的教学场所"①。我国的现行学制为："学前教育、初等教育、中等教育、高等教育"。其中初等教育"主要指全日制小学教育，招收6、7岁儿童入学。学制为5~6年"。②

可见，教学点符合学校的定义和条件，在学制系统中属于初等教育，其特殊性主要体现在，它在管理上隶属其所在地的中心学校，它的保留主要是出于偏远地区，特别是山区交通不便，适龄儿童少的地区，以便低年级学生就近入学，大多数教学点保留低年级（1~4年级），高年级学生开始转到中心学校上学。因此从学制角度看，教学点不是完整独立的初等教育形式，而是从属于完全小学的不完全小学；但从教学组织形式上来说，教学点具有一定的独立性，由于地处偏远，很多教学点"一师一校"，老师充当校长、后勤人员、教师等各种角色，维持教学点的正常运转，复式教学是主要的教学方式，教学形式更加灵活多样。而从规模上讲，农村教学点可以说是教育系统中最小的单位③。

2. 教学点的数量及特点

截至2004年，全国小学学校总数为394 183所，班数达3 203 047个，其中教学点数量达101 508个，约占全国学校总数的25.75%（见表1-2）。可见，从全国来看，教学点在学校总数中已占有不小的比例；由教育部门和集体办的学校数和教学点数分别占到其总数的97.32%和97.81%，这是由于小学属于义务教育阶段，国家是义务教育的办学主体，教育部门和集体办学理应占有绝对大的比例。

表1-2 全国小学校数、教学点数及班级数

	学校数（所）	教学点数（个）	班级数（个）
总计	394 183	101 508	3 203 047
教育部门办和集体办	383 622	99 258	3 042 694
社会力量办	6 047	1 870	86 345
其他部门办	4 514	380	74 008

资料来源：根据教育部《中国教育统计年鉴（2004年）》数据整理所得。

由于教学点主要分布在我国农村地区，特别是偏远落后的农村地区，这些地区交通不便，人口稀少，居住分散，客观上决定了教学点具有以下

---

① 郑金洲主编：《教育通论》，华东师范大学出版社2000年版，第65页。
② 王道俊、郭文安主编：《教育学》，人民教育出版社2009年版，第126页。
③ 《1个老师和22个学生》，载《湖北教育》2007年第2期。

一些特点。

（1）教学点主要分布在偏远落后的农村地区。在我国现行的教育统计中，城市、县镇、农村分列为三个统计栏目。乡村是以农业为基础产业的区划单位，其中村是农村居民的自治单位，乡是农村基层的行政区域单位，乡村是我国农村区域的主体；镇往往是城市和农村的中间体，是城乡结合部，其中又分为县镇（县政府所在地）和乡级镇两类及少数村镇；县镇又称县城，是一个特殊的区划单位，县城是县域所属各乡（镇）村的政治、经济、文化中心，是一个社会及经济功能比较完整的基本单元①。这里所说的教学点是指农村地区的教学点，因为当前农村教育的问题最大，农村教学点的问题更不容忽视，农村大量教学点的存在也决定了我们研究的必要性。如表1-3所示，全国农村教学点数量达98 096个，约占全国教学点总数的96.64%，占全国小学学校总数的24.89%。可见，无论从绝对数量还是从相对数量上来看，农村教学点的数量都是绝对大的，这是因为教学点是适应偏远农村特殊地理位置而存在的，农村地区教学点的数量大具有其必然性。

表1-3 全国城市、县镇、农村教学点数量 （单位：个）

	城市	县镇	农村
总数	771	2 641	98 096
教育部门和集体办	734	2 578	95 948
社会力量办	19	44	1 807
其他部门办	18	19	343

资料来源：根据教育部《中国教育统计年鉴（2004年）》数据整理所得。

（2）教学点的数量在各省之间是存在较大差异的。表1-4是按照各省份教学点数量从大到小的顺序排列的。首先，从教学点数量看，排在前十位的省份绝大多数都在中西部地区②。而且，教学点数量占各省农村学校

---

① 李少元著：《农村教育论》，江苏教育出版社2000年版，第1页。

② 根据不同地区的经济发展水平，我国可分为三大经济地带——东部地带（沿海地带）、中部地带（内地）和西部地带。东部地带包括北京、天津、河北、辽宁、上海、江苏、浙江、福建、山东、广东、广西、海南12个省、自治区、直辖市；中部地带包括山西、内蒙古、吉林、黑龙江、安徽、江西、河南、湖北、湖南9个省、自治区；西部地带包括四川、重庆、云南、贵州、西藏、陕西、甘肃、青海、宁夏、新疆10个省、自治区、直辖市。转引自侯景新、蒲善新著：《行政区划与区域管理》，中国人民大学出版社2006年版，第6页。

数量的比例也基本与教学点数量一致，如云南、广西、四川等不仅教学点数量庞大，且教学点数量占农村学校的比例分别为96.54%、103.24%和62.35%，在31个省份中居前三位；而排在后十位的多数为东部较发达省份，其中海南、宁夏和青海的教学点数量位居后十位，主要是由于这三地农村适龄学生数量少，农村学校总体数量小，决定了教学点数量小，但其教学点在三地农村学校中仍占有相当大的比例，该比例比东部发达省份的要高出很多，北京、天津两地没有教学点，上海只有两个教学点。可见，各地教学点数量的多少与其所处的地理位置、经济发展状况具有直接的联系。其次，复式班的数量与教学点基本吻合，只有陕西和山西两省的复式班数量与其教学点数量的位次有较大差异，这与两省地理环境的复杂性相关，两省境内平原、山区并存，且山区面积占有很大的比重，如陕西的秦岭大巴山区和山西的吕梁山区。再次，总体来看，大部分农村教学点集中分布在中西部不发达省份，这与中西部地区的地理环境、经济发展水平、人口居住特点也是密不可分的。

表1-4 全国各省份的小学校数、教学点数及班数（农村）

	学校数（所）	教学点数（个）	教学点数占学校数的比例(%)	班数（个）	复式班（个）	复式班数占班数的比例（%）
云南	18 321	17 688	96.54	130 570	10 704	8.20
广西	13 703	14 147	103.24	127 973	8 252	6.45
四川	20 040	12 494	62.35	151 717	2 981	1.96
湖南	16 641	5 342	32.64	92 656	5 627	6.07
贵州	12 606	5 377	42.65	102 344	3 505	3.42
河南	31 116	4 103	13.19	218 268	2 489	1.14
福建	9 541	3 665	38.41	64 292	2 552	3.97
河北	19 398	3 660	18.87	133 114	7 274	5.46
甘肃	13 429	3 432	25.56	78 597	4 906	6.24
安徽	18 881	3 011	15.95	129 665	3 864	2.98
内蒙古	5 649	2 990	52.93	40 470	2 217	5.48
广东	16 987	2 844	16.74	155 576	1 510	0.97
江苏	4 784	2 733	57.13	80 573	476	0.59
江西	11 006	2 547	23.14	67 675	2 846	4.21

续表

	学校数（所）	教学点数（个）	教学点数占学校数的比例(%)	班数（个）	复式班（个）	复式班数占班数的比例（%）
湖北	11 733	2 363	20.14	83 306	2 849	3.42
陕西	21 677	1 761	8.12	107 714	11 918	11.06
西藏	747	1 741	233.07	9 454	103	1.09
山东	13 089	1 683	12.86	111 675	12	0.01
新疆	4 768	1 082	22.70	54 296	417	0.77
山西	26 808	966	3.60	100 629	20 110	19.98
黑龙江	9 427	779	8.26	61 079	895	1.47
重庆	9 776	765	7.83	56 643	545	0.96
海南	2 727	678	24.86	21 338	136	0.64
吉林	6 656	562	8.44	45 077	355	0.79
宁夏	2 191	556	25.38	14 229	383	2.69
辽宁	8 719	458	5.25	60 368	93	0.15
青海	2 474	402	16.25	12 566	1 171	9.32
浙江	3 472	365	10.51	28 929	511	1.77
上海	33	2	6.06	489	—	—
天津	368	—	—	4 559	4	0.09
北京	551	—	—	4 953	13	0.26

资料来源：根据教育部《中国教育统计年鉴（2004年）》数据整理所得。

（3）教学点绝大多数集中在我国经济欠发达地区。教学点在农村不同区域之间的数量分布也是不一样的。其中，不同区域主要是根据不同地区的经济发展水平及教育发展水平来划分的。由于没有直接的关于教学点在不同区域之间的分布数据，因此，分析教学点分布的区域特点要在结合表1-4的基础上进行。根据经济发展水平的不同，可将我国划分为三大区域，即东部地区、中部地区和西部地区，三者也可以代表发达地区、比较发达地区和落后地区。同样，"区域教育按照社会经济的发达程度来划分，分别有发达地区教育、较发达地区教育和欠发达地区教育。发达地区包括上海、北京、天津、浙江、广东、福建、江苏、辽宁和山东9个省域；较发达地区包括黑龙江、吉林、内蒙古、河北、河南、山西、湖北、湖南、重庆、广西、安徽、江西和海南13个省域;欠发达地区指青海、宁夏、四川、云南、西藏、陕西、甘肃、新疆和贵州9个省域。"① 可见,区域教育的划分与经济带的划分基本一致。表1-4表明,当前我国欠发达和较发达地区的教学点数量占绝大多数,发达地区的教学点数量很少甚至为零。

特别是贫困地区大多位于西部和中部,在国家592个重点贫困县中,中西部有487个,占82.3%。② 贫困人口主要集中在西南的云南、四川、贵州和广西,西北的陕西、宁夏和甘肃,中部的河南、湖南、湖北和安徽。这些地区的地理环境复杂多样,包括深山区、石山、荒漠区、高寒山区、黄土高原区、边疆地区、地方病高发区以及水库库区。这些偏远地区交通不便,文化教育落后,生态环境较差。贫困地区落后的经济、教育状况及复杂的地理环境很大程度上决定了这些地区的教学点数量庞大。

(4) 教学点大多集中在海拔500米以上的丘陵、山地和高原地带。由表1-5我们可以看出,总体上来讲,我国地形复杂,综合了山地、高原、盆地、平原和丘陵等各种地形。在各种地形中,山地和高原占有很大的比例,而平原只占到11.98%,这说明我国人口的适宜居住面积并不大。据测算,中国海拔100米以下的平原低地,面积仅占全国的10%,却集中了总人口的43%;100~500米的平原和低丘陵面积占15%,人口占30.5%;500~2 000米的丘陵山地面积占42%,人口占23%;而2 000米以上的山地和高原面积占33%,人口比重仅为3.5%。可见我国70%以上的人口集中在海拔500米以下的平原和低丘陵地带,而20%的人口居住在500~2 000米及2 000米以上的丘陵山地和高原地区。与世界和亚洲的平均数相比,中国500米以下的人口比重基本相同,1 000米以上的比重却明显超出,表明中国有较多的人口居住在较高的地方。全国2 300多个市县中,分布于山区的多达1 600个,其中高山区约为80个,中低山区约为740个,高原约为60个,丘陵约为720个,高原和平原分别仅为120个和600个。③ 当前我国农村教学点大多集中在海拔500米以上的丘陵、山地和高原地带,而这些地区正是地广人稀,交通不便,土地资源匮乏,经济落后的地区。

---

① 彭世华著:《发展区域教育学》,教育科学出版社2003年版,第243~263页。
② 张力、曾天山等著:《面对贫困——中国贫困地区教育发展的背景、现状、对策》,广西教育出版社1998年版,第27页。
③ 参见张善余著:《中国人口地理》,科学出版社2003年版,第240~259页。

表 1-5 我国土地分布状况

项目	面积（万平方千米）	占总面积（%）
总面积	960	100.00
按地形分		
山地	320	33.33
高原	250	26.04
盆地	180	18.75
平原	115	11.98
丘陵	95	9.90
按地高分		
500 米以下	241.7	25.18
500~1 000 米	162.5	16.93
1 000~2 000 米	239.9	24.99
2 000~3 000 米	67.6	7.04
3 000 米以上	248.3	25.86

资料来源：根据《中国统计年鉴（2006 年）》数据整理所得。

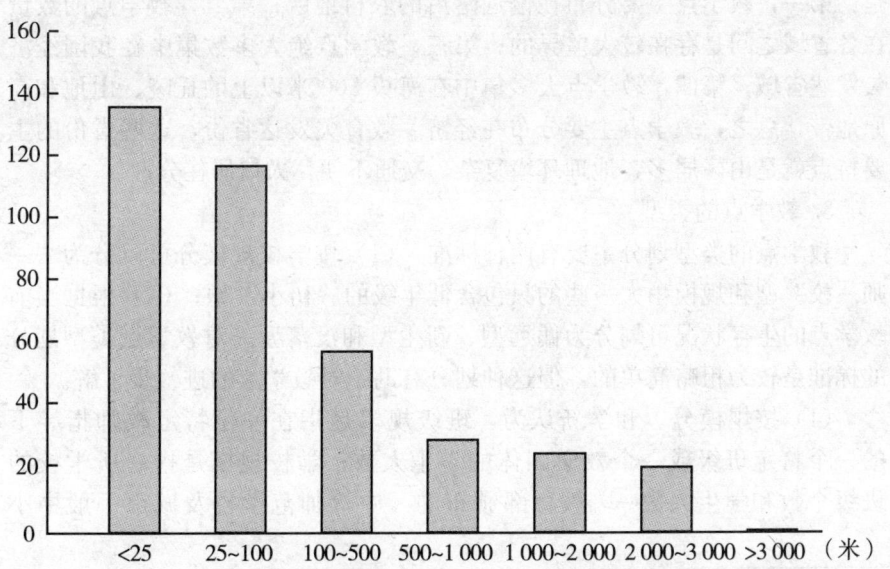

图 1-2 中国不同海拔高程带的人口密度（以海拔 3 000 米以上为 1）

资料来源：张善余著：《中国人口地理》，科学出版社 2003 年版，第 240 页。

那么地广人稀的地区主要分布在哪些省份呢？"中国人口极度稀少区的范围很广，其中一类是荒漠，另一类是干旱的高原。荒漠地带人口密度普遍在每平方千米1人以下；干旱高原以青藏高原为主，包括西藏、青海、四川省西部以及新疆、甘肃、云南等省份一部分"。"2000年中国人口分布最不均衡的省份是青海、四川、甘肃、西藏、内蒙古和新疆，它们的共同特点是地广人稀，存在大面积的生存和发展条件相对恶劣的地区"。可见，西藏、青海、四川、甘肃、西藏、内蒙古和新疆具有极其典型的地广人稀的特点。对照表1-4，这些省份的教学点数量及其占学校总数的比例位次均比较靠前。

需要指出的是，地广人稀从专业上讲就是指人口密度低（单位土地面积上的人口数量），当前主要以省域为单位计算。而人口密度这一因素不能单独决定教学点在这些地区分布的多少。人口密度只是一个平均数，它掩盖了所计算范围的内部差异。因为在省域范围内的地理环境及人口密度差异是很大的，各省域基本都包括平原、山地、丘陵等多种地理环境，人口密度在不同区域内差异显著。山地、丘陵地带的教学点数量占有绝对大的比例，也正是在这些地区，人口密度都比较低。因此，人口密度与地理环境是相一致的。

综合上述对教学点数量、区域特点的分析，教学点的分布特点主要是：第一，教学点主要分布在偏远落后的农村地区；第二，教学点的数量在各省域之间是存在较大差异的；第三，教学点绝大多数集中在我国经济欠发达省域；第四，教学点大多集中在海拔500米以上的丘陵、山地和高原地带，总之，教学点主要分布在经济、教育欠发达省份，这些省份的主要特点就是山区居多，地理环境复杂，交通不便，人口居住分散。

3. 教学点的类型

教学点的类型划分主要有两种标准：（1）按学校规模分可以分为"一师一校"型和规模稍大一些的只包含低年级的"初小"型；（2）根据当前教学点的生存状况可划分为偏远型、新生型和没落型。对教学点类型划分的标准是较为粗略简单的，但这种划分有助于对教学点的进一步了解。

（1）按规模分。和学新认为，班级规模是指在一位特定教师指导下的一个特定班级或一个教学团体的学生人数；学校规模是指一所学校的班级个数和学生人数。[①] 教育部颁布的《中等师范学校及城市一般中小

---

① 和学新：《班级规模与学校规模对学校教育成效的影响——关于我国中小学布局调整问题的思考》，载《教育发展研究》2001年第1期。

学校舍规划面积定额》规定：小学规模为18～23个班，每班学生名额近期为45人，远期为40人。① 1996年4月1日国家教委正式颁布实施的《小学管理规程》第十一条规定：小学采用班级授课制，班级的组织形式应为单式，不具备条件的也可以采用复式教学。教学班级学额以不超过45人为宜。② 可见，无论是从定义还是从国家对于小学学校规模及班级规模的相关规定来看，都不能对教学点的学校规模和班级规模作出定量标准的判断。

当前我国农村教学点的生源数量不稳定，这种现实状况也决定了依据规模来划分其类型具有一定的难度。因此，从规模角度讲，只能大致将教学点划分为"一师一校"型和规模较大的包含低年级的"初小"型。无论是"一师一校"型还是"初小"型，其每年的生源变化情况都是不稳定的，这是由偏远落后地区农村人口居住分散、人口外流增多的客观现实所致。此外，当前农村中小学布局调整在继续进行，根据本地的学龄人口、交通、学校状况，完小可能会被调整成初小或教学点，初小也可能被调整成"一师一校"型教学点或被撤并，教学点可能被撤并。所以这样的划分可以看成是以教师数量为标准。下面结合相关个案来分析两种类型教学点的状况。

①"一师一校"。就是一名教师负责一个教学点，一位教师充当多种角色——任课教师、校长、后勤人员，学生的学习、生活甚至回家路途的安全都要老师负责。如广西百色市那坡县坡荷中心小学有一个教学点（善何异布教学点），1个老师，17个学生，17个学生分别是一至五年级，采取五级复式教学。去年是一至六年级进行复式教学，但是考虑到这么多年级的学生一起进行复式教学太困难，所以在今年把六年级的学生调到坡荷中心小学。如果善何异布教学点撤销，这些孩子到最近的善何村完小上学的话，需要走6千米的山路，且善何村完小不具备住宿的条件。

该自治区隆林各族自治县猪场乡猪场村半坡屯教学点，有1个老师和大约20个学生。只有这个寨子的学生来上学。三年级以后，学生便到猪场镇中心小学去上学。这所学校是笔者见过的最为原始的学校。这所学校实际上只是一间小木房子，里面摆放了十几张桌子和一块黑板。

---

① 中华人民共和国教育部：《中等师范学校及城市一般中小学校舍规划面积定额（试行）》，1982年4月16日。
② 中华人民共和国国家教育委员会：《小学管理规程》，1996年4月1日。

②初小。初小规模相对大一些，教师数量不等且没有一定标准，根据具体的学生和班级数量而定。简单地说，除了"一师一校"外的所有教学点都被划为"初小"的范围。如内蒙古武川县沙岱小学（耗赖山乡中心学校沙岱小学教学点）目前只有一至三年级，28个学生，5名教师。其中有4名学生需要住宿，但是学校没有住宿条件。2005年设为教学点。服务人口1 500~1 600人。2007年这所学校按计划被撤掉，并入中心学校。

（2）按生存状态划分。根据《陕西省汉中市勉县小学布局调整方案》提供的相关材料（见表2-5），可以将教学点按生存状态进行以下划分。

①偏远型。偏远型的教学点主要指由于地理位置偏远，学校布局结构调整前后都一直存在的学校。这样的教学点大多是"一师一校"复式教学，一般只有一、二年级，学生数量在二三十人左右，有的教学点还设有学前班。在调查中这样的教学点有很多，比如，表1-6中A1实际代表勉县二道河乡中心小学栗子坝教学点，栗子坝村现有人口五百多人，近几年村里大部分年轻人都出去打工，有的把孩子也带到城里，现在村里的学龄儿童更少。该村的教学点有四个年龄段的学生，分别是学前班、一年级、二年级和三年级。该校采取隔年招生的方式，学校只有两个年级，这两个年级在一个教室中上课，是典型的"四个年龄段、两个年级、一个班级"的复式教学点。吴老师是学校中唯一的教师。目前在勉县偏远型教学点的数量有56个。

②新生型（过渡型）。所谓"新生型"，是指由于有的村与村之间距离很近，但因为以前"村村办小学"，每个村都有一所小学，但近几年学龄人口大幅减少，为了整合教育资源，就根据各地具体情况把一些邻近的村小撤并到中心校，对于个别偏远的村小不能完全撤并，只能暂时保留低年级，这样由原来的完小转变成的初小或教学点就是"新生型"的教学。这类新生型的教学点之所以存在，主要是考虑到当地的地理位置偏远、学生上学不方便的现实情况。至于这些教学点今后是否将继续保留，大部分要取决于当地的具体情况和教育行政部门的政策。如表1-6中的C2，它是现在的勉县小河庙乡中心小学墩青坪教学点，其前身是A2勉县小河庙乡墩青坪初级小学，由于该校生源过少且危房多、师资差，就把三年级并入B2中心校，保留原来的一、二年级。

表1-6 2005年陕西省汉中市勉县小学布局调整规划方案

布局调整前学校情况						布局调整意见	布局调整后学校情况				
学校名称	地形地貌	服务半径(KM)	服务人口	教师数	学生数	年级设置	并入何校	学校名称	学校类型	年级设置	地形地貌	学生数
A1教学点	山区	5	505	1	24	一至三年级	保留	A1教学点	小学教学点	一至二年级	山区	30
A2初小	山区	3	650	2	36	一至三年级	三年级并入B2中心校	C2教学点	小学教学点	一至二年级	山区	20
A3教学点	平川	0.5	998	2	28	一至二年级	撤销后并入B3初小					

③没落型。就目前的情况来看，"没落型"的教学点主要可以分为两种：自然没落型和行政没落型。"自然没落型"是指那些离中心校或完小路途较近的教学点。家长们与其将孩子送到教学点，还不如让孩子去条件较好的中心校或完小上学。这些与完小、中心校距离近、教学条件差的教学点，是随着当地学生的自然选择而消亡的，是客观条件起决定作用，如表1-6中A3教学点是此类教学点的典型。"行政没落型"主要是针对当地教育行政部门对这些教学点的态度而言的。在学校布局调整过程中，各地把重点放在中心校的建设上，对条件差的村小和教学点采取逐步撤并的政策，没落型的教学点都是从属于"逐步被撤并"名单中的学校。在调查中，大多数教育行政人员和中心校校长对教学点的态度是"迟早要撤销，只是时间长短的问题"。可见，在地方教育行政部门的眼中，大部分教学点是"没落型"的，迟早会被撤并。

四、研究方法

本研究是从教育经济学、地理学、社会学和人口学的视角出发，以实证主义和人文主义相结合的方法论为指导，以调查研究和实地观察的有机结合为研究方式，以大量的问卷调查、结构性访谈、案例分析、实地观察等经典的社会学调研方法以及参与式学校评估等研究方法为资料收集手段,通过定性和定量的资料分析,对我国农村中小学布局调整的背景、现状及问题进行诊断,对造成问题的制度根源进行分析,进而在此基础上提出解决农村中小学布局结构调整和教学点建设过程中存在问题的对策思路。具体而言,主要运用了以下几种研究方法。

(一) 文献法

文献研究是以收集和分析现存的、以文字、数字、图片、符号等信息形式存在的文献资料,来探讨和分析各种社会行为、社会关系及其他社会现象的研究方法。根据文献具体形式和来源的不同,可以将其分为个人文献、官方文献及大众传播媒介;根据研究的具体方法和所用文献类型的不同,可以将文献研究划分为内容分析、二次分析和现存统计资料分析等。本研究主要采用的是官方文献和大众传播媒介中的现存统计资料分析,查阅近些年全国农村中小学基本情况、农村中小学布局结构状况,以及农村中小学布局调整与教学点建设的研究成果。

(二) 实地研究法

美国教育社会学者埃弗哈特(Everhart,R.B.)认为,"实地研究作为一种研究方法,非常重视作为手段的研究者在研究的形成、资料的收集及其结果的解释方面的重要性"。[1] 我国的社会学大师费孝通先生也认为,"实地调查、现场观察,用研究者本人的感受,去体会研究对象的行为和思想在其生活上的意义,则是和前一代依靠书本记载、别人的书信以及通过翻译间接取得的资料,来引申理论的研究方法在科学上是有质的差异"。[2] 因此,本书研究的目的,不是利用大规模的实证研究得出"普适性的"、具有"共性的"结论,而是成一家之言,表达笔者对于农村中小学布局结构调整与教学点建设的理性思考。

本书实证资料来源于"中西部农村中小学合理布局结构研究"课题组和"农村教学点问题研究"课题组,主要采用了问卷调查、结构性访谈、

---

[1] Everhart, R. B., Fieldwork Methodology in Educational Administration, In Norman J. Boyan (Ed.), *Handbook of Research on Educational Administration*, Longman Inc., 1988, pp. 703-704.

[2] 费孝通、张林娜著:《学术自述与反思》,生活·读书·新知三联书店1996年版,第322页。

案例调查等经典的社会学调查工具,以及小组访谈、主要知情人访谈(key informant interview)、研讨会(workshop)等发展领域的研究工具来收集资料。

1. 问卷调查

问卷调查是社会科学研究中最基本的原始资料收集方法,在实地调查过程中进行,主要用以收集和了解6省域农村中小学布局结构调整和教学点的真实情况,特别是各地农村中小学布局结构调整的具体做法、经验及其存在的问题。问卷设计之前对2省5县市进行过实地考察和访谈,整个设计在正式调查开始之前完成,正式调查之前有一次试调查和修改完善设计的过程。在对中西部地区6个省(自治区)、38个县(市)、177个乡(镇)、986所农村中小学的实地调查中,我们总共发放问卷39 210份(其中县(市)、乡(镇)教育行政负责人卷210份,校长教师卷15 000份,家长卷12 000份,学生卷12 000份);收回问卷32 476份(其中县(市)、乡(镇)教育行政负责人卷194份,校长教师卷12 490份,家长卷7 995份,学生卷11 997份),回收率83%;有效问卷31 055份(其中县(市)、乡(镇)教育行政负责人卷181份,校长教师卷11 463份,家长卷7 421份,学生卷11 990份),有效率79.2%。这些问卷经分析后得到的数据,在研究分析部分得到大量的采用,为研究内容提供了有力数据(见表1-7)。

表1-7 6省(自治区)农村中小学合理布局结构问卷统计表 (单位:份)

问卷类别	发放问卷	回收问卷	回收率(%)	有效问卷	有效率(%)
行政卷	210	194	92.3	181	86.2
校长教师卷	15 000	12 490	83.3	11 463	76.4
家长卷	12 000	7 995	66.6	7 421	62.0
学生卷	12 000	11 997	99.9	11 990	99.9
总 计	39 210	32 476	83.0	31 055	79.2

2. 访谈

访谈也是社会科学研究中最常用的原始资料收集方法。关于访谈和问卷孰优孰劣,在社会科学中一直存在着争论,但我们认为,这两种方法各有千秋,都可以在社会科学研究中发挥独特的作用,特别是在实证研究中,两种方法的恰当运用,可以起到相互补充的作用。因此除了问卷调查外,我们还深入到农户、学校和社区中,对80名教育行政部门负责人、237名校长、249名教师、72名家长或监护人、210名学生进行了结构性访谈,获得了大量的一手资料。例如,通过组织教师、家长及监护人、学生对农村中小学布局结构调整所带来的一系列问题进行讨论，了解了他们的真实想法。通过主要知情人访谈，收集到了县市概况、乡镇概况和学校基本情况等大量的资料。这些资料为我们全面了解所调查地区的整体状况（如地理环境、经济、文化、教育、人口、中小学布局结构调整等）奠定了良好的基础，并为案例的分析和总结奠定了基石。

3. 案例调查

案例调查是对典型案例进行客观收集、记载、整理和分析研究的方法，在实地调查过程中进行，我们主要用以对所调查地区具有代表性的个案进行深入了解和分析。若要使我们的努力具有理论上的意义，我们就必须收集大量的案例，并对其进行仔细的挖掘、分析和归纳，并在此基础上深化对布局结构调整相关理论问题的认识。

4. 观察

观察是质的研究一种非常重要的资料收集手段。俗话说，"百闻不如一见"，其道理就在这里。观察是我们了解社会，特别是了解农村教育的一种极好的手段。当然，按照社会学的划分，观察分参与式和非参与式两种，参与式观察一般是要加入被研究群体并且要融入其中，成为被研究群体中的一员，与该群体成员共同生活、参加活动、体验及记录其真实的活动情况，收集有关的系统资料。理想的方式是研究者完全成为该群体的成员，就像美国著名社会学家怀特那样。怀特（William Foote Whyte）为了了解一个意大利人贫民区的社会结构，曾深入波士顿市一个意大利贫民区的一帮街头"小混混"之中，并与他们一起"闲荡"，获得了大量的第一手资料，从而完成了那本经典大作《街角社会》①。非参与式观察，是指研究者不一定要成为被研究群体中的一员所进行的观察。这种观察虽然有时会被研究者敷衍塞责甚至会受到愚弄，但如果研究者对被研究者有近距离的、非常熟悉的接触，或者对同一事物或现象在不同的地方反复进行观察和分析，就会使研究者了解相关事物的真相。我们的观察尽管算不上是参与式观察，但是在调研过程中，我们将主要注意力放在那些具有普遍性的问题上，如农村中小学的办学条件、教学点的生存状况、寄宿生的住宿、生活和管理等，甚至跟随学生上学，以计算和掌握学生上学的路程和时间，等等。这样的观察尽管谈不上是完全的参与，但所了解和掌握的情况是真实的。

---

① ［美］威廉·富特·怀特著，黄育馥译：《街角社会——一个意大利人贫民区的社会结构》，商务印书馆 1994 年版。

本研究更多地带有实证的导向，因此，研究是建立在大范围的调查统计的基础上，其结论具有较大的代表性。当然，由于量的研究过多地重视调查的广度而不能兼顾深度，有可能将复杂问题简单化。有鉴于此，我们在研究过程中，尽量通过对事实和大量个案的观察、分析和描述来发现影响农村中小学布局结构调整的普遍性问题，因为如果研究者在对样本和个案进行深入分析的基础上建立了某种理论，"那么这个理论便会对类似现象产生阐释的作用，从而在理论层面发挥'推论'作用"①，也就是说，通过不同样本和个案的解剖，就可以实现对农村中小学布局结构调整总体的了解。

五、研究思路

农村中小学布局结构调整与教学点的建设涉及的问题十分广泛，本书旨在借助于对中西部6省区的实证研究和广东省韶关市清丰县、武汉市黄陂区、湖北省浠水县等地的多次调研，并结合全国其他省市的调查研究，就农村中小学布局结构调整与农村教学点建设问题进行了深入探讨，指出农村中小学布局结构调整过程中之所以存在这样或那样的问题，其中的重要原因之一就是忽视了农村教学点的建设，笔者在此基础上提出了在农村中小学布局结构调整过程中如何加强教学点建设的对策思路。全书共分以下五章。

第一章，导论，介绍了本课题研究的目的和意义，提出了所要研究的问题，对已有的相关研究进行了梳理和评述，并对相关概念进行了界定，同时介绍了研究思路和研究方法。

第二章，在简要介绍农村中小学布局结构调整的理论依据和回顾我国农村中小学布局结构调整历史的基础上，着重探讨新一轮农村中小学布局结构调整的背景和目的，以及各地在实施农村中小学布局结构调整过程中的具体做法。

第三章，在确定农村中小学布局结构调整评价标准的基础上，对其进行了评价，认为我国农村中小学布局结构调整既取得了显著的成效，但也存在着片面追求效率，导致学生上学路程太远，部分学校班额过大，教师工作和生活压力加大，家长的经济负担和学生的生活压力加重等问题。

第四章，分析了农村中小学布局结构调整中存在问题的原因，指出农

---

① 陈向明著：《质的研究方法与社会科学研究》，教育科学出版社2000年版，第410页。

村中小学布局结构调整过程中存在这样或那样的问题,其原因是相当复杂的,既有经济社会发展差距的影响,又有历史形成的体制、机制方面的原因,但其中的一个重要原因是,在布局结构调整过程中因片面追求效率而忽视了农村教学点和小规模学校的建设。

第五章,就如何在农村中小学布局结构调整过程中加强教学点的建设,提供了具体的对策建议,即正确看待教学点的作用,慎重对待教学点的撤留问题;加大公共财政的投入力度,促进农村义务教育均等化;大力加强教师队伍的建设,不断提高教学点的教育质量;建立农村教师工资保障机制,大力提高农村教师经济待遇;千方百计改善办学条件,保证教学点的教育教学质量等。

六、数据来源

本书中的实证数据除了注明出处之外,主要来源于华中师范大学英国政府双边赠款"西部地区基础教育研究"项目"中国中西部地区农村中小学合理布局结构研究"课题组对中西部6省(自治区)、38县(市)、177乡(镇)的调查以及对广东省韶关市清丰县、武汉市黄陂区、湖北省浠水县等地的调研。课题组调研和获取数据的运作方式如下。

(一)选取调查地点

调查地点的选取主要包括调查省(自治区)、县(市)、乡(镇)和学校的选取。在进行省一级调查地点的选取时,由于研究区域集中在中西部地区,课题组根据教育部财务司、世界银行和英国国际发展部专家的意见,并考虑到中西部地区经济、社会、地理环境及教育方面的差异,选择了中部地区的湖北、河南,西南地区的广西、云南,西北地区的陕西、内蒙古6个省(自治区)。而县一级调查地点的选取主要是征得各省(自治区)教育厅的同意,每个省(自治区)选取3~10个县(市),并充分考虑到经济发达、中等发达、欠发达①以及山区、丘陵、平原等因素。每个县(市)选取5个乡镇(1个经济发达、2个中等发达、2个不发达)(见表1~8)。采用分层抽样和随机抽样相结合的方法,每个乡镇调查4~6所中小学(含教学点)。

---

① 这里所谓的经济发达、中等发达和欠发达是相对所在省区,而不是相对全国而言的。

表 1-8　样本县市的分布及经济状况

序号	省（自治区）	县（市）	经济状况	调研乡（镇）数
	湖北	钟祥	发达	5
		沙洋	中等发达	5
		长阳	欠发达	5
		英山	欠发达	5
		监利	中等发达	5
		石首	发达	5
	河南	长葛	发达	3
		鄢陵	中等发达	5
		禹州	发达	6
		襄城	中等发达	4
		罗山	欠发达	5
		许昌	中等发达	11
		息县	欠发达	5
	广西	荔浦	发达	5
		兴安	发达	4
		龙胜	欠发达	9
		德保	欠发达	1
		隆林	欠发达	1
		那坡	欠发达	2
		田阳	中等发达	2
		平果	发达	1
		靖西	欠发达	1
		南丹	欠发达	5
	云南	沧源	欠发达	6
		凤庆	欠发达	6
		元江	发达	6
		石林	发达	6
		禄丰	中等发达	6
		双柏	中等发达	6
	陕西	乾县	发达	5
		彬县	中等发达	5
		石泉	欠发达	5
		汉阴	欠发达	5
		勉县	中等发达	5
		南郑	发达	5

续表

序号	省（自治区）	县（市）	经济状况	调研乡（镇）数
	内蒙古	武川	发达	4
		林西	中等发达	3
		四子王旗	欠发达	4
合计		38		177

（二）确定研究样本与调查对象

本课题是要从整体上了解中国中西部地区农村中小学布局的现状，需要抽取相关省份进行大规模问卷调查。课题组根据中西部地区经济、文化、人口、地理环境等因素差异，样本分布区域从大到小，依照省（自治区）、县（市、旗）、乡（镇）的顺序选择。具体方法如下：先确定省（自治区），再根据省（自治区）的情况选择县（市、旗），最后根据县（市、旗）的实际情况确定乡（镇）。

对于教育行政部门负责人、学校校长教师、学生等调查对象的选取来说，由于这些角色在社区中大多有固定的人选，选择起来非常容易。而学生家长的选择则不然，因为伴随着中国城市化进程的加快，越来越多的农村剩余劳动力流入城市，相当一部分学生家长进城或到经济发达地区务工经商，对学生家长的选择要困难得多。基于这一原因，本研究对学生家长的选择不仅包括学生父母，而且还包括监护人和村干部。

（三）确定分析单位及抽样方案

由于课题的主要目的是为了探寻中国中西部地区农村中小学的合理布局问题，所以，研究是以调研地区教育行政部门负责人、学校校长和教师、家长及监护人、学生为分析单位。

本课题在调查地点、教育行政部门负责人、学校校长、规模小的学校及教学点的教师、家长及监护人的选取上，主要采取非随机的抽样方式，而在中心小学及初中教师样本、学生样本的选取上，基本依照了随机的抽样方式。

抽样方案是，针对调研省区农村中小学布局结构调整后规模较大学校的教师和学生样本，以调研学校所有教师和学生名单为抽样框，采用随机抽样的方式进行样本的选取；对教学点和小规模学校学生则主要采取非随机的抽样方式。对教师要考虑不同年龄层次，当遇到多名教师同属一个年龄层次时，原则上只选取其中一名教师进行调查。

在实地调研结束之后，课题组运用SPSS等数据统计和分析软件及常规的定性资料分析方法，对现有的所有文献资料、实地调查资料和观察记录等进行系统的整理和分析。这些都为本书的写作提供了强有力的数据支撑。

第二章 农村中小学布局结构调整的背景与目的

农村中小学布局结构调整并不是近几年的事情，而是一个持续、渐进的过程，可以说随着我国教育事业的不断发展，布局结构调整从来都没停止过，只是在不同的历史时期，其调整的行为预期和目的不同，表现形式不同，调整力度不同罢了。但每一次大规模的农村中小学布局结构调整都是在特定的历史背景下进行的，都有其特定的行为预期和目的。本章在简要介绍农村中小学布局结构调整的理论依据和回顾我国农村中小学布局结构调整历史的基础上，着重探讨新一轮农村中小学布局结构调整的背景和目的，以及各地是怎样实施农村中小学布局结构调整的。

一、农村中小学布局结构调整的理论依据

在任何社会里，人都是理性的。所谓理性，是指一个人在作决策时，在他可作的选择中，总会选择他认为是最好的选择。农村中小学布局结构调整，其实也是一种选择，要进行最好的选择，必须以一定的理论为依据，因为任何一种正确的理论，总是以理性为出发点来观察、解释社会经济现象的。

（一）教育空间布局结构的理论

教育空间布局结构涉及的内容是多方面、多层次的，其中核心内容是各级各类学校的空间布局。教育空间布局结构包含着两个方面的内容：一是学校个体的配置与分布；二是教育机构群体在整个地区所形成的网络系统。它们共同发挥着教育运作的整体功能和效用。不同等级与不同类的学校之间有着密切的联系，构成一个多层次、有组织的地域系统，从而保证地区教育活动的正常运转。教育的空间布局是一个国家或地区制定教育发展战略和教育发展规划的重要内容，也是宏观教育管理的重要问题之一。同时，教育空间布局也是社会事业空间布局的重要组成部分，它直接关系到一个国家或地区教育和社会政治经济的发展。从教育内部看，搞好教育

空间布局,对于每一所学校的健康发展、规模适度、取得良好的社会效益和投资效益有着重要的影响。因此,对于各级各类教育事业的发展,必须进行科学的、合理的布局。

我国对于教育的空间布局历来是比较重视的,如高等教育的空间布局,自新中国成立以来已进行了多次大的全国性布局结构调整,其微调仍在进行。中小学教育的布局结构调整也进行过多次。但是,在我国的教育事业发展过程中,对教育空间布局以及校址选择的客观规律的研究是非常薄弱的,甚至就是空白点。缺乏科学论证,不考虑基本地理环境条件,教训是深刻的,损失是惨重的。这里的原因是多方面的,一是由于极左路线的影响,最突出的是"文革"期间的大量高、中等学校包括城市中学的撤并和下迁。"文革"后期及"文革"以后,绝大多数迁回原址,重新建设,反复折腾,损失浪费极其严重。二是盲目发展,各级学校仓促上马,既不讲条件,又不讲合理布局。三是新建学校时,农村中小学校址相当程度受县以下区、乡、村行政区划的限制,造成部分学校布局不合理,甚至行政区划发生变化,学校布局也随之发生变化。四是教育管理部门忽视学校布局结构的科学论证,凭经验办事,就难免出现决策失误。这一系列实践说明,在制定国家或地区教育发展战略、规划和进行宏观教育管理决策时,对教育空间布局问题必须予以高度的重视。当然,教育空间布局的形成是一个历史的过程,要改变过去长期形成的教育空间布局结构不合理的问题,不是一朝一夕的事,这需要长期的努力。但是,加强教育空间布局结构科学化的研究,促进和实现学校合理的布局,防止重大决策失误,是农村中小学布局结构调整必须考虑的问题。

(二)中心区域理论

"中心区域理论"(central place theory)是关于城市区位的一种理论,是探索最优化城镇体系的一个具有代表性的学说。学说首次发表于克里斯塔勒(Christaller)所著的《南德的中心地》一书,主要论述一定区域(国家)内城镇等级、规模、职能间关系及空间结构的规律性。学说的主要目的在于探索和揭示城镇分布的"安排原则",决定城镇数量、规模和分布的原则。城镇是人类社会经济活动在空间的投影,是区域的核心。城镇应建在位于乡村中心的地点,对周围乡村起中心地的作用。

这种理论的基本原理是,在相同的环境中,一种规则分布的、阶梯性的居住形式就会出现。也就是说,"中心区域"为其周围的辅助区域提供服务,并且在这种区域的边界图形中最高效的是六边形,其服务区域的性状与其功能有关。应用于教育系统就是教育机构作为其生源地区（即学区）的中心地区。

克里斯塔勒分析中心地体系形成的条件，把中心地所服务的地区称之为补充区域，认为中心地等级取决比邻的补充区域之大小。受以下三原则制约：(1) 市场最优原则；(2) 交通最优原则；(3) 行政最优原则。三原则的主要特点是：立足于服务职能，将城镇作为体系加以研究。20 世纪 60 年代以来，中心地学说得到进一步发展，主要是利用市场最优原则，根据门槛人口（threshold population）以及提供货物和服务范围，规划最优城镇体系。所谓门槛人口，就是供应一定量货物或维持城镇某一职能所要求的最低限度人口。所谓提供货物或服务的范围，主要指人们为购买或要求某一服务所需经过的距离。其上限是销售货物和提供服务的最大半径，下限是维持销售和服务所需最少人口（门槛人口）所在的地区范围。

对于农村中小学布局结构调整而言，从效益考虑，需要一定的学校规模，就需要一定的门槛人口。从服务的范围而言，其上限是提供教育服务的最大半径，超过一定的服务范围，就会增加成本，从而失去学校的引力。同样，学校布局结构调整也会遇到服务范围的问题。通过研究发现，中心地学说基本适用于学校布局结构调整，一定程度上为学校布局结构调整提供了理论支撑。

(1) 中心地学说的目的在于探索和揭示城镇分布的"安排原则"，决定城镇数量、规模和分布的原则。而农村中小学布局结构调整是对现有学校分布的重新安排，决定学校的数量、规模和分布。

(2) "三原则"同样适合于学校教育的服务性功能，学校要担负起周围地区教育服务的范围，应当距离最近，最便于学生上学和便于学校提供教育服务，应当位于一个地区的中心，符合市场最优原则和交通最优原则；而且教育体现政府的意志和行为，所以也符合行政最优原则。

(3) 门槛人口就是供应一定量货物或维持城镇某一职能所要求的最低限度人口。办学也要有一定的规模，这样才能有效益，因此，办学就要有一定的门槛人口，否则学校教育也无法开展。前已述及，农村中小学布局结构调整受人口变化的影响很大，有学生才有学校的存在，有规模才有效益。

(4) 随着社会经济的发展，人口出生率在不断下降，农村人口在向城镇转移，交通条件的改善，人民生活水平的提高及对高质量教育的需求，办学需要一定的规模，要求有更高的门槛人口，并且出生率的下降导致学校的服务半径在逐渐增大。

（三）地理信息系统理论

地理信息系统（Geographic Information System，GIS），是测绘信息系统之一，属于空间信息系统，是为某种目标而建立，在计算机软件、硬件支持下，对有关空间数据按地理坐标或空间位置进行预处理、输入、存储、查询检索、运算、分析、显示、更新和提供应用、研究并处理各种空间实体及空间关系为主的技术系统，也是在计算机软硬设备和遥感技术、系统工程的支持下，按地理坐标或特定的地理范围，采集有关地理环境的各种信息，通过数量化、数据录入、信息存储、处理，用查询检索、显示制图、分析及综合评价的技术方法。"地理"在这里指"空间"，表述信息的空间位置和关系。国际上该系统始于20世纪60年代初期，70年代渐臻成熟，80年代更有所突破。地理信息系统主要服务于资源与环境领域，在区域管理、规划和科学决策中也得到广泛应用。

1. 地理信息系统的特点

与其他信息系统相比，地理信息系统有以下三个特点。

（1）公共的地理基础。即按特定的经纬度、地图格网或各级行政区划、流域来建立格网系统或多边形子系统的地理坐标。所有信息都同时具有空间的二维属性，可按指定区域进行组合和综合分析。

（2）标准化和数字化。将不同来源的有关信息进行分类、分级、规格化或标准化，以便进行各要素间的对比和相关分析。

（3）多维结构。在二维空间编码的基础上，实现多专题的第三维信息结构，并按时间序列延续，从而具备信息存贮、更新和转换的能力，为决策部门提供适时查询和多层次分析的方便。

2. 地理信息系统的主要功能

（1）对空间信息进行多条件、多方式的查询检索，从而取得各种资源与环境要素的数据清单。

（2）对空间信息进行统计分析。它是全面、系统研究某一区域内的人地关系、社会生态、地理环境及历史演变的现代化工具，也是以资源与环境因子的多变量的计量分析为基础，研究地位差异与区位理论，进行信息复合与系统分析的重要方法之一。

（3）将查询检索和分析结果予以空间表达，即在不同的输出设备上，用图形和图像的形式，为用户提供直观的形象。

（4）综合模拟分析和预测预报能力。作为一种现代化的科学贮备手段，它将以周期性的遥感数据作为不断更新之源。经过积累和延伸，它具备反映自然历史过程和人为影响趋势的能力，可快速作出预测预报。

（5）以专家经验和知识为基础的人工智能分析形成专家系统，回答用户提出的咨询，提供决策方案。

地理信息系统是地理环境研究和国民经济建设基本数据咨询和综合分析评价的现代化手段，可为资源清查、区域规划、资源综合开发利用、国土整治、环境保护、工程设计提供分析和决策依据，将使地理研究和资源管理达到一个新的水平。地理信息系统借助于计算机大容量、高速度的处理能力和先进的遥感技术，能把地理研究从定性概念提高到定量分析，从静态分析上升为动态监测预报，对资源与环境信息的更新与发展作出迅速的评价和反映，从而获得巨大的经济技术效益。

近年来，地理信息系统被越来越多地应用于教育领域。教育系统是一个非常复杂的系统，对教育管理问题进行决策具有许多不确定性，决策支持系统在解决不确定性问题时，展现了巨大的潜能。地理信息系统作为重要的信息处理技术，具有丰富的数据分析功能，尤其对地理数据的空间分析功能，可以在数据库中不同的数据之间建立关联，分析利用与地理位置相关的各种信息，迅速揭示数据之间的关系以及易被忽视的数据模式，并将分析数据信息可视化（即使用电子地图，利用数据库中数据的空间关系，将数据信息通过各种专题图和统计图的制作，在地图上进行形象直观的分析），提供更好的决策支持和分析能力，帮助管理者进行直观、快速、有效的决策。①

学校布局，特别是农村中小学布局是 GIS 的一个典型应用领域，它可以根据区域地理环境的特点，综合考虑资源配置、人口因素、交通条件、地形特征、环境影响等因素，在区域范围内选择最佳位置，充分体现了 GIS 的空间分析功能。因此，事实上，GIS 近年来已经成为学校布局结构调整的一个主要工具。无论是在制定区域学校布局结构调整规划，还是在学校布局结构调整以后检验其合理性，为政府决策提供参考，地理信息系统都可以提供有力的支持。

华中师范大学"中国中西部地区农村中小学合理布局结构研究"课题组世界银行方面专家帕罗林（Bruno Parolin）在提交给世界银行的任务报告中指出，GIS 的一个重要用途在于评价农村中小学布局结构调整以后，

---

① ˙杨晓明：《基于 GIS 技术的教育决策支持系统设计》，载《教育信息化》2001年第 10 期。

由于大量学校被合并和关闭而导致的学生上学难的问题。他指出,通过收集当地道路情况、学校位置、人口密度、学校类型等信息,可以对当地学校布局结构是否合理作出初步的评价,例如,学校服务范围是否达到了完全覆盖,学生上学距离是否太远,路途中是否有什么不方便如翻山过河等。对于那些较大规模的学校无法完全覆盖的区域,他认为保留适当的教学点是必要的。借助GIS分析工具,我们可以直观地看到较大规模学校无法覆盖的区域,这些区域往往是交通不便或人烟稀少的地区,需要保留教学点以便为这些地区的适龄儿童提供更为便利的就学机会。对于GIS在学校布局结构调整工作中所扮演的角色,帕罗林总结说,GIS对学校布局结构调整工作本身并不能产生直接的影响,而是通过对布局结构调整规划和实施效果的评估,为决策者提供政策建议。因此,GIS既是学校布局结构调整规划与设计的重要理论依据,又是重要的工具和手段。

二、农村中小学布局的影响因素及其布局原则

学校布局结构是一个分层次的问题。既要考虑学校的宏观布局,也要考虑学校的微观布局。在这里,我们主要从区域教育的角度出发,研究学校的宏观布局结构,分析影响学校布局结构的因素以及学校合理布局必须遵循的原则。

(一)影响学校布局的因素

按照系统论的观点,区域教育是由它的内部要素和外部支持保障系统所构成的一个复合系统。区域教育与其存在其中的区域经济、政治、文化及其整个区域人地系统,保持着高度的系统性的生态关联。因此,区域教育的主要教育场所——学校的布局也必然取决于区域经济、政治、文化、地理及其整个区域人地系统。

1. 地理环境对学校的布局起着一定的制约作用

地理环境主要指地理位置,即地球上某一事物与其他事物的空间关系。在我国东南沿海地区,由于自然地理位置优越,学校的布局也较为合理。但是在西南地区,由于地理位置和交通等所产生的严重阻碍,学校布局就显得不太合理。

2. 学校布局受经济条件的制约

在经济发达的国家和地区,可以通过多建学校、改善交通、提供教育补助、改善办学条件等来改善学校的布局。但是经济不发达的国家和地区,学校的布局往往从提高入学率、照顾大多数学生等方面出发,因而学

校的布局就不会很合理。

3. 文化是影响学校布局的一个特殊因素

在不同的文化体系中,由于对教育的重视程度、价值认同存在不同的看法,对兴办教育的积极性也就不同,因而直接或间接地影响着学校的建立和布局。

4. 人口是影响学校布局的核心因素

人是教育的对象,是教育的最重要因素。人口的数量、密度、年龄结构、民族等是影响学校布局的核心因素。它决定着学校的数量和学校之间的距离。在人口数量较多、密度较大的地区,学校的数量往往较多且较为集中。但是在人口稀少的地区,学校就比较分散,而且布局结构很难调整,如我国西南农村地区的许多"一师一校"就是极明显的例子。

5. 政治因素是影响学校布局的又一个重要因素

政治对学校布局的影响往往从教育政策中体现出来。如国家与地方所规定的学校在校生数等,就对学校的布局结构有很大的影响。

以上可以说是影响学校布局的重要因素,在考虑学校布局时,必须充分地考虑以上因素,确定合理的教育布局结构。

(二)学校布局的原则

农村中小学布局调整在国家层面上是具有战略性和全局性的政策导向,但由于学校布局要受到相当多因素的影响,因此学校布局结构要科学合理,就必须遵循以下一些基本原则。

1. 效益原则

学校合理布局的目的,就是要提高学校的规模效益。因此,效益原则是学校布局的一条根本性的原则。效益原则的实质就是力求以最少的人力、物力和财力取得最大的经济效益和社会效益。它要求要根据不同地区和不同性质学校的特点确定相应的学校规模,使每一所学校都能发挥其功能特点,使教育投资的效益最大化。

2. 统筹规划原则

在一个特定的教育区域里,学校的布局应该形成一个有机联系的网络,在哪一级区域设置什么类型和层次的学校,设置多少学校,都要充分考虑影响学校布局的多种因素,对学校的设施进行统筹规划,使学校的布局协调统一,结构合理,从而使区域教育发挥整体功能。而不是像过去一样,学校布局往往凭管理者的主观意志,显得杂乱无章,"条块分割,各自为政",导致学校主体之间难以形成有机联系,也使区域教育难以发挥整体功能。

3. 整体性原则

区域教育应当具有整体观念，立足于建构一定的网络结构，形成区域教育布局体系。教育的空间布局从纵向上看，包括学前教育、初等教育、中等教育、高等教育和继续教育等层次的教育网络的配套与衔接，包括各层次教育区域中心的选定、配置和辐射范围的确定，还包括微观的校址选择。从横向上看，包括同类学校布局的总体格局和网络，以及不同性质和不同规模的学校在同一区域内部或更大区域空间内的组合关系，它涉及各种办学条件的比较与配置，涉及不同办学主体管理的学校之间的联系与调配。在调整学校的布局时，要把学校的纵向结构和横向结构有机地联系起来，从整体的观念出发，进行学校布局的调整，使学校的布局更加合理、规范。

4. 环境与生态原则

从学校布局的微观角度来看，学校布局要遵循环境与生态原则。学校是进行教育教学的重要场所，学校的微观环境，也即学校内的自然环境和人文环境等对学生的发展起着重要的影响。我国历史上的许多教育机构，如书院、学校等都是选择在环境优美、安静和谐的地方建造的，其目的就是要形成一个良好的育人环境。现代社会，特别是在大城市，由于工业、交通、娱乐场所的发展，对学校的环境建设产生了较大的影响，如由于交通道路的改变，有的学校就在交通要道边上，学校变得喧嚣不已，给学校的教育教学带来了很大的负面影响。因此，学校布局结构的调整，如条件允许，要尽可能地遵循环境与生态的原则，选择环境安静、幽雅的地方建立学校。

5. 就近与安全原则

这一原则主要是用于指导中小学的学校布局。交通、安全和上学成本是学校布局必须考虑的重要因素。《中华人民共和国义务教育法》明确要求："地方各级人民政府应当保障适龄儿童、少年在户籍所在地学校就近入学。"对中小学校址的选择及其入学安全，我国也曾作出过明文规定："中学服务半径不宜大于1 000米，小学服务半径不宜大于500米，走读小学生不应跨过城镇干道、公路及铁路。"① 因此，中小学学校布局必须坚持就近入学和安全的原则，减少入学费用，保证学生安全入学。

---

① 国家计划委员会：《中小学校建筑设计规范》（GBJ99－86），1986年10月1日起实行。

三、我国农村中小学布局结构调整的历史回顾

农村中小学教育是我国教育的重要组成部分,随着国家经济社会的发展而不断发展。中华人民共和国成立以后,我国农村社会经济关系发生了巨大变化。1949～1952年,全国农村绝大部分地区进行了土地改革,由封建土地所有制转变为农民个体所有制,个体农业经济成为最主要的经济成分。1953～1957年的农业合作化时期,农民加入了合作社,土地等主要生产资料实行集体所有制和按劳分配制度。供销合作、信用合作以及农村工业、商业、文化、教育、医疗卫生事业等随之发展,农村面貌发生了巨大变化。1958～1978年是人民公社化的时期,由于极左政策的影响,农业生产关系和生产力都受到了破坏,农村经济停滞。从1978年起,我国的经济体制改革从农村开始起步,在土地集体所有的基础上,实行家庭联产承包经营。农村的各项事业得到了较快的发展,农村面貌发生了很大的变化。

与此相适应,我国农村中小学教育也经历了不同的发展时期,农村中小学布局结构不断进行了调整。

新中国成立以前,我国的教育十分落后,全国人口中80%以上的人是文盲,学龄儿童入学率只有20%左右,学校布局极不合理,各级各类学校多数集中在大中城市和沿海一些省份,农村很少,特别是内地、边远地区和少数民族地区的教育事业更加落后[1]。新中国成立以后,党和政府十分重视发展基础教育。1951年8～9月,教育部在北京召开了第一次全国初等教育会议与全国师范教育会议,会上提出了新中国第一个小学教育普及计划:到1957年,全国争取有80%的学龄儿童入学;从1952年开始,争取10年之内全国普及小学教育。到1957年全国的小学由1949年的34.68万所增加到了54.73万所,初中由1952年的3 100所增加到了8 900所,加上高中及工农速成中学,整个中学达到11 154所。由于这一时期我国教育发展的重点在于普及小学教育,加之全国绝大部分人口集中在农村,农村学校在全国学校中占有极大的比例,因此,中小学布局结构调整的目的在于中小学数量的扩张,重点在农村小学的扩张。1957年1月至1966年5月,我国开始了全面建设社会主义的十年。当时的许多教育发展政策是与政治经济背景密切联系的,如1961年中共中央提出"要区别和根据各地区的不同情况,有计划地普及适龄儿童的小学教育"。1962年4月,教育部

---

[1] 国家统计局编:《奋进的四十年(1949～1989)》,中国统计出版社1989年版,第71页。

又提出,全日制中小学要适当压缩规模,注意调整学校布局,方便学生上学。① 1965 年,全国有小学 168.19 万所,中学 18 102 所(其中初中 13 990所),还有农村职业中学 61 626 所,这个时期学校数量达到历史最高点(见表2-1),整个农村中小学布局结构渐趋合理。

表 2-1 新中国成立以来中小学校数变动情况 (单位:所)

	1949	1965	1978	1980	1985	2000	2003	2005	2006
小学	346 769	1 681 939	949 323	917 316	832 309	553 622	425 846	366 213	341 639
初中	2 448	13 990	113 130	87 077	75 903	62 704	63 711	61 885	60 550

注:数据来源于教育部网站,http://www.moe.gov.cn/edoas/website18/info33454.htm。

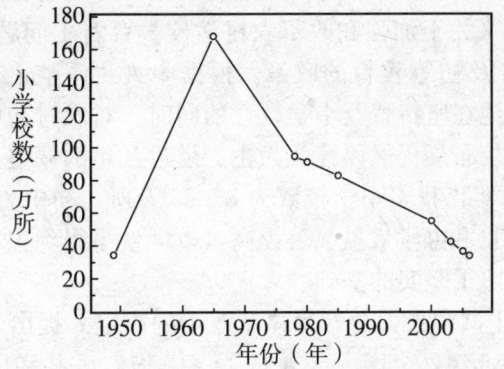

图 2-1 新中国成立以来小学校数变动情况

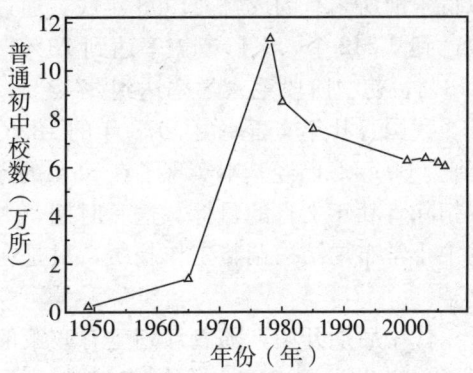

图 2-2 新中国成立以来普通初中校数变动情况

---

① 中国基础教育网,http://www.cbe21.com/public/jtzs/article.php?article_id=644。

1966年5月至1976年10月,我国发生了史无前例的"十年动乱",这一时期,中小学教育处于停滞、倒退和混乱的状态。在"小学不出村、初中不出队、高中不出社"思想的指导下,中小学几乎遍布各村,学校布局,尤其是初中布局趋向于分散。根据1978年的统计数据,当年小学校数为94.93万所,比1965年减少了43.5%;初中却达到了11.31万所,是1965年的8倍(见表2-1)。

1978年12月,党的十一届三中全会确立了改革开放的总方针,使我国的经济和教育进入了一个新的历史发展时期,随后教育又被确定为经济和社会发展的战略重点之一,为农村教育的发展创造了较为有利的社会环境。1980年和1983年中共中央和国务院颁布了《关于普及小学教育若干问题的决定》和《关于加强和改革农村学校教育若干问题的决定》,提出了一系列有关普及初等教育的政策。根据中央"调整、改革、整顿、提高"的方针,各地在坚持普及小学教育的同时,对农村初中和高中的布局进行了调整,学校布局仍然以普及为主。经过几年的调整,农村学校数量明显下降,1985年,我国小学校数为83.23万所,初中为7.59万所(见表2-1),教育质量和办学效益显著提高,教学秩序得到根本性好转,为我国教育的发展奠定了坚实的基础。

1985年,《中共中央关于教育体制改革的决定》提出了实行九年义务教育的问题。1986年,全国人大通过了《中华人民共和国义务教育法》,从此我国的基础教育进入了快速发展的时期。经过二十多年的发展,我国农村教育的发展取得了前所未有的成就。1998年底,通过"两基"验收的县(市、区)总数达到2 242个,人口覆盖率达到73%。全国小学学龄儿童入学率达到98.93%,初中阶段毛入学率达到87.3%,超过了同期发展中国家的平均水平。我国青壮年文盲率由1978年的18.5%下降到1998年的5.5%以下。① 到2000年底已经基本实现了在85%的人口和地区普及九年义务教育,基本扫除青壮年文盲的目标。这一时期,由于普及义务教育的需要,全国性的中小学布局结构调整工作趋缓,只是在部分地区进行小范围、小规模的调整。

从20世纪90年代中后期开始,随着计划生育政策的落实,农村学龄人口不断减少和城镇化水平不断提高,我国农村地区不少中小学生源不足,学校布局分散,规模小,质量低的矛盾日益突出。为此,我国农村地

---

① 中华人民共和国教育部编:《共和国教育50年(1949~1999)》,北京师范大学出版社1999年版,第276页。

区,特别是中西部一些农村地区开始了中小学布局结构的调整。2001年5月,国务院在《关于基础教育改革与发展的决定》中又明确提出:"按照小学就近入学、初中相对集中、优化教育资源配置的原则,合理规划和调整学校布局。农村小学和教学点要在方便学生就近入学的前提下适当合并,在交通不便的地区仍需保留必要的教学点,防止因布局结构调整造成学生辍学。学校布局结构调整要与危房改造、规范学制、城镇化发展、移民搬迁等统筹规划。调整后的校舍等资产要保证用于发展教育事业。在有需要又有条件的地方,可举办寄宿制学校"。同年7月,教育部公布了《全国教育事业第十个五年计划》,提出"适应城镇化进程和学龄人口波动的需要,合理规划和调整中、初等学校布局"。自此以后,我国农村地区正式开始了新一轮中小学布局的大调整。

四、不同主体对农村中小学布局结构调整的预期和目的

农村中小学布局结构调整是一个持续、渐进的过程,但每一次布局结构调整都有其特定的行为预期和目的,受这种预期心理的影响和制约,就构成了每次农村中小学布局结构调整的动力。20世纪90年代中后期,我国新一轮农村中小学布局结构调整开始,这既可以说是农村社会变革过程的重要组成部分,也可以说是我国社会转型与发展过程中的一种必然现象,同样具有其特定的行为预期和目的。但是,由于农村中小学布局结构调整涉及政府及其教育主管部门、学校、家长和学生等不同的利益主体,这些主体基于自身利益的考虑有着自己不同的行为逻辑,对农村中小学布局结构调整也有着各自不同的行为预期和目的。

(一)学生的行为预期和目的

学生是教育的主体。对于农村中小学布局结构调整,学生既可能是受益者,也可能是受害者。调查之初,我们认为对于那些即将到规模较大、距离较远的学校去上学的学生而言,他们会对农村中小学布局结构调整表现出恐惧,并对原来学校表现出留恋。但是,调查中我们并没有发现学生有这种情绪,相反,不少学生对即将到规模较大学校上学表现出极大的兴趣。例如,广西龙胜县和平乡平安小学的学生就对即将进入乡镇中心小学表现出非常迫切的心情。我们和几个学生进行了简单的访谈,所有学生都表示"不喜欢现在的学校",并且希望"早一天到中心小学去上学"。因为"这里的老师对我们很凶",而且"老师不给我们电脑玩,到了中心小学才有电脑玩"。在荔浦县青山镇曹村,我们与一群从中心小学放学回家的孩

子们进行了短暂访谈,当我们问"你们是喜欢现在的学校还是以前的学校"的时候,所有孩子都齐声回答喜欢现在的学校,因为现在的学校"人多,好玩一些"。对学生问卷的分析结果表明,有83.5%的孩子表示喜欢现在的学校(即调整以后的学校)。

其实,学生们的心态是很容易理解的。小规模学校的硬件设施和规模较大学校往往有一定差距,当向高年级学生介绍规模较大学校有"电脑"之类的先进教学设备时,他们就表现出渴望之情。小规模学校的学生往往较少,而学生似乎天生喜欢人多、热闹的学校。还有一点需要引起我们的注意,小规模学校的学生往往都是包班教学,一个老师教所有课程。如果这个老师对学生非常好,那么学生们会非常喜欢这个老师并且留恋原来的学校;但是如果这个老师对学生不好,那么学生们渴望早点离开原来的学校就可以理解了。此外,问卷分析结果表明,学生们似乎更加希望由不同的老师来教授不同的课程,有80.3%的孩子表示喜欢由多个老师上课,这可能与孩子喜欢与更多的老师交往,接受多个老师的知识传授有关。因此,学生对农村中小学布局结构调整的行为预期和目的比较单纯,也比较简单,即布局结构调整后的学校,其办学条件和老师应比现在的学校好。

(二)家长的行为预期和目的

家长是孩子的第一任老师。作为家长总是希望自己的孩子健康成长,成为社会的有用之才,农村孩子的家长也不例外。特别是随着广大农村已从温饱型迈向了小康社会,家长们对孩子的期望也越来越高。但在这一过程中,家长对中小学布局结构调整的行为预期和目的是与他们对布局结构调整的感受密切相关的,即布局结构调整后,孩子上学是否太远,孩子住校生活能否自理,是否会增加家里的经济负担,特别是布局结构调整能否使孩子受到好的教育。正因为如此,所以布局结构调整之初,有些家长对学校撤并持否定态度,因为学校撤了以后,孩子们要走更远的路去上学,路上的安全问题令家长们担心;如果住校,家长们也担心孩子们的生活自理问题;同时孩子住校还增加了家庭的教育开支,对于贫困家庭来说就意味着增加了一笔沉重的经济负担。但是,经过布局结构调整,大多数家长感觉到孩子们到规模较大的学校上学有好的教师和教学条件,能享受到好的教育,于是有些家长由反对转为支持学校布局结构调整。对子女的教育质量的日益关注和对优质教育的追求,使大多数家长对学校布局结构调整抱着一种非常开明的心态,极大地减少了家长群体对学校布局结构调整的阻力。

我们在调查中发现，在具备条件的情况下，家长往往喜欢把孩子送到中心学校，因为在中心学校可以接受比较优质的教育。广西桂林市龙胜县乐江乡大雄村虽然有教学点，但是在2006年春季学期，一些家长主动把孩子们送到邻村的学校去上学了，因为大雄村教学点的教学水平不如另外那所学校的高。在南丹县的里湖瑶族自治乡仁广小学，我们也发现了群众自动将孩子送到中心学校的事情。

龙胜县平等乡的隆江小学是一个隔年招生的学校，2005年学校有二、四、六三个年级，本来中心学校只决定把四年级和六年级撤掉，让二年级的十多个孩子继续留在隆江小学学习。但是，当四年级和六年级撤了以后，大部分二年级的孩子也都跟着同村的哥哥、姐姐们到中心小学上学了。到了开学的那一天，本来有十几个二年级的孩子，只剩下了四个。这四个孩子的家长在老师的动员之下，也把孩子送到中心小学了，这所学校的撤销没有出现任何的阻力。

出现这种情况，与农村家长的观念改变有关。在调查中我们发现，由于计划生育政策的实施，现在农村家庭大多只有一到两个孩子，家长们比以往更加注重对孩子的教育，对孩子的期望也就更高了。问卷调查也支持这一结论，对家长问卷的分析结果显示，农村家庭的一孩（一个孩子）率和二孩（两个孩子）率分别是33.2%和56.2%，合计89.4%，远远高于多孩（多个孩子）的家庭。在被问到孩子上学最担心的问题是什么时，家长们选择最多的是孩子的安全问题和学习成绩下降的问题，家长对学生安全和学习成绩的关心，远远超过了对家庭经济负担加重的担心。由于这些原因，很多乡镇中心学校校长反映，尽管家长开始时对学校撤并持反对的态度，但是在一段时间以后，很多家长都愿意将孩子送到外面读书了。

（三）学校的行为预期和目的

由于各个乡镇之间具体情况千差万别，一个乡镇内的学校布局又受到很多因素的影响，因此，县教育行政部门无法具体决定某所学校是否应该撤销，一般只规定学校撤并的基本原则。例如，广西荔浦县教育局便有"小学高年级在10人以下的原则上应该撤销"的规定。但哪所学校应该撤并、如何撤并之类的微观决策都是由乡镇中心学校作出的。因此，乡镇中心学校是学校布局结构调整的具体决策者和执行者。我们在对部分乡镇中心学校的访谈中，一些中心学校的负责人坦言，学校布局结构调整基本上是他们自己负责的，他们甚至并不清楚县教育行政部门关于学校布局结构调整的具体规定。当然，在制订学校撤并方案后，乡镇中心学校需要报请县教育行政部门批准。但一般情况下，只要学校撤并不是太失败（例如，没有发生群体上访或学生罢课事件），县教育行政部门都会批准。根据我们的调查，乡镇中心学校对于学校撤并的态度也是非常积极的，这是因为农村中小学布局结构调整是与乡镇中心学校的行为预期和目的相吻合的。

1. 布局结构调整可以节省教育经费

因为每个乡镇可以利用的教育经费是有一定限度的，当一些小规模的学校撤并以后，乡镇中心学校就可以利用节省下来的教育经费改善整个乡镇的办学条件，提高教育质量。

2. 布局结构调整可以在一定程度上缓解师资力量不足的压力

小规模学校撤销以后，乡镇中心学校便可以在全镇范围内重新配置师资，虽然这不能从根本上解决师资不足的问题，但毕竟可以在一定程度上缓解这一矛盾。

在小学阶段可以开设英语课和计算机课，但是，现在的很多学校根本没有能够讲授英语和计算机的教师，许多学校无法开设这些课程，这导致很多学生升入初中以后跟不上教学进度，学习非常吃力。为了使更多的小学生在小学阶段就能够接受英语和计算机教育，解决的途径之一就是将小规模的学校合并到一些规模较大的学校，因为规模较大的学校往往有教英语和计算机的教师。当然，在具体实施学校合并的时候，很多地区仅仅要求合并学校中的部分年级，一般是将三年级以上的学生撤走，因为三年级以下的学生一般不要求学习英语和计算机。

例如，广西壮族自治区南丹县八圩瑶族乡甲坪小学的一位老师告诉我们，她的女儿是在当地读的小学，为了让女儿升到初中以后接受更好的教育，她托关系将女儿送到了县里的初中去读书。但是由于甲坪小学没有条件开设英语课，她的女儿没办法跟上县里初中的英语教学进度，学习非常吃力，3个月后就被迫转回乡里的初中念书了。我们在调查中还了解到，南丹县由于教育基础比较薄弱，目前只有在县城的小学和一些乡镇中心小学开设了英语课和计算机课，其他的学校则暂时没有条件开设，因此学生到了初中以后，乡镇的初中为了照顾所有学生的进度，往往会从头开始教授英语，而那些小学阶段已经学过英语的孩子就会被迫重新再学一遍。

3. 布局结构调整在一定程度上方便了对各个学校的管理

在一些偏远地区，中心学校对各学校的管理和指导一直非常困难，教学点往往位于偏远且交通不便的地区，这就给学校的管理带来困难。在调研时，广西荔浦县新坪镇中心学校的曾校长告诉我们，他如果到镇里最远的学校（黄竹小学和清江小学，距离镇中心学校50公里）去检查工作，一次来回就要两天时间，因为那两所学校位于大山深处，交通极其不便，有几个小时的路程至今不通车，只能依靠步行①。由于距离遥远，他一年之中难得去一次，那里的教学工作只能依赖当地老师的自觉。曾校长遇到的困难是很多中心学校负责人所遇到的困难，学校进行重新调整后，至少可以在一定程度上解决这些问题。

问卷调查结果同样证实，在农村中小学布局结构调整过程中，学校追求教育资源的合理配置和提高利用效率与教育质量的提高和方便教育管理的目的十分明显。在面向6省（自治区）学校教职员工发放的15 000份问卷（以下简称学校卷）中，共回收有关布局结构调整目的的有效问卷为9 368份，其中有6 487人认为，农村中小学布局结构调整的目的是为了"实现教育资源的合理配置和提高教育资源利用效率的需要"，占有效问卷总数的69.2%，位列布局结构调整目的的首位；在9 368份有效学校问卷中，"提高教育质量的需要"为6 240人次应答，占有效问卷总数的66.6%，在布局结构调整目的中位列第二位；"方便教育管理的需要"有4 907人次应答，占有效问卷的52.4%，位列第三位；"实现教育均衡发展的要求"有4 521人次应答，占有效问卷的48.3%，位列第四位（见表2-2）。

表2-2 农村中小学布局结构调整的目的（学校卷）

布局结构调整的目的	权重位次	频数（人）	人次百分比（%）	样本百分比（%）
实现教育资源合理配置和提高教育资源利用效率的需要	1	6 487	29.1	69.2
提高教育质量的需要	2	6 240	28.0	66.6
方便教育管理的需要	3	4 907	22.0	52.4
实现教育均衡发展的需要	4	4 521	20.3	48.3
其他	5	131	0.6	1.4
合计		22 286	100.0	237.9

注：$n=9\ 368$。

当然，相对于县教育行政部门和乡镇中心学校这两级教育决策机构，被撤并的学校和保留的学校仅仅是学校布局结构调整决策的执行者。在我

---

① 虽然管理不便，而且学生人数也很少，但是曾校长并不主张撤销这两所学校。他说如果把学校撤掉，即使学生在校住宿，每次周末回家也很困难，因为交通实在太不方便了。

国的教育行政系统中,学校作为这个系统的最基层的单位,一般都会同意并执行教育决策机构的决策。保留的学校对于学校布局结构调整似乎更积极一些,因为其他学校学生的并入意味着自己学校规模的扩大。一般而言,学校都有扩大规模的内在冲动。当然,新并入的学生往往上学路程较远而需要住宿,这就要求保留的学校应有相应的宿舍、食堂和厕所等生活设施,这可能会对学校的管理和经费使用形成一定的压力。

相对于保留的学校,被撤并学校的校长和教师往往对学校布局调整持消极的态度。虽然大部分校长知道学校被撤销(或部分年级被撤销)主要是生源减少的结果,与自己的工作业绩无关,而且大部分校长也知道学校重新布局对于农村教育的发展具有积极作用,但是他们和教师仍然避免不了发自内心的失落感,这种失落感可能来自校长和教师对于自己长期工作过的学校的留恋之情。

例如,广西桂林市龙胜各族自治县瓢里乡大云小学在2005年春季时还保留着五个年级,从2005年秋季学期开始,四年级和五年级都并到乡中心小学去了。到2006年秋季学期,三年级也要并到中心小学了。乡中心学校规定一个年级超过10个人就可以继续保留,大云小学的三年级有13人,符合保留在原校的规定。但是,因为学校没有英语老师,所以只能让孩子们到中心学校去上学。学校的栗校长不无伤感地说:"虽然希望能够保留更多一些学生,但是为了乡镇教育的统一规划,也为了学生能够按时接受英语教育,只能让三年级的孩子们到中心小学读书去了。"

(四) 政府及教育行政部门的行为预期和目的

各级政府及教育行政部门既是农村中小学布局结构调整政策的制定者,也是政策的执行者,他们对农村中小学布局结构调整的行为预期和目的直接决定了农村中小学布局结构调整的行为预期和目的。但政府及其教育行政部门作为社会公共利益的代表,布局结构调整的行为预期和目的不同于学生、家长和学校等行为主体。比如,学生对布局结构调整的预期是,调整后的学校办学条件和老师应比现在学校好;家长的预期是,布局结构调整后孩子能够受到好的教育;学校的预期是,布局结构调整后能够节省教育经费和合理配置师资。可以说,上述主体的行为预期主要是从自身利益出发,满足个人或集体利益的需要,而政府及其教育行政部门对布局结构调整的预期则是为了满足社会全体公民或大多数人的需要,或者说是为了特定的公共利益与需要,当然,也有满足政府自身利益的需要。

由于农村中小学布局结构调整,是在农村学龄人口不断减少,导致农村中小学原有布局结构的不合理和税费改革造成教育投入不足的背景下开始实施的,因此,"通过调整中小学网点布局,合理配置教育资源,减少中小学校数量,扩大校均规模,提高教学质量和教育投资效益,逐步实现学校布局合理、教育结构优化和学校用人机制健全、经费使用高效的目标,促进基础教育事业持续、稳步、健康发展"①,便成为各级政府进行农村中小学布局结构调整的最直接的目的。

在面向6省(自治区)、38个县(市)、177个乡(镇)教育行政管理人员发放的210份问卷(以下简称行政卷)中,共回收有效问卷176份。其中,160人认为农村中小学布局结构调整的目的,是为了"实现教育资源合理配置和提高教育资源利用效率的需要",占有效问卷数的90.9%,位居布局结构调整目的的首位;"提高教育质量的需要"在行政卷中有138人应答,占176份有效问卷的78.4%,位居布局结构调整目的的第二位;有64.2%的县(市)、乡(镇)教育行政管理人员认为,"实现教育的均衡发展"是布局结构调整的目的之一,占总应答人数的20.3%,位居布局结构调整目的的第三位(见表2-3)。

表2-3 农村中小学布局结构调整的目的(行政卷)②

布局结构调整的目的	权重位次	频数(人)	人次百分比(%)	样本百分比(%)
实现教育资源合理配置和提高教育资源利用效率的需要	1	160	31.4	90.9
提高教育质量的需要	3	113	22.2	64.2
方便教育管理的需要	2	138	27.1	78.4
实现教育均衡发展的需要	4	95	18.7	54.0
其他	5	3	0.6	1.7
合计		509	100.0	289.2

注:$n=176$。

综上所述,政府关于农村中小学布局结构调整的目的十分明确,即追求教育资源的合理配置和学校规模效益的提高,方便教育管理,促进教育均衡发展和教育质量的提高,满足广大人民群众对优质教育的迫切需求。

---

① 杨周复主编:《世纪之交的中国教育财务改革与发展》,华中师范大学出版社2004年版,第409页。

② 表2-2、表2-3为多项选择题,因此应答样本百分比合计超过100%。

正是对这一目的的追求构成了各级政府进行农村中小学布局结构调整的动力，推动着农村中小学布局结构调整工作的开展。

五、农村中小学布局结构调整的实施步骤

尽管农村中小学布局结构调整是农村教育资源合理配置与优化的过程，但由于不同利益主体的预期和目的不尽相同，因此，为了避免矛盾和冲突，使布局结构调整能够顺利实施，各地在农村中小学布局结构调整过程中，大多采取了比较稳妥的实施步骤。

（一）制定调整规划

农村中小学布局结构调整是一项复杂的系统工程，要使布局调整能够顺利实施，必须制定科学的规划，教育规划科学合理，农村教育资源配置和布局结构调整就会趋于合理优化。因此，制定科学的调整规划是成功实施农村中小学布局结构调整的重要前提。为此，所调研地区的各级政府及教育行政部门都遵循就近入学的基本原则，本着数量与质量、当前与长远、需要与可能相结合的指导思想，科学制定了布局结构调整规划，统筹规划当地农村中小学的布局结构调整。

1. 认真调研

分组包片，深入乡村，认真开展中小学布局结构调整的调查研究和可行性分析论证工作。对当地农村中小学的地理环境、地区人口密度、服务半径、班级规模、原有学校的设置与质量等重要因素和指标进行实地调查，掌握大量的第一手资料。

2. 合理规划

（1）各地都将教育规划纳入了当地经济社会发展规划之中；（2）根据当地经济、社会发展情况和地理环境等合理规划布局结构调整，在一些条件适宜、成熟的地区适当合并一些规模较小的学校，而在一些交通不便的地区仍保留必要的教学点。农村中小学布局结构的调整主要根据以下原则：有利于"普九"成果的巩固提高，防止学生辍学流失；有利于盘活教育资源，提高办学效益；有利于薄弱学校建设，缩小校际间办学条件、教学水平的差距；有利于素质教育推进和教育质量提高的总体原则。据此，各地都制订了当地农村小学布局调整的实施方案，确定了切实可行的工作思路。调整方案和办法制订以后，大部分地方都广泛征求了意见，反复比较与科学论证，最终确定切实可行的调整规划，对被调整学校、调整时间、调整方法全部一次规划到位。

如内蒙古自治区提出:"一般的乡镇应办好一所中心校,人口较多、居住相对集中的农区、半农半牧区原则上每个行政村办好一所完全小学,或临近若干个行政村合建一所完全小学。牧区原则上每个乡镇设立一所寄宿制的完全小学,规模较小的,可在旗所在地集中办学。偏僻的农村、牧区,难以达到建校规模的,可以设立教学点。小学一般规模应为10个教学班,班容量不少于40人,最小规模的小学应有5个教学班,班容量不少于20人,牧区不少于15人。小学教学点应达到30人以上。"①

湖北省则提出:"在调整工作过程中,要正确处理好五个关系。一是调整优化中小学布局结构与"普九"的关系。调整优化中小学布局结构应该与巩固、提高"普九"成果结合起来,兼顾方便中小学生入学,保证所有适龄儿童和少年都能接受九年义务教育。二是调整优化中小学布局结构与提高办学质量和效益的关系。调整中小学布局结构,不能降低中小学校的办学质量,要确保农村中小学教育整体办学质量和水平的提高。三是学生入学高峰和长远规划的关系。布局调整期间,原则上不得新建学校和扩大校舍,避免造成不必要的浪费,更不得新增债务。四是调整优化布局与保护群众办学积极性的关系。要明晰各方办学的责、权、利关系,有利于调动社会各方面办学的积极性。五是处理被撤并学校的资产和提高教育资源利用效率的关系,保证教育资源不流失并得到充分利用。……原则上15万~20万人口办一所普通高中,4万~5万人口办一所普通初中,平原和丘陵地区规模在6个班150人以下的小学应实行联村办完小或高小,使一所小学服务区域人口逐步达到5 000人以上。根据交通、安全和经济条件等方面的情况,交通不便、人口稀少的山区,初小和教学点仍可保留。有条件的地方可以在小学试行寄宿制。山区和经济欠发达地区学校区域服务人口标准可以放宽,调整时间可以延长。"②

贵州省农村中小学布局结构调整的目标任务是:"通过结构调整,到2005年,全省基本完成农村中小学相对集中、扩大规模、方便入学、改善条件、集中师资、提高质量和效益的目标。具体来说,2002年基本取消复式班,2003年基本取消教学点,2004年村小在1999年基础上减少50%以

---

① 《内蒙古自治区关于苏木乡镇以下中小学校布局结构调整和精简教师队伍的意见》,2001年6月12日,http://www.xajy.cn/htm/fg117.htm。
② 《中共湖北省委办公厅、湖北省人民政府办公厅关于调整优化农村中小学布局结构的意见》,2002年11月22日,http://www.jobs.cn/newsInfo/2002-11-22/200211227128590.htm。

上。每所完小覆盖人口 5 000 人左右，最小规模 12 个班，在校生达到 500 人左右；乡（镇）中心完小最小规模 18 个班，在校生达到 800 人左右，覆盖人口 8 000 人左右。在农村完小服务半径 3 公里以内的区域，不能有（或新建）其他小学和教学点。"①

当然，学校布局结构调整规划一经制定，并不是一成不变的，在实施过程中如果发现有不符合实际的地方，各地教育主管部门也会审时度势，适时修正其中不足之处。陕西省石泉县就是一个很好的例子。2000 年的时候全县共有 280 所学校，"十五"期间撤并了近百所，基本达到了省里要求的校均 180 人的规模。而这就是根据实际情况适时调整了先期学校布局结构调整规划的结果，2002 年大规模撤并学校时，县教育局曾经在对全县的学校进行调查摸底后下达了任务，要求每个乡必须撤并多少所学校，但是由于石泉县属于山区，过度撤并学校会给"普九"造成困难，当地及时调整了农村中小学布局结构调整规划，在山里交通不便、人烟稀少的地区保留一至二年级的教学点，高年级则相对集中；加大对完小、高小以上学校硬件的投入，加强学校建设；在排除危房的过程中，首先排除学生比较多的学校，截至目前，高小、完小基本上消除了危房，校均规模达到 140～150 人；重点加大中心小学建设，并且逐步创造条件，实行寄宿制。

但是，也有因为学校布局调整规划不尽合理而使得农村学校和学生陷入困境的地区。云南省凤庆县在"普六"（1994～1995 年）期间一年只有一两所学校合并，这几年为了完成上级政府下达的布局结构调整的任务，学校数量剧减了 200 所。因为按照上级政府的规定，"两师一校"的小学都要撤并，但在当地有些地方，这样的学校还是有必要存在的，若没有这些学校，很多学生会因上学太远而辍学。目前，全县共有 540 多所学校，其中九年一贯制学校有 19 所，有 15 个以上的学生的教学点就予以保留。学校撤并以后，由于经济条件的限制，已经出现了学生和教师食宿不方便的问题，如果进一步调整，势必会加剧这种情形。当地教育局的同志认为，相对于凤庆县的经济发展水平而言，当地学校布局结构调整的步伐过快，已经与经济社会发展不相协调。

（二）统一思想认识

没有统一的认识，很难有统一的行动。对于人们已习惯的事情，尽管

---

① 《贵州省关于农村中小学布局结构调整和优化农村中小学教师队伍的意见》，2002 年 12 月 17 日，http://nc.mofcom.gov.cn/news/769916.html。

存在种种弊端，但在这种弊端还没有被人们所认识前，是很难改变的。农村中小学布局结构调整同样如此。尽管学校布局分散，效益低下，但真正要调整，还要做大量的思想工作。因为布局结构调整牵涉到方方面面的利益，存在思想认识不同的问题。对学生家长来说，他们考虑的是学生的方便、安全，因此要求就近入学；对教师来讲，他们考虑的是自己的生活方便，而对规模效益问题考虑较少；对乡镇领导来讲，他们考虑的是稳定，而缺乏优化配置教育资源的紧迫感；对村干部来讲，他们担心的是把学校撤销了会受到村民们的埋怨和责备。针对这些问题，各地政府都做了广泛的宣传动员工作，向他们讲清政策，分析利弊，阐明道理，努力营造全社会理解支持学校布局结构调整工作的良好氛围。

1. 具体措施

（1）让乡镇政府及教育主管部门的领导通过文件和会议等方式深入了解农村中小学布局结构调整的必要性、原则、目标、任务和具体实施步骤，因为他们是这一政策的直接策划者和执行者，只有让他们真正了解并认可这一政策，才能确保布局结构调整的顺利实行。

（2）争取教师的理解和支持，教师是教育改革成功与否的关键。一切看起来最符合社会要求的教育体制变革都要通过教师的运作才有效，所有被认为最理想的改革目标只有获得教师的认可才能贯彻实行，再完善的改革措施只能在教师接受后才能被体现出来。[①] 因此，学校既要让教师认可布局调整工作的合理性，又要充分考虑教师的工作条件、工作环境、物质待遇和社会地位，使教师理解和全力支持农村中小学布局结构调整。

（3）乡镇教育主管部门、学校校长以及教师和村干部形成合力，通过多方面的努力，使学生家长真正理解农村中小学布局结构调整对其子女的好处。具体的做法如下。①"走出去"，以家长会或家访的形式，将学校办学规模、师资素质、课程设置等因素对学生发展与成长的影响向家长进行透彻分析，使家长思想观念逐步转变；同时设点学校及时将办学思想、办学成果及住宿生管理办法编印成册分发给家长，使家长对设点学校各方面的管理情况有深入细致的了解。②"请进来"，将被撤销学校学生家长代表请到设点学校，参与学校生活指导教师的聘任，参观学生宿舍、微机室、语音室，组织他们进课堂听示范课，让家长亲自感觉到，把孩子送到设点学校上学对孩子的学习和成长有利，使家长感受到学校布局结构调整

[①] 吴忠魁：《影响教师参与教育改革的因素分析》，载《教育科学》2001年第2期。

的好处。

2. 从调研情况看，各地的做法都大同小异

（1）广西荔浦县杜莫镇在进行布局调整前，县里组织了镇政府领导、学校领导到村委开会，并且开了家长会做宣传，因此家长的反对意见不是很多。兴安县的情况也是如此，主要是通过当地的人大代表，以召开群众大会的方式讲明农村中小学布局结构调整的必要性，与学生家长提前做好沟通工作，以减少阻力。龙胜各族自治县曾专门出台了文件，要求当地在进行农村中小学布局结构调整时，要首先召开家长代表大会，听取群众的意见，然后通过乡镇政府做群众的思想工作。该县三门镇教育主管部门领导认为，一定要提前在教师和家长中进行充分宣传，强制撤并学校，是行不通的。并且，在学校撤并过程中，要特别重视村干部的作用，因为村干部是由村民选出来的，在群众中有威信。

（2）河南省禹州市山货回族乡于2003年开始规划布局调整，上级政府要求该乡在一年内完成任务，他们遇到的主要问题仍是来自家长和村委会的阻力，家长认为学校撤并以后孩子要出村上学，每天接送会浪费很多时间，因此不愿意撤销原来的村小，乡教育主管部门花了很多工夫去做思想工作，加上乡干部和村干部开会宣传做好协调工作，群众逐渐认识到学校布局结构调整的好处，所以此项工作得以在当地顺利展开。

（三）逐步推进

农村中小学布局结构调整是一项长期复杂的工作，各地方政府在具体实施布局结构调整的过程中，都注意结合当地实际，充分考虑主客观因素的影响，认真分析主客观条件是否成熟，采取逐步过渡、循序渐进、谨慎推进的做法，避免了因过快与过急而带来的负面影响。比如，小学的布局调整一般是先采取"高集中、低分散"的模式，即实行小学高年级集中寄宿，低年级分散办教学点，条件成熟后取消教学点，将学生全部转入寄宿制小学。有的村只因一河一山一沟之隔而设立两所或多所学校。若通过架桥、修路、填沟等形式将几个村连接起来，就可合办一所学校，对于过于分散、路途遥远，暂时又不具备寄宿条件的学校，就设通勤车接送学生。教育投入，特别是校舍修建，从长远规划实施的需要考虑，凡是列为撤并规划的学校，不应该再搞大的建设投入，若已是危险校舍，就借危房改造之机将其合并到该保留的学校，将危房改造的资金用在保留学校的扩建上。同时，凡撤并学校的村就将原来办学的经费转为学生到外校寄宿的助学金，尽量减轻群众负担，保证调整、"普九"两不误。对于群众意见大、

布局调整规划难以实施的地区，通过样板示范的方法，引导群众逐步转变观念，最后支持布局结构调整。如向保留的学校派遣好的教师，提前开设英语课和现代信息技术课，加大经费投入力度，使保留学校的办学条件明显优于撤并校点的条件，以此不用动员，村民就会主动将孩子送到保留学校去上学。

在实地调查中，我们发现很多地区的农村中小学布局结构调整都不是一次到位的，而是根据实际情况和现有财力，分步骤地进行，这样就缓解了由于大量学生的并入给接收学校带来的巨大压力。例如，广西荔浦县新坪镇的凤田小学、冷水小学和新村小学同属一个行政村，由于凤田小学处于行政中心的位置，因此计划把冷水小学和新村小学合并过去。但是由于凤田小学被鉴定为危房，因此镇政府打算等到进行危房改造后再合并。杜莫镇的龙珠小学2006年春季学期合并了六部小学、屯顿小学和榕洞小学的五、六年级，现在计划在教室和学生宿舍建成后再把这三所学校的三、四年级合并过来，并将这三所学校变成教学点。

河南省长葛市从1999年开始就分步进行农村中小学布局结构调整，首先小学与初中分离，按照2万人1所初中、小学就近入学的原则进行调整与分离（由小学初中在一起的联中到小学初中分离的乡中），目标是每个乡镇最多2所初中；由于计划生育政策导致入学人数下降，2004年加快了初中调整速度，计划达到3个年级共12个班的规模；小学布局结构调整在2005年进入实质性阶段，以前全市共有278所学校，现在只剩下160所；以前教学点可以办到四年级，现只准办到二年级。目前，长葛市的学校布局结构处于相对合理的状态。

分步骤地撤并学校同时还可以与新课程改革相结合，陕西省石泉县于2005年开始在三年级开设英语和信息技术课，由于这两门课程的教师缺乏，因此必须将村小和教学点的学生集中起来授课。该县城关镇有4所村小，本打算在2002年撤并到中心小学，但是学生家长和村干部坚决不同意，2005年开设英语和信息技术课以后，镇上先把三年级撤到了中心小学，坚持4年下来就会把这4所村小变成只有一、二年级的教学点。汉阴县的涧池中学也是如此，并不是一次性地将撤销学校整体并入，而是分三批借新课程改革的时机每年只并入待撤学校的初一年级新生，3年后待撤学校自然消失，从而实现了平稳过渡。

分步骤地进行学校撤并工作，有利于缓和政府与群众之间的矛盾冲突。例如，湖北省沙洋县高阳镇在当时决定撤并学校时曾遭到学生家长的强烈反对，担心孩子上学路远不安全，于是镇教育主管部门决定采取逐步撤销的策略，先保留一至三年级，将四至六年级的学生集中办学，然后慢慢等家长适应了，认识到学校布局结构调整的好处以后，再将一至三年级集中起来。

六、农村中小学布局结构调整后的办学模式

在农村中小学布局结构调整过程中，根据城镇、乡村或山区、丘陵、平原等不同地域的具体情况以及人口、经济、交通等不同情况，从各地实际出发，坚持分散与集中相结合的原则，正确处理学校布局、学校规模与就近入学的关系，采取了灵活多样的办学模式，具体来讲，大致有以下几种基本的办学模式。

（一）初中、中心小学＋片完小

这种初中、中心小学＋片完小模式是指由乡镇办初级中学和中心小学，几个村联片办完全小学。该模式多适用于面积较大、人口较多、居住相对集中、交通便利的乡镇。因面积较大、人口较多，只在乡镇所在地设立中心小学是难以满足适龄儿童的求学需求的，所以除了乡镇办中心小学外，联片还应办完全小学，由于交通方便，各村可不设初小或教学点。

这种模式的主要优点在于：（1）使中心小学和片完小都能形成一定的规模，避免学校规模小带来的各种问题；（2）使教育资源得到合理配置和充分利用，保证农村教育得到均衡发展。据我们在调研过程中了解到，在实行这种模式的地区，一般乡镇除了镇中心小学的办学条件和教学质量稍好点外，片完小的办学条件和教学质量大体都差不多，学生可就近选择任何一所小学就读；（3）避免了因学校过于集中，导致大量学生上学远、上学难的问题。

这种模式的不足之处在于：（1）由于学龄人口较多，学校相对集中，会导致学校规模和班级规模过大的问题，从而不利于因材施教；（2）由于各村都有各村的利益，所以片完小的设立会导致村与村之间的利益冲突；（3）由于学校相对集中，仍然会不可避免地导致少量偏远地区的孩子上学远、上学难的问题。

（二）初中、中心小学＋片完小＋初小（教学点）

初中、中心小学＋片完小＋初小即乡镇办初中和中心小学，联村办完小（相邻几个村选一所办学条件较好、学校管理规范、教育教学质量较高，相比较而言，能方便学生上学的村小联办完小），其余村办初小或教

学点。联村办完小,主要解决本村学生的上学和附近村小学高年级学生的上学问题。村小或教学点,主要解决本村低年级学生的上学问题。这种模式多适用于面积较大、人口较多、但居住分散且交通不便的乡镇。

该模式的主要优点是能够较好地处理集中办学和分散办学的关系,初中和中心小学集中办学有利于形成规模效益,实现教育资源的合理配置和提高教育资源的利用效率;片完小和村小(教学点)的分散办学则有助于方便学生就近入学,解决学生上学远、上学难的问题,防止学生因上学远而导致失学和辍学的问题。这种模式的主要不足之处在于,学校布局过于分散,不利于区域内教育资源的合理配置和资源利用效率的提高。

(三) 初中、中心小学＋初小(教学点)

这种初中、中心小学＋初小模式是指乡镇办初中、中心小学,村或联村办初小或教学点。各村小学生读完初小后全部集中到乡镇中心小学,实行寄宿制。这种模式多适用于面积小、人口不多(总人口约2万人)的乡镇。

该模式的主要优点如下。(1)使中心小学具有一定的办学规模,有较好的规模效益,教育资源能得到充分利用。同时,也让学生尽可能公平接受教育,享有同样的教育资源。(2)有利于教学管理,营造浓厚的教研、教学和学习氛围。一定的办学规模,能够集中全乡镇师资力量,把教师从课程多、课时负担重的困境中解脱出来,教师分科上课,合理安排教学时间,腾出精力开展教学教法研究,同时,也有利于在班级间开展教学研讨、竞赛等活动,促进良好的教风、学风的形成,提高教学质量。(3)乡镇办初中,村或联村办初小、教学点,方便了学生就近入学,保证了适龄儿童、少年入学。(4)学生到校寄宿,提高了学生的独立生活能力。

这种模式的主要不足如下。(1)由于高年级学生集中到乡镇中心校寄宿,造成了部分学生上学较远、上学难,学校要对这部分学生在周末的家校往返中加强组织与管理。(2)由于许多农村家庭十分贫困,集中寄宿给家庭增加了不少负担,除了政府给予的寄宿制学生补助外,学校要开展适当的勤工俭学,在校内搞种植、养殖等,帮助学生解决食宿困难。(3)由于乡镇人口不多,乡镇初中学生相应较少,办一所初级中学会造成教育资源浪费,这样,如果有类似情况的相邻的几个乡镇就可联合办一所初级中学,也可在本乡镇办一所"九年一贯制"学校。

(四) 九年一贯制学校

九年一贯制学校模式是指乡镇办一所"九年一贯制"学校,村办初小或教学点。这种模式比较适合于面积小、人口少的乡镇。

　　该模式的主要优点是：小学、初中同处义务教育阶段，教育的目标基本相同，小学又免试升入初中，二者衔接的紧密程度远远高于初中与高中。因此，在人口较少的乡镇设立"九年一贯制"学校，扩大学校办学规模，充分利用教育资源，提高教育质量和办学效益是大有益处的。

　　这种模式的主要不足之处在于：部分学生上学路程远，到学校寄宿困难等。

　　总之，农村中小学布局结构调整，必须根据各地所处的地理环境、学校人口、交通状况等，既要坚持扩大规模，又要照顾边远地区学生的方便入学，既要坚持预期的办学效益，又要保证学龄儿童都能上学。因此，学校的办学模式必须因地制宜，实事求是，绝不能"一刀切"，而必须多种形式并举。

第三章　农村中小学布局结构调整的成效与问题

既然农村中小学布局结构调整最直接的目的是要实现教育资源的合理配置,促进教育均衡发展,方便教育管理,提高教育质量,那么,农村中小学布局结构调整是否达到了这一目的呢?本章在确定农村中小学布局结构调整评价标准的基础上,对其进行了评价,以检验布局结构调整是否达到了目的,取得了哪些成效,存在什么问题。

一、农村中小学布局结构调整的评价标准

所谓评价,是指按照确定的标准,对在指定的任务中作出的成绩的描述和判定[1]。在我国的文字中,评价是评定价值的简称。在英语中,"evaluate"(评价)这个词,在词源学上的含义也就是引出和阐发价值。"从本质上来说,评价是一种价值判断的活动,是对客体满足主体需要程度的判断"[2]。美国学者格朗兰德(Gronlund,N.E.)用一种极为简洁的表述对评价进行了定义,他认为,"评价=测量(量的记述)或非测量(质的记述)+价值判断"[3] 这就是说,评价是在量(或质)的记述的基础上进行价值判断的活动。对事物进行量(或质)的记述,我们称为"事实判断"。事实判断是对事物的现状、属性与规律的客观描述,但不等同于决策,因决策带有强制性,且通常面向未来,而评价不具有强制性。它是根据既定的目的,按照一定的目标,通过系统地收集信息,运用包括数学在内的科技手段,对某一事物或对象进行判断、分析和比较的过程。由此可见,要对某事物或对象进行评价,首先必须确立其评价的标准。同理,要对农村中小学布局结构调整进行评价,首先也必须确定其评价的标

---

[1] 王国富、王秀玲总编:《澳大利亚教育词典》,武汉大学出版社2002年版,第189页。
[2] 陈玉琨著:《教育评价学》,人民教育出版社2002年版,第7页。
[3] Gronlund, N.E., *Measurement and Evaluation in Teaching*, 1971.

准。而农村中小学教育布局结构，既要受经济社会发展的影响，又要受地理环境、人口密度、空间分布及增长速度等多种因素的制约。但一般来讲，服务人口、服务范围、学校规模等是评价农村中小学布局结构调整合理与否的主要标准。

（一）服务人口

所谓人口，是指在一定地域和时间内的人的群体。人口与普通中小学布局互相联系，互相影响，互相制约。教育的对象是人，人口基数是影响学校布局的一个重要因素，其中不仅包括人口出生的自然因素，也包括人口增减的区域性政策因素。教育以人口为前提，人口对教育的发展目标、教育规模和教育布局具有深刻的影响。例如，一个地区如果6~17岁的人口比例大，特别是6~14岁年龄段学龄人口比例大，就必须扩大普通中小学的规模，或是设立新的中小学，以满足学龄人口求学的需要；反之，就要撤并学校，或缩小学校规模。人口中学龄儿童的数量对普通中小学布局的影响是显而易见的。普通中小学教育的对象是未成年人口，也就是所谓学龄人口，即人口中6~17岁的这部分人口，而不是整个人口群。这一部分人口群直接影响到普通中小学的规模和布局，可以说，学龄人口的数量是学校设置和布局的基本依据之一。学龄人口在整个人口中所占的比例越大，设立学校的可能性越大。反之，学龄人口在整个人口中所占的比例越小，入学率也就越低，普通中小学校的规模就不可能大，设立新学校的可能性也会随之减小。

人口中，6~17岁年龄结构的人数多少受地域、人口密度、人口分布、人口增长等因素的影响。作为地方公共服务设施的普通中小学，其布局必须与人口的空间分布相适应，且要随着人口的变化，及由此形成的人口地区结构变化而改变。如在资源新开发区，人口迁移增长率高的地区就要建立与当地人口相适应的普通中小学校网，以保证该地区所有的学龄人口入学。地域人口密度大，且分布均衡的平原地区，人口增长率势必高一些，而人烟稀少的边远贫困地区，人口增长率相对来说就会低一些。在人口稠密的城镇，地区设置的普通中小学校规模就会大一些，服务的人口也会多一些，且学校的设点密度也会增大；在人口密度小、且分布不均衡的乡村，特别是边远山区，其普通中小学的规模就不可能那么大，服务人口就会少一些，学校的布点也会相应减少。即使在同一地区的不同时期，有时由于受教育人口的变化，也需要增设、扩大普通中小学校，或是撤并一些普通中小学校，其服务人口也会相应增加或减少。显然，人口中学龄人口数量对普通中小学校的设置具有最直接的制约作用。

普通中小学的布局要满足学龄儿童的要求,并且还要考虑到儿童的年龄特点,方便儿童入学,以便有效地普及九年制义务教育,因而,普通中小学网点能否合理布局,人口的特点是一个极其重要的因素。

人口的发展趋势对普通中小学布局的影响也是显而易见的,学校的布局要与人口增长预测相适应,区域人口,包括人口流动或因其他原因发生的人口迁移情况,以及对人口发展的预测,都是学校布局结构调整时要考虑的因素。如六年前的人口出生率对现在学校布局的影响,现在的出生人口对六七年后学校布局的影响。普通中小学校的设置和布局不能带有盲目性,此时人口增长快就多设置新校,以图满足学龄人口对教育的需要,彼时人口增长慢时,就撤除或合并学校,这样就会造成教育资源的浪费,而不利于提高资源的利用效率。因此,服务人口的多少是判断和评价农村中小学布局结构调整合理与否的主要标准之一。

(二) 服务范围

所谓服务范围,是指一所学校的服务半径。在普通中小学校的规模设置上,受人口分布、密度的影响,城镇和农村的学校设置,小学、初中、高中的不同学龄教育阶段的学校设置是有差别的。在学校布局方面,由于城镇人口密度大,分布均匀,因而城镇学校服务人口群大,服务范围也要小一些,这样学校的布点就会多一些。相对来说,农村地区人口密度小,地域分布也不平衡,中小学的服务范围就要大一些,而服务人口则会少一些,学校的布点则会稀一些,而且这种布点,小学比初中、高中要密一些,因为小学阶段的学龄儿童年龄小,为了就近入学,其服务半径不能太大,这样小学的布点就会多于初中和高中。

在不同地区,自然环境、交通条件都存在着差异。交通问题对学校和学生的影响是明显的。国外的研究表明,路程问题与各个年龄组的需要密切相关,年龄大一些的孩子对路程的忍耐力比年龄小一些的孩子要强一些,农村和城镇之间当然也有差异。农村的孩子上学时所面对的路程比城镇的同龄人要远些。在19世纪,从农村去上学通常要靠步行,在当时,距离被看成是影响工人阶级(的子女)去上学的主要因素,即使在城镇情况也是这样:"总体来说,他们不会去寻求(教育),除非学校就在面前,并且很容易到达。另一方面,如果接近学校,那么就容易激起对教育的感情。在一个地区一所学校的设立总是会增强人们学习的要求"。①

我国的情况也是如此,如人口集中的城镇和平原地区,其交通便利,中小学生入学就不存在交通问题,因此,普通中小学的服务范围或服务半径就会大一些,办学规模也亦大一些,教育资源的配置就会合理一些,其利用效率就会高一些。而在交通不便的地区,如果不考虑交通情况,就会给学生入学带来不便,增加学生的困难,影响学校的入学率和巩固率,势必影响九年制义务教育的普及。

在交通不便利的情况下,考虑到普及义务教育和当地经济社会发展的需要,就应缩小学校规模,即使学生数量少,也应考虑设置一所学校。这样一来,交通情况就会使普通中小学的服务范围或服务半径减小,教育资源的利用效率就会低一些。

确定普通中小学合理的服务范围,有利于适龄儿童就近入学,普及九年制义务教育,从而保证年轻一代接受基本教育的机会,使每个儿童都有可能接受教育,因此,服务范围同样是判断和评价农村中小学布局结构调整合理与否的重要标准之一。

(三)学校规模

学校规模是指学校所拥有的班级数和学生人数,主要是学生人数。学校规模也是判断和评价农村中小学布局结构调整合理与否的主要标准之一。学校规模的大小,涉及学校中教师、学生人数,班级的数量和教学设备的配置情况,还涉及教育资源利用的效率和教育效益等问题。学校规模常有两种衡量指标:学校的投入量即教育成本的大小;学生的多少即学生的人数。

布局结构调整与规模办学相结合,在本质上是同教育资源利用效率紧密相连的。效率一词在日常生活中泛指消耗的劳动量与所获得的劳动效果的比率。在经济学中,效率指在生产中如何最好地使用资源,以最小的投入获得最大的产出。我国著名经济学家厉以宁认为,效率是指"各种经济资源的有效配置,包括人尽其才(即工作者的劳动能力得到利用,而且个人工作积极性得到发挥),物尽其用(即生产资料得到充分利用,而不是闲置一旁;自然资源得到开发和合理使用,而不是形成浪费)"。② 这包含以下两方面的含义:一方面是各种办学资源得到有效配置;另一方面是每

---

① 罗明东著:《教育地理学》,云南大学出版社2003年版,第289页。
② 厉以宁著:《教育经济学》,北京出版社1982年版,第207页。

个单位的办学资源以最小的投入获得最大限度的产出。所以，要提高教育资源的利用效率，就要将所有投入中小学教育中的办学资源即中小学教育成本①有效地配置，以最小的教育投入获得最大的教育产出。从规模效益理论和实证研究表明，在布局结构调整过程中，实行规模办学，就会降低生均成本，提高办学效率。因此，在布局结构调整政策的实施过程中，实行规模办学具有提高教育资源利用效率的作用。

从教育经济学角度来看，教育成本与学生数量之间存在密切关系，即在教育质量一定时，学生人数的增加，会降低教育成本，从而使教育资源的利用率得以提高。因此，要搞好学校布局结构调整，充分利用教育资源，实现教育资源的合理配置，就必须研究和处理好学校布局与学校规模适度的关系。

"所谓学校规模适度，是指在教育的其他条件基本不变的情况下，学校拥有恰好可以使所有资源得以充分和恰当利用，并在不违背教育规律的前提下，保证培养规格、教育质量不受影响的合理限额的班级数和学生人数"。②

当学校的规模小于适度规模时，教育产出的增长率将大于教育投入的增长率，此时产生的边际成本小于平均成本，平均教育成本还可以降低，可以再扩大学校规模，平均成本随学校规模的扩大而下降；而当学校规模超过适度规模时，教育产出的增长率将低于教育投入的增长率，甚至有可能出现负增长，平均成本将随着学校规模的扩大而上升。为了使培养出质量相同的学生所花费的教育成本最低、生均成本最低，按照规模经济理论，就要扩大学校规模，产生规模经济效益。

具体来说，从教学的角度看，学校规模过小，教师数量少，在年级组内很难形成一个优化的整体结构，难以发挥教师队伍的整体效能，同时由于编制有限，为应付课程需要，教师往往必须担任非其所长的科目，这样势必会影响教育质量，影响教育经济效益的形成。另外，规模过小的学校，物力资源配置也很难合理，设备利用率低，实际上是一种隐性浪费。

但学校规模过大，学生总人数过多，也会影响教育质量。如果不增加

---

① 在讨论学校规模经济的时候，所关心的教育成本是指学校在培养学生过程中所耗费的直接成本。这里的直接成本包括教育事业费和教育基本建设费。教育成本可以分为人员成本、公用成本、固定资产成本。参见王善迈著：《教育投入与产出研究》，河北教育出版社1999年版，第176页。

② 范先佐著：《教育经济学》，人民教育出版社1999年版，第277页。

新的资源投入，学生人数的增加，势必会导致生师比过大，不利于师生情感交流和教育信息的反馈，不利于因材施教。而且各种教学设施也会相对短缺，学生使用仪器设备、参加课外活动的比率下降，这些都不利于教育质量的提高。所以，学校在确定发展规模时，应当充分考虑教学效果的保证。

从管理的角度看，学校规模的大小会对学校管理的成本和效果产生影响。学校规模小，管理层次较少，管理成本也较小，但管理跨度较大，即每个管理者直接指挥的下级数目较多，管理者需要协调的关系过于复杂，很容易使管理者陷入文山会海之中。当学校规模扩大，管理的层次必然增多，不仅造成机构臃肿，效率低下，而且各个组织层次之间的沟通和协调难度加大，从而产生更多的管理误差，增加了成本支出。因此，调整学校布局，扩大学校规模应考虑如何以较少的人员、较少的组织层次、较少的时间达到最佳的管理效果。

教育规模经济的形成是在保证一定教育质量的前提下，使教育资源获得充分适当的使用。教育规模经济的保持，必须与学校布局的调整相结合，把一些规模过小、人数过少的学校进行撤并，通过学校布局结构调整，优化教育资源配置，提高教育资源的利用效率，达到教育规模经济的目的。但是，要形成教育规模经济，必须考虑以下三方面的因素。

1. 资源利用的充分性

教育资源具有整体性和不可分性。即使学校的规模再小，也会因教育功能的需求而投入相当多的资源，从土地、校舍、教学设备等物力资源到教师、管理人员等人力资源，都应予以保证。此时，已投入的资源却因人数太少而未能获得充分利用。生均成本也极高。如果扩大教育规模，增加学生人数，资源利用率自然就会提高，生均成本也将随之降低，使资源获得百分之百的使用率，即维持同一教育功能，并使教育成本降低，这样就会产生教育规模经济的效果。但是，一味地追求教育成本的降低，使资源使用率超过百分之百，而产生规模过大的缺陷，却并不能视之为具有规模经济效果。因此，教育资源的充分利用，应在不突破资源的整体性和不可分性的限制下，使学校规模扩大，在不影响教育功能的情况下，使教育资源获得百分之百的使用率。

2. 教育资源使用的适当性

教育资源使用的适当性，是指按资源功能的特性，用在相当的需求场所。专用建筑或设备，教师专才专用，以及教育功能的多样性都是适当使用用教育资源的结果。学校规模的扩大，建筑和设备种类的增多，个别用途的建筑及设备等,这些都有利于学校教育质量的提高。学校规模的扩大和教职员工的增加,有利于学校人力的分工与专门化,这些不仅有利于行政效率的提高,也有利于降低教育成本,保障教育规模经济的形成。

3. 教育规模扩大的有限性

教育规模扩大,有利于教育资源的充分利用和适当使用,产生规模经济效果。但规模的扩大是有限度的,如果规模扩大产生各种不经济缺陷,又必将损害教育功能,此时,教育成本即使减少,也不能称为教育规模经济。

有研究者根据学校的目前状况和发展趋势,将我国现有中小学分为以下九种类型,① 并就各种类型的学校如何发展的问题给出了建议。

表 3-1 学校类型与学校发展

按目前状况 \ 按发展趋势	发展型	稳定型	萎缩型
规模过小型	1	2	3
规模适度型	4	5	6
规模过大型	7	8	9

(1) 规模过小发展型。这类学校校园小,师生人数少,师生间接触多,妥善运用,可以提高教学效果和教学质量。但因规模太小,弊端也较多:一是不能充分发挥教育的资源作用,校舍、师资和设备的闲置比例大,导致生均教育成本偏高,教育资源不能得到充分发挥;二是教育资源不能适当运用,教师少,兼职多,负担重,业务难于专精;三是人力、财力薄弱,难于开展各类活动。对于这类学校,应研究当地社会、人口以及经济的发展,规划学生未来入学人数,采取相应对策,进行固定投资和规划未来的蓝图。

(2) 规模过小稳定型。此类学校处于稳定状态,由于服务区内的居民人口平稳,学校没有发展后劲;且由于学校规模小,不能成为重点学校,教与学难以有效改善,教育的资源闲置多,生均教育成本居高不下;维持现状,则教育资源浪费大,除非特别原因,宏观决策上不宜作长期维持打算。这类学校的调整可以从以下三方面考虑:①划分新的学区,即将规模过大型学校和规模过小萎缩型学校所在学区的学生,划分到该校进行招

---

① 陈仁麟:《教育规模与学校布局调整》,载《基础教育参考》2003年第10期。

生,以维持该校的生存和发展;②对此类学校进行淘汰撤销,或与其他规模过小型的学校合并;③因特殊需要,需要维持此类学校,则政府要补助特别经费,否则该校难以维持与社会相适应的教育水准。

(3) 规模过小萎缩型。此类学校由于学区内学龄儿童减少,人口外迁,或其他原因等,导致学生人数不断锐减,学校不断萎缩。学校难于获得新的教育投资和补充,已有教育设施和设备不断折旧,教学效果不佳,师生士气低落。此类学校应配合学区规划,将其逐渐撤销。

(4) 规模适度发展型。此类学校因学生人数多、教师数量充足,教师分工专业,教育成本偏低,教学能保持一定水准。对此类学校在决策上应分析所在区域人口及经济状况,预测未来学生数,及时增加固定投资,扩充班级,维持学校的适度发展。

(5) 规模适度稳定型。此类学校属教育规模理想状态。其规模效益的好坏,取决于学校教育资源内部分配是否合理,管理是否适度和到位。对这类学校的策略,在于建立合理的内部资源分配体系,以提高教育资源的使用效率。

(6) 规模适度萎缩型。这类学校目前规模适度,但由于受人口的减少和迁移,以及教育质量的取向等多种原因的影响,在未来的时期内,学生人数不断减少,教育成本将不断提高。这类学校应尽量予以维持,不足的学生人数可由邻近学校转入,以维持适度规模,尽量避免因学生人数不断下降而导致被撤销的局面。此类学校如果被撤并,被浪费的教育资源也较多。

(7) 规模过大发展型。此类学校由于规模过大,容易造成行政僵化,人际关系疏远,教育成本也不会低于规模适度型。对此类学校应有两方面的考虑:①维持现有规模不再扩大;②经预测学生未来有较大增长后,可考虑设立分校。应从宏观上考虑已有的固定投资在以后也可以得到充分运用,避免浪费。

(8) 规模过大稳定型。此类学校的学生人数处于稳定时期,除教育成本将会略高一点外,教师素质、师生比例和教师负担等都接近一个比较合理的状态。对于这类学校的调整可从两方面进行:①订出合理的内部资源分配标准,降低教育成本支出;②开辟行政人员、教师和学生之间的沟通渠道,避免行政与师生教学活动发生脱节,从而增进了解,融洽感情,提高教育效率。

(9) 规模过大萎缩型。此类学校因学校规模过大,所以教育成本高,行政僵化。但因教育规模有减少趋势,一些因规模过大而带来的弊端会随之减弱。对于此类学校，策略上主要是减少固定投资，宏观预测学生入学人数，避免教育资源闲置，做好人员调配的预先准备或分流等。

由以上分析我们可以看出，农村中小学布局结构调整，虽然总的趋势是要撤点并校，扩大办学规模，但也不能一概而论，搞"一刀切"。我国幅员辽阔，各个地区在人口分布、生源多寡、经济、地理条件以及"普九"程度等方面都存在着较大的差异，这就客观上决定了不同地区学校布局是集中还是分散要因地制宜。农村中小学布局结构调整追求规模效益要以合理布局为前提。农村中小学布局结构调整应保证方便学生就学为原则，因此，无论是扩大学校规模，还是优化教育资源配置，其基本前提是学生就学方便。以牺牲学生就学、降低普及程度为代价调整中小学布局结构，既不符合教育事业发展的本质要求，也损害了广大人民群众的根本利益。

概言之，判断和评价农村中小学布局结构调整合理与否，其重要标准之一应该是学校的适度规模，简单地说，就是指在合理的生均花费下，能够最有效地利用学校空间和人力资源的规模。

综上所述，在一定区域内是否设置学校和如何设置普通中小学校，受许多因素的影响，在决策时，要同时考虑学校规模、服务人口、服务范围等因素。同理，对农村中小学布局结构调整进行判断和评价也必须充分考虑这些因素。

二、农村中小学布局结构调整的总体评价

以上是对农村中小学布局结构调整进行评价的基本标准，依据上述标准，就可以对我国新一轮大规模的农村中小学布局结构调整进行总体评价，以求为下一步的农村中小学布局结构调整提供决策参考。所谓总体评价，就是指运用宏观分析方法对农村中小学布局结构调整进行总体上的评判，具体来说，就是依据学校服务人口、服务范围和学校规模这三条标准，对农村中小学布局结构调整前后的情况进行比较分析，看其是否达到了布局结构调整的目的。

（一）布局结构调整前农村中小学的基本情况

要对农村中小学教育布局结构调整进行总体评价，首先必须了解布局结构调整前农村中小学的基本情况，否则，就很难进行比较分析，而没有比较和分析，也就难以进行判断和评价。

1. 布局结构调整前农村中小学学校规模

为了全面了解学校布局结构调整前农村中小学学校规模的情况，本研

究利用《中国统计年鉴（2000年）》提供的数据，整理计算了1999年全国和中西部6省（自治区）农村中小学学校的基本情况（如表3-2所示）。统计结果表明，1999年全国农村（包括县镇和农村）共有小学549 689所，在校学生11 170万人，校均213人，小学的专任教师4 941 750人，师生比为1∶23.7；共有初中54 805所，在校学生4 782万人，校均873人，高中8 185所，在校学生644万人，校均786人，初、高中的专任教师2 942 048人，师生比为1∶18.4。数据表明，当年我国农村中小学的数量多、规模小，与学生相比较，专任教师数量少，师生比较低。

同时，对中西部6省（自治区）农村中小学所做的统计表明：6省（自治区）的小学校均学生228人，师生比为1∶25.2，初中和高中校均学生分别为874人和773人，师生比为1∶19.3。与全国平均水平相比，小学校均人数多15人左右，但师生比更低；初高中校均人数和师生比均与全国平均水平接近。这说明，中西部地区农村中小学的学校布局与全国农村中小学布局没有多大的差别。总体来看，教育资源利用效率不高。

表3-2　1999年全国及中西部6省（自治区）农村中小学基本数据　（单位：人）

		全国	陕西	广西	湖北	云南	河南	内蒙古	6省（自治区）合计
小学	学校数	549 689	32 144	15 314	21 587	22 372	39 577	10 262	141 256
	在校生数	117 102 042	4 130 203	5 249 900	5 345 012	4 602 469	10 737 916	1 721 373	31 786 873
	校均学生数	213	129	343	248	206	271	168	225
	专任教师	4 941 750	144 504	177 744	202 052	190 877	394 529	113 212	12 228
	师生比	1∶23.7	1∶28.6	1∶29.5	1∶26.5	1∶24.1	1∶27.2	1∶15.2	1∶25.2
初中	学校数	54 805	1 707	2 417	1 957	1 708	4 836	1 147	13 772
	在校生数	47 820 862	1 344 710	2 153 268	1 864 732	1 368 524	4 566 945	742 995	1 204 114
	校均学生数	873	788	891	953	801	944	648	874
高中	学校数	8 185	305	320	215	298	415	195	1 748
	在校生数	6 436 135	216 602	241 065	235 064	137 634	395 339	124 818	1 350 522
	校均学生数	786	710	753	1 093	462	953	640	773
中学①	专任教师	2 942 048	85 200	106 222	117 461	87 347	241 798	54 745	692 815
	师生比	1∶18.4	1∶18.3	1∶22.5	1∶17.9	1∶17.2	1∶20.5	1∶15.9	1∶19.3

资料来源：《中国统计年鉴（2000年）》，通过该年鉴之各级各类学校数、各级各类学校教师数、各级各类学校在校学生数等数据计算得出；表中的农村中小学数据是将各项目中的县镇和农村学校数据合并计算而成。

---

① 由于该栏数据未区分初中和高中，因此将其合并计算。

2. 布局结构调整前农村中小学的服务人口

布局结构调整前的农村中小学服务人口普遍偏少。1999年全国农村小学的平均服务人口是1 857人，农村初中的平均服务人口是21 528人。该年中西部6省区农村小学和初中的平均服务人口分别是1 841人和20 681人，均稍低于全国平均水平，但差距不大。6省（自治区）中广西、河南、湖北的农村小学平均服务人口分别是2 783人、2 191人、2 058人，高于全国平均水平，云南、内蒙古、陕西分别是1 558人、1 395人、1 081人，低于全国平均水平；6省区农村初中的平均服务人口分别是：湖北（23 606人）、云南（23 356人）、陕西（23 322人）、河南（19 793人）、广西（18 963人）、内蒙古（14 943人），其中前3个省高于全国水平，后3个省（自治区）低于全国水平（见表3-3）。

表3-3 1999年全国及6省（自治区）小学、初中服务人口 （单位：人）

学校类别	全国平均	陕西	河南	湖北	广西	云南	内蒙古	6省（自治区）平均
农村小学	1 857	1 081	2 191	2 058	2 783	1 558	1 395	1 841
农村初中	21 528	23 322	19 793	23 606	18 963	23 356	14 943	20 681

资料来源：根据《中国统计年鉴（2000年）》各级各类学校数、各地区总人口及农村人口比例等数据计算得出。

3. 布局结构调整前农村中小学的服务半径

根据相关研究的数据计算，1998年我国小学平均服务半径全国平均是1.24千米，12个省区校点平均覆盖面积不超过5平方千米，服务半径不超过1.3千米（2.6里）。其中位于中西部5个省区的小学服务半径：河南为0.90千米，山西为0.92千米，安徽为1.00千米，广西为1.06千米，湖南为1.07千米（见表3-4）。因此，全国与中西部地区布局结构调整之前的小学服务半径整体上都是比较小的。中学的情况也与此类似，湖北省荆门市2000年底中学校均服务半径为9千米，钟祥市中学校均服务半径为14千米，安徽省濉溪县2004年全县初中的校均服务半径只有5.1千米。服务半径普遍较小。

表3-4 1998年我国若干省（自治区）小学服务半径 （单位：千米）

地区	全国平均	山东	河南	天津	山西	河北	上海	安徽	江苏	广西	福建	湖南	广东
服务半径	1.24	0.87	0.90	0.90	0.92	0.95	0.98	1.00	1.00	1.06	1.07	1.07	1.11

资料来源：根据朱涛、邱国华《关于我国初等教育单位规模的研究报告》中若干地区初等教育校点密度分析的有关数据计算得出。

综上所述，不难看出布局结构调整前农村中小学确实存在着学校数量多，规模小，布局分散，资源配置不合理，办学效率低等问题。这些问题既与教育投资短缺有关，在很大程度上也与学校布局结构的不合理有关。

（二）布局结构调整后农村中小学的基本状况

布局结构调整前，我国农村中小学普遍存在规模小，服务人口少，服务范围窄，资源利用率低的问题，是客观事实，那么，经过布局结构调整，这种状况是否得到了改变？这是人们最为关注的问题，也是对农村中小学布局结构调整进行总体判断和评价需要研究和回答的问题。

为了准确地把握布局结构调整后农村中小学的基本情况，我们在中西部6省（自治区）、38个县采用分层抽样与随机抽样相结合的方法，总共调查了986所农村中小学。其中，包括小学（含教学点）764所、初中140所、九年一贯制学校45所、高中37所；所调查的学校绝大多数经历过布局结构调整；学校的地理位置涵盖了山区、丘陵、平原、牧区、矿区、湖区；样本学校中包含了寄宿学校、走读学校和寄宿走读混合学校（见表3-5）。从所调查学校的数量和种类情况来看，可以说涵盖了目前农村地区几乎所有中小学的类别和形式，具有较广泛的代表性，因此能够比较好地说明农村中小学布局结构调整后农村学校的基本情况。

1. 布局结构调整后农村中小学学校规模

农村中小学布局结构调整的具体方式就是撤点并校，把一些教学质量差、生源不足的教学点撤并到中心学校，扩大学校规模，并集中资金、校舍、教师以及教学仪器、图书资料等资源，改善这些学校的办学条件，提高这些学校的教育质量和教育资源的利用效率。而反映学校规模的指标主要有学生人数和班级数。

表3-5 6省（自治区）样本学校的基本情况

学校分类	学校数量（所）	所占比例（%）
总计	986	100
按省（自治区）分：		
陕西	221	22.4
广西	369	37.4
湖北	97	9.8
云南	141	14.3
河南	135	13.7
内蒙古	23	2.3

续表

学校分类	学校数量（所）	所占比例（%）
是否寄宿制学校：		
寄宿学校	116	15.2
走读学校	341	44.7
寄宿走读混合学校	306	40.1
未　填	223	22.6
按学校层次分：		
小学	764	77.5
初中	140	14.2
九年一贯制学校	45	4.6
高中	37	3.8
按学校地理环境分：		
山区	657	66.7
丘陵	118	12.0
平原	184	18.7
牧区	5	0.5
矿区	1	0.1
湖区	1	0.1
未填	20	2.0

就校均学生人数而言，所调查的中西部农村地区的小学校均295人，初中校均1 020人，九年一贯制学校校均748人，高中校均2 025人，其中规模最大的小学有2 200人，最小的小学（教学点）只有3个学生，学校之间的差距非常大；学生人数最多的初中和高中分别有5 802人、5 097人，学生人数最少的初中只有111人，高中是350人，就学生人数最大值而言，学校规模有显著的扩大。

就学校班级数和班级人数来看，小学平均8.2个班，每班36人，初中平均16.7个班，每班61人，九年一贯制学校平均19.8个班，每班38人，高中平均32.6个班，每班62人，可以看出初中和高中目前平均每班学生人数已超过60人，班级规模较大，高中的校均班级数达到30多个班。

就区分不同地理位置的学校来看，山区、丘陵、平原的小学校均学生数分别为278人、336人、312人，相互之间差别很小；山区、丘陵、平原初中校均学生人数分别为878人、961人、1 244人，班级数为15.8、14.6、17.9个（见表3-6、表3-7）。

表 3-6　6 省（自治区）不同类别学校的基本情况

学校类别	校均班级数（个）		校均学生人数		每班平均人数	服务人口（人）	服务范围（千米）
	平均值	最大最小值	平均值	最大最小值			
小学	8.2	50　1	295	2 200　3	36	5 168	2.9
初中	16.7	86　3	1 020	5 802　111	61	27 902	12.2
九年一贯制	19.8	57　2	748	2 500　51	38	10 220	5.4
高中	32.6	90　6	2 025	5 097　350	62	158 116	51.8
山区中小学	9.6	57　1	421	2 500　3	40	12 641	5.7
丘陵中小学	10.4	60　1	439	3 184　5	47	14 308	3.9
平原中小学	11.3	90　1	629	5 097　30	51	17 632	11.2
牧区中小学	29.1	86　5	1 634	5 802　73	53	79 445	36.0
寄宿学校	14.6	90　2	800	5 097　20	55	25 725	19.3
走读学校	8.5	40　1	324	2 023　3	38	5 829	2.1
寄宿走读混合学校	11.1	86　1	575	5 802　30	52	17 539	9.0

表 3-7　6 省（自治区）不同地理环境的学校布局情况

学校类型与位置		校均班级数（个）	校均学生数（个）	服务人口（人）	服务范围（千米）
小学	山区	8.2	278	5 062	3.1
	丘陵	8.1	336	5 747	2.5
	平原	7.9	312	5 201	2.1
	牧区	14.9	624	11 300	23.2
初中	山区	15.8	878	24 427	13.4
	丘陵	14.6	961	22 103	6.9
	平原	17.9	1 244	31 418	9.0
	牧区	50.3	3 150	147 589	55.1
九年一贯制学校	山区	21.2	699	9 130	5.1
	丘陵	16.8	811	16 409	7.8
	平原	12.5	1 114	14 620	4.6
	牧区	—	—	—	—
高中	山区	30.2	1 737	150 819	42.3
	丘陵	20.8	1 057	73 202	43.1
	平原	43.5	3 206	211 963	52.6
	牧区	—	—	—	—

比照教育部《关于报送中小学布局结构调整规划的通知》中规定的要求，本次调查的实际情况表明，小学、初中的学校规模均超过了规定的指标，高中的情况与初中基本相似；再从是否是寄宿制学校来分类，寄宿制学校的学生人数、班级数都显著高于走读学校。单纯从教育效率和规模效益角度出发，寄宿制学校具有较高的教育效率和规模效益。这是因为，寄宿制学校无论是校均规模、学校班级数、每班平均人数，还是服务人口、服务范围，都比其他类别的学校要大（见表3-6）。

利用表3-2农村中小学布局结构调整前的学校规模数据，与本次调研所获得的学校规模数据进行比较分析，可以了解学校规模的变化情况。6省（自治区）农村中小学布局结构调整前（1999年）的学校规模与布局结构调整后（2006年）的规模比较，能够明显看到各级学校的校均在校学生人数都有显著增长：农村小学校均学生数由228人增加到295人，增长了29.5%；初中校均学生数由874人增加到1 020人，增长了16.6%；高中校均学生数由773人增加到2 025人，增长了162%（见表3-8）。高中的规模增长极为明显，这是由于高校扩招后对普通高中产生了极为显著的拉动作用。

表3-8 布局结构调整前后6省（自治区）农村中小学学校规模变化情况

（单位：人）

	布局结构调整前	布局结构调整后	增长幅度（%）
小学	228	295	29.5
初中	874	1 020	16.6
高中	773	2 025	162.0

分省区来看，除广西之外，农村中小学规模都有相当程度的扩大。师生比方面，布局结构调整后6省（自治区）农村小学的师生比都有一定程度的缩小，由1999年的1∶25.2缩小为2003年的1∶20.7；6省（自治区）的初中和高中师生比总体上基本未变，分省（自治区）来看没有太大的波动（见表3-9）。

表3-9 布局结构调整前后6省（自治区）农村中小学学校规模及师生比比较

项目	地区	6省（自治区）平均	陕西	广西	湖北	云南	河南	内蒙古
学生数	1999年	228	129	343	248	206	271	168
	2006年	295	303	230	445	336	304	560
小学师生比	1999年	1∶25.2	1∶28.6	1∶29.5	1∶26.5	1∶24.1	1∶27.2	1∶15.2
	2003年	1∶20.7	1∶21.1	1∶24.7	1∶23.6	1∶20.0	1∶22.1	1∶12.6

续表

项目 \ 地区		6省（自治区）平均	陕西	广西	湖北	云南	河南	内蒙古
初中校均学生数	1999年	874	788	891	953	620	944	648
	2006年	1 020	801	698	1 359	1 004	1 139	2 445
高中校均学生数	1999年	773	710	753	1 093	801	953	640
	2006年	2 025	1 680	2 492	1 404	1 404	3 267	—
中学师生比	1999年	1∶19.3	1∶18.3	1∶22.5	1∶17.9	1∶17.2	1∶20.5	1∶15.9
	2003年	1∶19.9	1∶20.1	1∶21.4	1∶20.7	1∶19.2	1∶21.5	1∶16.6

数据来源：2003年的数据根据《中国统计年鉴（2004年）》中各级各类学校数、各级各类学校教师数、各级各类学校在校学生数等数据计算得出。

2. 布局结构调整后农村中小学的服务人口

中西部6省（自治区）农村中小学服务人口的数据统计显示：小学的平均服务人口为5 168人，初中为27 902人，比布局结构调整前均有显著的增加，其中小学增长幅度高达180.7%，初中为34.9%（见表3-10）。可见小学布局的调整幅度是很大的。

表3-10 布局结构调整前后6省（自治区）农村中小学服务人口变化情况

（单位：人）

	布局结构调整前	布局结构调整后	增长幅度（%）
小学	1 841	5 168	180.7
初中	20 681	27 902	34.9

就不同地区、同一层次学校而言，山区、丘陵、平原地区小学服务人口分别为5 062人、5 747人、5 201人，三者之间十分接近，而牧区小学的服务人口比山区、丘陵、平原地区小学服务人口要多得多，达到11 300人，几乎是前三类学校的2倍左右，这是因为牧区中小学普遍实行寄宿制，其中服务人口要比其他地区高得多；山区、丘陵地区初中的服务人口情况接近，分别为24 427人和22 103人，比较而言，平原地区初中的服务人口更多，为31 418人，最多的是牧区初中，达到147 589人；普通高中，山区的服务人口为150 819人，丘陵地区为73 202人，最多的是平原地区，为211 963人。地理位置不同导致其学校服务人口不同的最主要原因是，由于不同地区人口分布密度存在较大差异所造成的。此外，某一学校是否实行寄宿制对该学校的服务人口影响也非常大，寄宿走读混合制学校的服务人口是17 539人，寄宿制学校是25 725人，分别是走读学校的3.6倍和5.3倍。九年一贯制学校

的服务人口介于小学和初中之间（见表3-6、表3-7）。

3. 布局结构调整后农村中小学的服务半径

根据我们对6省（自治区）问卷调查的统计分析，目前农村中小学服务半径的均值约是：小学校均服务范围为2.9千米、初中为12.2千米、高中为51.8千米。就小学而言，与1998年全国小学的服务半径1.24千米相比较，增加了1.3倍；与1998年中西部5省区的均值0.99千米相比较，增长了1.9倍。中学方面由于缺乏布局结构调整前中学服务半径的有关数据，难以得出关于中学服务半径变化情况的准确数据，不过根据课题组对6省（自治区）的调研汇总情况来分析，农村中学在布局结构调整后实行寄宿制的学校更多，寄宿学生人数更多，加之撤并了相当数量的校点，因此中学服务半径的增加幅度不会低于小学。总体来说，布局结构调整使农村中小学的服务半径大幅度增加。

综合上述对布局结构调整后中西部地区农村中小学学校布局现状的总体分析，可以总结为：农村中小学的布局结构调整力度较大，中小学的服务人口和服务范围都有显著增加和扩大，学校规模的扩大更加明显，以前存在的学校规模过小、布局分散、资源利用效率低的问题得到了相当程度的改善；这些都表明农村中小学的布局日趋合理，布局结构调整达到了预期目的，取得了良好的成效。

三、农村中小学布局结构调整的具体评价

以上是从宏观上对我国农村中小学布局结构调整进行的总体评价，那么，从微观上看，农村中小学布局结构调整究竟取得了哪些具体成效，又存在哪些问题呢？这就需要对农村中小学布局结构调整进行具体评价，即从农村中小学布局结构调整对农村教育到底产生了哪些影响的维度，对农村中小学布局结构调整进行分析和评价。

（一）农村中小学布局结构调整的具体成效

所谓具体成效，就是指农村中小学布局结构调整到底取得了哪些实际效果，解决了一些什么具体的问题。通过对中西部6省（自治区）的调研发现，经过几年的努力，农村中小学布局结构调整已经取得明显成效，初步解决了学校布局中存在的"数量多、规模小"的问题，在一定程度上实现了合理布局的目标。通过布局结构调整，教育资源的配置更加合理，学校的规模效益和教育质量得到了提高，并且促进了区域内的教育均衡发展。

1. 促进了教育资源的合理配置

教育资源是为使教育活动正常进行而投入的人力、财力和物力的总和，包含有社会的和个人的。如国家或社会用于教育工作者的工资、校舍维修、建筑等教育基建费和教育事业费，个人或家庭用于食、宿、学费、书本费等学习费用。① 教育资源的投入及利用效率的高低是评价教育效能的标准之一。资源利用的效率，通常指"所得与所费之比"、"输出与输入之比"或"效果与劳动消耗之比"。教育资源的利用效率，就是将在一定时间内创造的成果与劳动消耗加以比较，其实质就是取得一定成果，所花费的活劳动和物化劳动的减少。任何教育过程，都是教育资源的消耗过程，而任何资源的利用与消耗，都有一个有效性和产生效果大小的问题，都有一个节约和浪费的问题。其利用效率就是教育成果与教育资源消耗之比。② 因此，取得同样的教育成果，教育资源消耗越少，效率越高。消耗同样的教育资源，质量越高，教育成果越大。

表3-11 教育行政人员及学校教职员工对当地农村中小学布局结构调整的看法

人员类别	有效问卷（份）	提高了学校规模效益（%）	实现了教育资源的合理配置（%）	提高了教育质量（%）	减轻了教师的负担（%）	有助于教育的均衡发展（%）	其他（%）
行政人员	178	70.8	95.5	78.7	37.1	70.8	3.2
学校校长	893	57.6	78.7	64.7	28.8	56.1	2.7
中层干部	736	56.0	77.6	52.4	21.6	53.7	3.5
教师	8884	50.3	69.8	47.6	19.1	50.1	3.2
其他	121	49.6	66.9	52.1	19.8	48.8	5.0

注：行政卷 $n=178$，学校卷 $n=10\,634$。

由于农村中小学布局结构调整的主要目的是合理配置教育资源和提高教育资源的利用效率，因此，各地在农村中小学布局结构调整过程中十分

---

① 谢新观主编：《远距离开放教育词典》，中央广播电视大学出版社1999年版，第501页。

② 张焕庭主编：《教育辞典》，江苏教育出版社1989年版，第801页。

注重教育资源利用效率的提高,并取得了显著成效。这主要表现在:教育资源的配置更加合理,学校规模明显扩大。

问卷分析结果印证了这一结论。在被问到对当地农村中小学布局结构调整的看法时,接受调查的县乡两级教育行政部门负责人中有高达95.5%的人认为,农村中小学布局结构调整促进了教育资源的合理配置,而在所有接受调查的县教育局局长(副局长)中,这一比例高达100%。尽管在调查中,学校校长、中层管理人员、教师及其他人员(教辅和工勤人员),对这一问题的认同比例呈递减趋势,分别为78.7%、77.6%、69.8%、66.9%,但认为农村中小学布局结构调整促进了教育资源的合理配置仍然居首位(见表3-11)。由此可见,尽管教育行政部门负责人、农村中小学校长、中层管理干部、教师以及教辅、工勤人员对这一问题的看法不完全一致,但研究发现,大多数人都认为,农村中小学布局结构调整促进了教育资源的优化配置和有效利用,使得学校布局更加合理。

在布局结构调整之前,各地农村中小学普遍存在着布局分散、校点过多、学校规模过小、需要改造的危房多等问题。由于教育资源的投入具有整体性和不可分割性,学校无论规模大小,都要有校舍建筑和教学设备等固定资本投入,都要有教师、行政管理人员等人力资源投入,使得本来就短缺的资源过于分散,难以合理配置和形成规模效益。当规模小的学校和一些教学点被撤并以后,各地就将有限的教育资源集中使用,从而避免了过去分散办学时普遍存在的教育资源利用效率低下的问题。

(1)农村中小学办学条件得到改善。农村中小学布局结构调整最直接的成效就是优化了教育资源配置,改善了学校的办学条件。我们无论是在中部人口稠密地区,还是在西部偏远地区的调研都印证了这一点。

例如,湖北省石首市在农村中小学布局结构调整过程中,按照"边远靠中心,无路靠有路,小村靠大村,平房靠楼房"的基本原则撤并薄弱学校,节省下来的资金用于改善布点学校的办学条件,更新了教学设备。撤并学校的动产向布点的中心学校集中,中心学校增加部分投入完善了教学实验设备和文体设施;布局结构调整与危房改造相结合,节省了大量的修缮费用。同时,布局结构调整精简了部分教师,节省了财政支出,这样使有限的财政支出得以集中,教师的工资能够及时发放。

陕西省南郑县黄官镇魏家桥小学地处山区,在布局结构调整之前学校规模小、教师少,缺少教室、实验室和宿舍,还存在大量危房,许多课程如计算机、音乐、美术都开设不了。2000年当地进行布局结构调整之后,该校合并了一所小学和几个教学点,学校规模扩大了一倍多,学校利用上级专项资金建设了微机室、物化实验室、科学课实验室，配置了较为齐全的音乐美术教学设备，还改造了几间旧平房作为学生宿舍。教师由八九人增加到二十多人，每位教师承担的课程减少了，教学质量得到提高。由于学校条件改善了，许多距离较远的教学点的学生家长自愿把孩子转到这里上学。

云南省昆明市石林县是一个经济相对较发达的县，该县西街口镇在布局结构调整过程中根据当地实际，采取了撤销、扩建、合并、保留、搬迁等多种方式，其目的就是要改变过去教学点分散、学校规模小、办学条件差、教育质量不高的状况，全面提升办学水平和效益。在布局结构调整前全镇有 25 个校点，调整后保留 11 个。这 11 个校点分别是 10 所村完小和 1 所初中，即西街口中学。布局结构调整后的西街口中学负责全镇所有初中生和小学六年级学生的教学。之所以将小学六年级的学生并入初中，主要是为了充分利用镇中学优质的教学资源和相对宽敞的校舍条件，让全镇的孩子平等地享受优质的教学资源，提前熟悉初中的环境。

（2）农村中小学教师队伍结构得到了优化。中国教育的根本问题是农村教育问题，农村教育问题的关键是教师问题。没有一支数量充足、素质优良和结构合理的教师队伍，就谈不上农村教育的发展和让农村孩子公平接受教育。农村中小学布局结构调整前，很多学校尤其是村小规模过小，部分学校只能开语、数两门课，其他的课则由语、数老师兼任，有些甚至是包班上课，缺少专职的英、音、体、美和计算机老师，师资呈现严重的结构性短缺，教学质量难以保证。布局结构调整中精简了部分不合格的教师，提高了教师队伍的整体素质，并且通过教师队伍的优化组合，使得各学科基本上都有了专职教师，同时教师培训和交流学习的机会增加，有利于教师个人的发展和整体素质的提高。在针对这一问题进行的问卷调查中，共回收有效问卷 8 954 份，其中有 5 041 名教师经历了布局结构调整，占被调查教师的 56.3%，其中 1 191 人认为该校的教师恰好配齐，占 23.6%；2 055 名教师所在的学校正在进行布局结构调整，其中只有 377 名教师认为所在学校的教师恰好配齐，仅占 18.3%；1 858 名没有经历过布局结构调整，其中 329 名教师认为，所在学校的师资恰好配齐，占 17.7%（见表 3-12）。结果显示，虽然大多数学校仍然存在教师结构性短缺的问题，但经历过布局结构调整的学校比未经历布局结构调整学校其师资配备情况一般要好些，这说明布局结构调整对于师资队伍的优化具有一定的积极作用。

表 3-12 布局调整与学校教师配备情况

教师配备情况		学校布局结构调整情况			合计
		已进行	未进行	正在进行	
恰好配齐	人数	1 191	329	377	1 897
	百分比	23.6%	17.7%	18.3%	21.2%
富余	人数	283	110	87	480
	百分比	5.6%	5.9%	4.2%	5.4%
短缺	人数	3 567	1 419	1 591	6 577
	百分比	70.8%	76.4%	77.4%	73.5%
合计	人数	5 041	1 858	2 055	8 954
	百分比	100.0%	100.0%	100.0%	100.0%

注：$n=8 954$。

从我们在 6 省（自治区）的实际调查情况来看，也是如此。例如，云南省楚雄州禄丰县在"九五"期间先后撤并了 4 所中学，同时，撤并小学校点 95 个（平均每年撤并 20 个），减少教学班 114 个。学校的撤并使教学点数量减少，被撤并学校的教师向中心学校集中，被撤并学校的学生接受专任教师授课的程度得到极大提高，根本改变了布局结构调整前很多教学点一名教师带一个或几个班全部课程的状况（目前虽仍有不少学校达不到"一科一师"的要求，但基本上可以做到一个年级或一个班一名老师）。而且，由于代课教师减少，布局结构调整后教师的学历等整体素质得到较大提升。2006 年禄丰县小学教师中专以上学历的达 99.86%，其中本科学历的占 62.72%；初中教师大专以上学历的达 99.35%，其中本科学历的占 36.01%；高中教师本科以上学历的达 75.95%。

不仅如此，布局结构调整还为加强农村教师之间的沟通和交流提供了契机。以前农村地区尤其是山区存在大量的"一师一校"，有的老师在山里教了几十年书，一个人带几个复式班，学生放了学，连个说话的人都没有。布局结构调整后他们有了到乡镇中心小学或片完小工作的机会，与别的教师能够更多地交流，同时自身的生活质量也得到了提高。在访谈中，有教育行政人员指出，合并后教师们集中了，互相之间有了竞争，有利于提高教学水平。因此，农村中小学布局趋向合理的首要表现之一，就是促进了教育资源的合理配置和有效利用。

2. 提高了农村学校的规模效益

农村中小学布局结构调整不仅促进了教育资源的合理配置，而且有利于农村学校形成适度规模，提高学校的规模效益。按照教育经济学理论，"只有在适当规模下经营的学校，不仅使单位学生平均成本趋于最低，而且学校资源分配比例亦较适当，所提供的教育劳务（service）素质甚佳，这种以最少的经费支出提供最佳素质的教育劳务，是相当符合级效责任原则的"。① 因为在教育资源一定时，如果学校过多、单个学校规模较小，那么每所学校就无法发挥规模效益，必然导致教育资源的利用效率低下。农村中小学布局结构调整后，学校数量得以减少，每所学校可支配的教育资源大大增加，形成了规模效益，其教育资源利用效率得到整体提高，学校布局趋向合理。

调查发现，在所有受访人员中，分别有 70.8% 的教育行政人员、57.6% 的中小学校长、56.0% 的学校中层干部、50.3% 的教师和 49.6% 的教辅及工勤人员（见表 3-10）认为，农村中小学布局结构调整提高了学校的规模效益。而从实地调研情况来看，近几年各地对农村中小学布局结构调整的幅度都很大，效果比较明显。

例如，湖北省钟祥市 2000 年前共有 368 所小学（含教学点），现为 204 所，初中尽管处在入学高峰期，但也由 46 所调至 42 所；石首市的小学由 2000 年的 229 所调至 108 所，初中由 26 所调至 22 所；沙洋县小学由 126 所调整为 73 所，初中由 29 所调至 20 所。各地区学校的在校生人数均较布局结构调整前有了明显提高。

陕西省彬县中小学由布局结构调整前的 365 所减少到 252 所（含教学点），2006～2007 年将进一步缩减为 201 所。石泉县 2000 年有 280 所中小学，"十五"期间撤并了近百所，现有中小学 184 所。汉阴县实行了统一规划，中小学由原来的 305 所合并为 187 所。勉县于 2001 年开始布局结构调整，学校数量由原来的 396 所调整到 234 所。南郑县中小学由 2000 年的 501 所调整为 2006 年的 335 所。由于陕西省各县在学校布局结构调整中减少了学校数量，使得当地农村中小学学校规模接近或达到了基本合理的水平。根据对该省调查问卷结果分析显示，6 个县的小学校均学生为 360 人，初中为 1 100 人，九年一贯制学校为 1 100 人，高中为 1 400 人，均较学校布局结构调整之前有了显著提高。

---

① 盖浙生著：《教育经济学》，台湾三民书局 1982 年版，第 244 页。

在人口稠密地区，合并邻近学校可以提高规模效益，而在西部人烟稀少的地方，由于长期以来实行"村办小学，镇办初中"的办学模式，形成了大批的"麻雀校"，更需要重新进行资源的整合。布局结构调整以后，学校规模的扩大为规模效应的发挥和教育资源利用效率的提高创造了条件。

例如，云南省石林县坚持"对内收缩，对外开放，整合资源，提高质量，增强效益"的中小学布局结构调整方针，采取"集"（初中生尽可能地集中到县城就读）、"靠"（小学高年级学生靠到乡镇中学就读，四五年级靠到乡镇中心完小就读）、"收"（尽力收缩"一师一校"教学点，大力发展寄宿制学校）等有效措施，全县初中由原来的 10 所撤并为 7 所，小学由原来的 115 所撤并为 90 所、教学点由原来的 36 个撤并为 20 个（数据截至 2006 年底），基本改变了该县农村中小学"散"（校点分散）、"小"（办学规模小）、"弱"（基础设施薄弱）、"低"（办学效益低）的不经济、不合理的局面。

广西壮族自治区桂林市龙胜各族自治县因境内有苗、瑶、侗、壮等多个少数民族聚居而得名。该县素有"九山半水半分田"之称，学校规模普遍较小。三门镇中心小学本来是一所服务范围只有 2 个村的小学，2003 年学校合并了附近村的一所学校，服务范围扩大为 5 个村。学校合并以后，中心学校对这两所学校原有的师资和可支配的教育经费进行了合理的安排，从整体上提高了学校的教学质量。合并以后的学校开设了二胡、篮球、书法等免费的特长班。针对合并以后学生住宿条件较差的情况，2004 年学校通过努力获得了当地一家企业的资助，修建了一栋学生宿舍楼。宿舍楼每个房间里都有卫生间和热水器。学校还配备了两个生活老师，并建立了由校领导和总务处负责的学生宿舍管理机构。优良的住宿条件，为学生的学习提供了有力的物质保障。

在中国农村，尤其是在一个贫困县的农村小学，能有这样的教学和住宿条件非常不易，而学校布局的调整是学校条件改善的一个重要原因。只有学校达到一定的规模，才能更加充分地集中和利用各种教育资源。由此可见，通过几年的调整，农村中小学布局比以往更加合理。

3. 促进了区域内教育的均衡发展

我国教育发展的显著特征之一就是城乡之间、区域之间教育发展不均衡。无论是教育的普及率与教育质量，还是办学条件与师资水平，农村都无法与城市相比，西部地区都无法与东部地区相比。中西部农村地区普遍存在着的教学点和复式教学班，由于教学质量差、生源萎缩和学校布局分散而导致了教育系统的规模效益难以产生、教育资源严重浪费和教育行政部门管理效能低下，严重制约了农村教育的发展。因此，追求义务教育的均衡发展，是近年来我国政府一直致力的目标，是建设社会主义和谐社会，促进社会公平正义的重要方面，也是衡量农村中小学布局是否合理的重要指标。2005年5月，教育部颁布《关于进一步推进义务教育均衡发展的若干意见》，把推进义务教育均衡发展摆上了重要议事日程，明确要求各地把义务教育工作重心进一步落实到办好每一所学校和关注每一个孩子健康成长上来。而2006年9月1日实行的新的《义务教育法》的一个基本要求，就是更加均衡地配置义务教育资源。所谓教育均衡发展，一个最基本的要求就是在教育机构和教育群体之间，公平地配置教育资源，达到教育需求与教育供给的相对均衡。① 农村中小学布局结构调整为义务教育的均衡发展提供了契机，实践证明，合理的学校布局能够促进区域内教育的均衡发展和教育资源利用效率的提高。

对6省（自治区）的调查结果显示，有关各方都认为农村中小学布局结构调整有助于教育的均衡发展，其比例分别达到了70.8%（教育行政人员）、56.1%（中小学校长）、53.7%（学校中层干部）和50.1%（教师）（见表3-11）。超过50%的认同度反映出农村中小学布局结构调整对于促进教育均衡发展、缩小地区之间、城乡之间、学校之间的差距起到了积极作用。

在实地调查中我们看到，农村中小学布局结构调整以后，一些基础设施较好、教学质量较高的农村中心校，由于投入加大、资源集中，使其办学条件在当地农村学校处于一流水平，其基础设施、师资、教学仪器设备、管理水平等也朝着与城镇水平差距不大的方向发展，在这样的情况下，农村学龄儿童可就近接受优质教育，从长远来看，对缩小区域内、城乡之间的教育差距，对推进区域内、城乡间的教育均衡起了积极作用。这是因为，由于当前我国农村教育管理体制的一个重要特点就是"以县为主"，县级政府负有组织实施义务教育方面的主要责任，包括统筹管理教育经费，调配和管理中小学校长和教师，指导中小学教育教学工作等，因此，虽然一个县域内各乡镇的经济发展程度有差别，但由于县级政府有权对全县的教育经费进行统筹安排，有权对全县的教育资源进行合理布局和调整，这对促进县域、乡域的教育均衡发展有着十分积极的意义。

比如，在广西，很多乡镇中心学校的校长认为，当地在进行学校布局

---

① 翟博：《教育均衡发展需要明确哪些理论问题》，http://www.edu.cn，2006年8月11日。

结构调整以后，除了乡镇中心小学条件要明显好一些以外，其他的所有小学条件都差不多，学生可以选择在全乡镇范围内的任何一所小学就读。

内蒙古自治区乌兰察布市四子王旗是一个国家级贫困县，属于农牧结合区，居民普遍居住分散，人口密度远远低于全国平均水平。布局结构调整后每个乡镇仅保留了一到两所完小（当地称为总校），并且只在少数交通极其不便的村保留了教学点，布局结构调整与"普九"验收达标相结合，由旗教育局直接管理和建设，从而实现了各乡镇小学的相对均衡发展。在我们去过的几所学校中，各方面条件都大致相当，只是与县城的小学相比，在师资力量上仍有一定差距。

总之，农村中小学布局结构调整后，一大批规模小、办学条件差的中小学被调整和撤销，教育资源得以进一步集中，师资队伍进一步优化，定点学校的教育质量不断提高，使得更多孩子享受到了优质的学校教育。合理的学校布局促进了区域内义务教育的均衡发展，为进一步缩小城乡之间的差距打下了良好的基础。

4. 促进了农村中小学教育质量的提高

教育质量是对教育水平和教育效果的评价，是衡量教育结果的尺度，但对教育质量的评价是一个复杂的系统工程，包含若干子系统，涉及学生素质的方方面面。而系统科学认为，世界上的一切事物、现象和过程都不是孤立的、杂乱无章的偶然堆积，而是由相互作用和相互依据的若干组成部分结合而成的具有特定功能的有机整体。这是系统的一个重要原理。这就要求我们在评价学校教育质量时，必须以系统为指导，立足于整体，着手于部分，在各个部分评价的基础上，再进行有机统一。"而不能只见树木不见森林，或只注重个别方面的评价，而忽视其他各个方面的评价"。①所有这一切都不符合系统科学的原理，也不符合教育方针的要求，更不能反映学校真实的教育质量。影响教育质量的因素主要有：教育制度、教育手段、教学计划、教学方法、教学组织形式和教学过程等的合理程度；教师的素养、学生的基础以及师生参与教育活动的积极程度。

由于长期以来我国一直实行城乡二元教育政策，农村中小学与城市中小学存在着较大的差距，不论是从办学条件，还是从师资队伍上来看，都远远落后于城市中小学的发展水平，由此导致农村中小学教育质量低下。农村中小学布局结构调整以后，学校办学条件得到改善，师资队伍进一步

---

① 王德清、欧本谷主编：《教育测量与评价学》，西南师范大学出版社 2000 年版，第 302 页。

优化，由此给广大学生和家长带来的最直接的好处，就是促进了农村中小学教育质量的提高。

表 3-13　布局结构调整与教育质量的关系

人员类别	有效数据	相关内容	提高	说不清楚/没有什么变化	下降
家长	7 306	老师责任心	75.4%	18.5%	6.1%
	7 235	孩子成绩	51.9%	17.3%	30.9%
学生	11 226	与老师相处时间	63.5%	21.0%	15.6%
	11 610	不上学同学数量	12.8%	10.3%	76.9%
	11 737	自己成绩	49.4%	27.6%	23.0%
教师	10 549	入学率	35.6%	47.9%	16.5%
	9 977	辍学率	20.1%	39.4%	40.5%
行政人员	176	入学率	26.1%	67.6%	6.3%
	159	辍学率	12.6%	61.6%	25.8%

调查发现，6 省（自治区）有 78.7% 的教育行政人员、64.7% 的中小学校长、52.4% 的学校中层干部和 47.6% 的教师认为，农村中小学布局结构调整促进了教育质量的提高（见表 3-11），同时有 51.9% 的家长认为，孩子的学习成绩提高了，49.4% 的学生认为，自己的学习成绩提高了（见表 3-13）。此外，有 26.1% 的教育行政人员和 35.6% 的教师认为，入学率上升，67.6% 的教育行政人员和 47.9% 的教师认为，大致相当（见表 3-13）。

农村中小学布局结构调整之所以能促进农村学校教育质量的提高，除了布局结构调整后教师得到了合理配置，办学条件得到改善外，关键是教师的责任心增强了。布局结构调整后由于清退了大量民办教师，改变了以往农村教师"教书农活双肩挑"的局面，教师能更专心于教学工作，家长和学生也更能切实地体会到客观的改变，高达 75.4% 的家长认为，布局结构调整后学校老师对学生更负责任了；还有 63.5% 的学生认为，老师与自己相处的时间变多了（见表 3-13）。

从对各方的访谈结果来看也印证了这一点，当问到当地村民对布局结构调整的态度时，大部分教育行政人员和教师的回答是，调整之初反应比较大，但后来看到中心学校的教学条件和教学质量好，很多家长宁愿孩子到更远的学校上学，主动要求撤掉村小，村民态度的转变反映了调整后学校教学质量的提高。例如，湖北省钟祥市东桥镇教育站当时考虑到路程远的孩子上学困难的问题，计划在离定点学校 7 千米以外的村设立教学点，但是遭到了村民的反对，因为定点学校在布局结构调整以后学校管理更加规范，教育质量有了明显的提高，村民们宁愿走远路也要把孩子送到那里去读书。

我们在广西壮族自治区等其他省份调研时，也发现了不少家长主动要求送孩子到中心学校读书的情况，反映出学生和家长对于布局结构调整后学校教学质量提高的肯定。布局结构调整对于家住偏远地区的孩子来说，其好处不仅仅是只用学习成绩来衡量的。经过学校布局结构调整以后，小规模学校的学生撤并到大规模的学校，就可以享受到更好的学习条件。从这个角度看，学校布局结构调整为家住偏远地区的孩子接受比以前更好的教育提供了条件。学生到规模较大、条件较好的学校学习，就能够受到较为优质的教育，因为这些学校的师资配备大多较为合理，教学设备比较完备，教学管理也比较规范。

综上所述，不难看出，农村中小学布局结构调整应该说是取得了较好的成效：促进了教育资源的合理配置，提高了农村学校的规模效益，促进了区域内教育的均衡发展和农村学校教育质量的提高。因此，布局结构调整得到了有关各方的充分肯定。如对不同群体对学校布局结构调整的态度和看法问卷调查的分析发现，有 98.3% 的教育行政人员、83.9% 的学校教师和 65.2% 的学生家长对农村中小学布局结构调整表示支持（见表 3-14），而对布局结构调整持肯定态度的相应比例也分别达到 96.1%、72.4% 和 56.5%（见表 3-15）。

表 3-14　6 省（自治区）不同群体对学校布局结构调整的态度

人员类别		对学校布局结构调整的态度			合计
		支持	不支持	无所谓	
行政人员	人数	174	2	1	177
	百分比	98.3%	1.1%	0.6%	100.0%
学校教师	人数	8 761	585	1 097	10 443
	百分比	83.9%	5.6%	10.5%	100.0%
学生家长	人数	4 378	1 028	1 309	6 715
	百分比	65.2%	15.3%	19.5%	100.0%

表 3-15　6 省（自治区）不同群体对学校布局结构调整的总体看法

人员类别		对学校布局结构调整的总体看法			合计
		肯定	否定	说不清	
行政人员	人数	173	3	4	180
	百分比	96.1%	1.7%	2.2%	100.0%
学校教师	人数	7 537	400	2 479	10 416
	百分比	72.4%	3.8%	23.8%	100.0%
学生家长	人数	3 731	789	2 089	6 609
	百分比	56.5%	11.9%	31.6%	100.0%

（二）农村中小学布局结构调整中存在的问题

农村中小学布局结构调整在促进教育资源的合理配置、提高教育资源利用效率、促进教育均衡发展和提高教育质量等方面取得了显著的成效，但由于经济发展的差距和历史形成的体制、机制原因，农村中小学布局结构调整过程中也存在着这样或那样的问题，这些问题如果得不到妥善解决，不仅会影响农村中小学布局结构调整，而且会影响农村孩子公平接受教育，必须引起高度重视。

1. 学生上学路程太远

2001 年 5 月国务院颁布的《关于基础教育改革与发展的决定》，对于学校布局结构调整的指导意见为：因地制宜调整农村义务教育学校布局。按照小学就近入学、初中相对集中、优化教育资源配置的原则，合理规划和调整学校布局。农村小学和教学点要在方便学生就近入学的前提下适当合并，在交通不便的地区仍需保留必要的教学点，防止因布局结构调整造成学生辍学。但是，在实施学校布局结构调整的过程中，一些地方由于没有正确理解中央关于学校布局结构调整的政策，没有遵循"循序渐进、分步实施、区别对待"的原则，没有依据当地实际情况，做到因地制宜，而是"一刀切"，因而伤害了群众，尤其是弱势群体的利益，损害了教育公平。

为了切实了解农村中小学布局结构调整对学生上学路程和时间的影响，我们在调查中重点关注了这方面的问题。结果显示，接受调查的不论是教育行政部门负责人，还是学校校长、教师，或是家长及学生，都认为，学生上学路程太远是农村中小学布局结构调整后遇到的最大问题。其中，有 74.0% 的教育行政人员、77.5% 的中小学校长、70.5% 的学校中层干部、69.8%的教师和62.1%的教辅人员将学生上学路程太远列为当地农村中小学布局结构调整中存在的最主要问题之一,位居第一位(见表3-16)。在所有受访的学生家长中,有44.4%的人将孩子的安全问题看做他们最关心的问题(见表3-17)。由此可见,有关各方的意见基本一致,证明农村中小学布局结构调整以后,学生上学路程太远导致学生上学难,成为影响农村孩子公平接受教育的一个突出的问题。

表3-16 农村中小学布局结构调整中存在的问题

人员类别	有效问卷(份)	学生上学路程太远(%)	家长负担加重(%)	班级规模过大(%)	缺乏后续配套资金(%)	教师工作负担加重(%)	教育质量下降(%)	学生生活压力加大(%)	其他(%)
行政人员	177	74.0	40.7	13.6	76.8	22.0	4.0	24.9	7.3
学校校长	901	77.5	34.0	27.7	64.3	33.7	8.8	26.1	2.4
中层干部	739	70.5	34.8	36.9	65.9	50.3	10.3	31.4	1.6
教师	9 018	69.8	33.9	39.8	52.9	56.8	12.8	32.9	1.7
其他	124	62.1	33.9	30.6	55.6	57.3	8.1	37.1	4.8

注:行政卷 $n=177$,学校卷 $n=10\,782$。

表3-17 家长对孩子上学最担心的问题

	孩子的安全问题	家庭经济负担	孩子学习成绩下降	孩子的生活问题	其他	合计
人数	3 213	1 477	2 229	234	89	7 242
百分比(%)	44.4	20.4	30.8	3.2	1.2	100.0

注:$n=7\,242$。

为了进一步了解农村中小学布局结构调整后学生上学路程和花费时间的情况,在问卷中,我们专门针对学校领导和教师、学生、家长分别设计了相应的问题。结果显示,在6省(自治区)中,内蒙古的学生上学路程是最远的,家长卷和学生卷中显示的数据分别约为4.85千米和4.98千米(见表3-19)①,学校卷显示当地学生上学平均最远路程达到约24.34千米

---

① 本段引用的所有数据均为"M-值",为了叙述方便,只取到小数点后两位,详见表3-18注1。

(见表3-18),远远高于其他省份。这与它的地理环境有关,在所调查的6省(自治区)中,内蒙古的人口密度最小,地广人稀,使得它的农村中小学服务半径比其他省份要大得多,但是由于大部分地区地势平坦,交通比较便利,因此学生上学花费的时间并不算长,与6省(自治区)的平均时间相差无几。学生上学花费时间最多的省份是广西壮族自治区和云南省。家长卷和学生卷显示广西学生平均上学时间分别为1.01小时和0.99小时(见表3-20),为6省(自治区)中最长的,学校卷的数据略有不同,云南省的学生上学平均最长时间达到2.80小时(见表3-18),比6省(自治区)平均时间(1.79小时)多了1小时,广西则处于第二位,为2.46小时。这也是由于它们的自然环境所致,广西和云南地处云贵高原,境内多山,交通极其不便,尤其是在农村地区和山区,看似不远的路程其实要走很长时间。

表3-18　6省(自治区)学生上学平均最远路程和最长时间(学校卷)

省(自治区)		最大值	最小值	平均值	M—值	有效数据	缺失值
陕西	上学路程(千米)	100.00	0.07	8.5635	5.6984	2 395	243
	上学时间(小时)	12.00	0.10	1.7657	1.2820	2 350	288
广西	上学路程(千米)	100.00	0.50	14.4220	11.2347	1 704	142
	上学时间(小时)	14.00	0.10	2.8347	2.4585	1 712	134
湖北	上学路程(千米)	100.00	0.25	13.0540	10.9280	1 475	179
	上学时间(小时)	8.00	0.25	2.1169	1.8337	1 450	194
云南	上学路程(千米)	200.00	0.25	20.1439	11.4914	2 768	264
	上学时间(小时)	20.00	0.25	3.1979	2.8043	2 737	295
河南	上学路程(千米)	50.00	0.13	6.4083	4.4953	1 495	159
	上学时间(小时)	4.00	0.10	0.9715	0.7807	1 448	206
内蒙古	上学路程(千米)	250.00	0.25	44.4345	24.3441	515	134
	上学时间(小时)	7.00	0.15	2.0878	1.8154	493	156
合计	上学路程(千米)	250.00	0.00	14.7374	8.6837	10 352	1 111
	上学时间(小时)	20.00	0.00	2.2827	1.7948	10 190	1 273

注:1."M—值"是排除极值影响所得出的近似平均值,之所以计算这一数值是由于原始数据中极值较多,对平均值影响较大,这个数值更加符合实际情况,下表同。

2.在三种问卷中,各个省区都有过大的数值出现,与平均值相差甚远,可能是由于学生年龄小,无法准确填写或笔误所致,也不排除有跨区就学的情况,但由于样本量很小,不具有普遍性,本书在计算时已做相应处理,以减小其对平均值的影响。

表 3-19 6 省（自治区）学生上学平均路程（家长卷和学生卷）

省（自治区）		最大值	最小值	平均值	M—值	有效数据	缺失值
陕西	家长	50.00	0.00	2.716 7	1.544 2	1 410	41
	学生	40.00	0.10	3.486 5	1.818 5	2 061	120
广西	家长	75.00	0.05	5.824 1	3.459 9	1 026	50
	学生	75.00	0.00	6.407 5	3.581 0	1 904	229
湖北	家长	75.00	0.01	4.603 9	2.478 7	1 047	93
	学生	50.00	0.05	4.722 5	3.242 5	1 599	170
云南	家长	90.00	0.00	3.049 9	1.136 9	1 334	43
	学生	90.00	0.00	6.693 0	3.035 5	2 057	122
河南	家长	35.00	0.03	1.797 4	1.147 8	1 588	61
	学生	30.00	0.00	2.641 0	1.580 0	2 272	239
内蒙古	家长	100.00	0.05	13.381 0	4.848 2	637	91
	学生	100.00	0.00	14.005 5	4.984 5	1 010	207
合计	家长	100.00	0.00	4.271 0	1.726 3	7 042	379
	学生	100.00	0.00	5.581 0	2.490 5	10 903	1 087

注：除有效数据和缺失值外，其他数据单位均为"千米"。

表 3-20 6 省（自治区）学生上学平均花费时间（学生卷和家长卷）

省（自治区）		最大值	最小值	平均值	M—值	有效数据	缺失值
陕西	家长	6.00	0.00	0.715 0	0.540 3	1 397	54
	学生	8.00	0.01	0.775 4	0.532 0	2 071	110
广西	家长	11.00	0.00	1.449 5	1.014 7	1 025	51
	学生	18.00	0.00	1.422 4	0.994 0	1 957	176
湖北	家长	8.00	0.01	1.026 2	0.714 3	1 051	89
	学生	6.00	0.00	0.963 3	0.686 9	1 623	146
云南	家长	10.00	0.00	0.907 3	0.519 0	1 344	33
	学生	9.00	0.00	1.316 6	0.796 3	1 989	190
河南	家长	3.00	0.00	0.509 2	0.435 2	1 576	73
	学生	5.00	0.00	0.554 1	0.393 9	2 346	165

续表

省（自治区）		最大值	最小值	平均值	M—值	有效数据	缺失值
内蒙古	家长	6.00	0.05	1.079 2	0.775 0	626	102
	学生	8.00	0.00	1.158 8	0.641 4	954	263
合计	家长	11.00	0.00	0.892 0	0.598 5	7 019	402
	学生	18.00	0.00	1.003 4	0.609 7	10 940	1 050

注：除有效数据和缺失值外，其他数据单位均为"小时"。

同时，即使是在交通相对便利的地区，学校布局结构调整后学生上学也存在着较多的安全隐患。在广西、云南、陕西等较偏远地区和山区，这个问题就更加突出。在一些地方，上学远已经成为上学难的主要原因，很多学生需要步行将近10千米山路上学。而且山区地广人稀，天黑了以后更是危险。例如，广西壮族自治区南丹县地处云贵高原边缘，境内大部分中小学生都住在山里，该县教育局的催副局长告诉我们，当地曾经发生过多起山区女孩子在放学路上遭到人身侵害的事件。为此，有些学校每天会提早放学。而我们在实地调研过程中也常常看到比较偏远学校的学生放学后是在崎岖的山路上跑着回家的。

综上所述，由于一些地方在农村中小学布局结构调整过程中片面追求教育资源利用效率的提高，过度调整和撤消村小和教学点，确实导致了学生上学远、上学难的问题，甚至造成了新的失学和辍学现象发生。从国外的相关研究来看，关闭学校的地方往往是一些不同种族居住临近和社会地位较低的人群集中的地方，因此，关闭学校对社会地位较低的人影响更大。[1] 在经济落后、交通不便、自然条件差的贫困山区和地广人稀、居住分散的偏远地区，如果过分强调学校的规模化、集中化，则会导致部分适龄儿童因受主客观因素，如上学路途、天气、气候、交通、安全以及因此而增加的家庭经济、生活负担等因素的影响而失学、辍学。

在农村山区，学校的撤并意味着学生为了分享教育资源，行使受教育权，就必须忍受更长的上学路程。2004年苏北3县15个乡镇的一份调查结果表明，当地1 200名小学生中，每天往返路程超过5千米的约为40%，超过10千米的有近10%；贵州、宁夏、甘肃等地的一项调研也表明，有

---

[1] Tinar, T. B. and J. W. Guthrie, 1980, Public Values and Public School Policy in the 1980s, *Educational Leadership*, p. 38.

近三分之一的学生每天单程超过 3 千米,近八分之一的学生单程在 5~10 千米。① 许多研究表明,学生的入学率与学生上学的距离是成反比的。因此,原学校的学生成为关闭学校所造成的负面影响的主要承担者。②

此外,在中西部贫困山区,伴随着学校布局结构的不合理调整,出现了诸多的"教育真空地带"。这些"教育真空地带"地处山区各学校服务半径的边缘。由学校撤并而产生的学校服务半径的增大,导致地处学校服务半径边缘的、居住相对分散的社区的适龄儿童就学面临重重困难,因而不得不放弃求学的问题。这些由于学校和其他教育机构的缺失而出现的"教育真空地带",将成为新文盲产生的"重灾区"。

2. 部分学校班额过大

农村中小学布局结构调整的一个重要目的是扩大学校规模,追求教育资源利用效率的提高和生均成本的降低,但是有些地方在农村中小学布局结构调整过程中,不顾当地实际情况,一味地扩大学校规模,影响了农村学校教育质量的提高,也妨碍了教育公平的实现。

学校适度规模和学校规模经济的实现不能与经济学中的规模经济理论简单画上等号,教育归根结底是培养人的活动,因此,学校规模经济是指同比例增加对某所学校的投入,其教育边际收益(学生的学业成绩、个人发展等)始终大于边际成本(生均成本等)的经济现象。所以说,学校规模经济是一个范围或者区间,而学校适度规模只是这个区间上的一个点,这个点可以根据学校的资金支持和当地实际情况而运动。在这个点上,学生的生均成本较低且不影响管理效能和学生的学业成绩与个人发展。因此,我们可以认为,学校适度规模是学校根据现有的校舍设备和资金支持等条件,在学校发展呈规模经济情况下,且保证教育效率和教育质量不受影响时所应拥有恰当的班级个数与学生人数。

从调查情况来看,在农村中小学布局结构调整过程中,一些地方盲目扩大学校规模,不断增加学生人数,导致学校规模过大,学生总人数过多,如果不增加新的资源投入,学生人数的增加势必会导致生师比过大,不利于师生情感交流和教育信息的反馈,不利于因材施教。而且,各种教学设施也会相对短缺,学生使用仪器设备、参加课外活动的比率下降,这

---

① 庞丽娟:《农村中小学布局调整应因地制宜》,载《人民日报》2006 年 3 月 16 日。

② Cotton, D. and A. Frehch, 1979, Enrollment Decline and School Closing in a Large City, *Education and Urban Society*, p. 11.

些都不利于教育质量的提高和学生公平接受教育。

例如，湖北省钟祥市冷水镇小共有学生1060人，四至六年级班均60人以上；长寿镇小布局结构调整之后学校的生源相对复杂，有来自本镇的、下面村里的和外镇的，平均一个班差不多70人，六年级有80多人，布局结构调整之后教师没怎么增加，教室也太少，教师、学生和家长之间的沟通都减少了，由于教师的作业批改量太大，作业批改质量很难得到保证。在监利县调查的三个乡镇的学校中，不少学校班额都达到90人以上，教师的工作量非常大。

学校班级规模过大的问题在初中尤为突出，据我们对陕西省的调研，该省山区初中每班平均有学生67人，丘陵地区平均57人，平原地区62人。河南省禹州市浅井乡初中在合并后也出现了教室拥挤的情况，期中考试时有部分学生只能在走廊趴在凳子上答题；襄城县王洛镇一中甚至出现近100人的大班，学生都坐到讲台上了，两边三个学生坐两个人的位子，中间六个学生坐四个人的位子，教室里十分拥挤。该省长葛市官亭乡一中现有学生900多人，15个教学班，平均每班有学生60余人，最大班级学生有67人，最小也有50多人。

湖北省公安县玉湖中学有2500多名学生，开设了24个教学班，平均每班超过104人，最大班额达到120人，教师拥挤和教师负荷都到了不堪忍受的地步。该县夹竹园镇中学现有学生3000多人，被分在29个教学班里，基本上每个班都在百人以上。而上学期学校3100人，也只有29个教学班。学校的语文老师陈丽介绍说，上个学期她教的一个班有123人。教师上课根本无法走下讲台，坐在中间或靠墙的学生要到自己的座位上得从同学的课桌上爬过去。①

农村中小学布局结构调整后，武汉市黄陂区初中和乡镇中心小学也都存在班额过大的问题，平均班额在50~60人的占25.4%，60人以上的占35.7%，尤其是初中，班额在60人以上的占64.5%，教师负担过重。

根据《国务院办公厅转发中央编办、教育部、财政部关于制定中小学教职工编制标准意见的通知》（国办发（2001）74号）规定，城市初中每班40~45人，县镇和农村45~50人，小学城市40~45人，县镇40~45人，农村由各地酌定。显然，布局结构调整后，部分农村中小学班额大大超过国家现行规定。

---

① 肖昌斌等：《农村中小学遭遇教师缺编之困》，载《湖北教育》2006年第10期。

由于班级规模过大,"影响到教师的教育关照度,影响到课堂教学管理,也影响着教学效果,还影响到课堂教学中的人际关系和情感交流"。同时,"班级规模影响学生参与课堂活动的机会和程度,影响学生获得个别指导的机会,影响学生获得教师期望的水平和程度,影响学生学习的课堂纪律环境"①。调研过程中,不少老师反映,以往学生数少的时候可以每个星期批改一次学生的作文,一个学期至少去每个学生家里家访一次,现在学生人数太多,这些都无从谈起了。教育质量有下降的趋势,这对农村孩子也是不公平的。因此,农村中小学布局结构调整虽然要追求规模效益,但不能让学校和班级规模无限制扩张,而是要寻求一个最佳的状态,即力图实现教育资源与生源的合理配置。过度地扩大学校的招生规模,只会造成优质教育资源的稀释和教育质量的下降。

3. 教师工作和生活压力加大

尽管经过布局结构调整农村中小学的规模都有明显扩大,但相对于城镇中小学,农村地区的中小学由于地域广,仍然存在校点多、规模小,所有学生按区域分散在不同学校上学的客观现实,所以相同数量的城乡学生在农村就读的学校数要多于城镇,所需要的教师多于城镇。根据2001年10月国务院办公厅转发的《中央编办、教育部、财政部关于制定中小学教职工编制标准意见的通知》中的规定,农村小学、初中师生比为1∶23、1∶18;县镇为1∶21、1∶16;城市为1∶19、1∶13.5。针对部分农村边远地区学校生源少、班额小的情况,该文件特别提出各地在制定中小学教职工编制标准的实施办法时,可以根据本地生源状况、经济和财政状况、交通状况、人口密度等,对编制标准进行适当调节,对山区、海岛、牧区和教学点较多的地区按照从严从紧的原则适当增加编制,确保农村地区中小学教育教学工作的基本需求。但不少县由于财力不足,难以支付教师工资,农村教师长期处于缺编的状态。例如,按现行标准,湖北省公安县中小学应配编教师9 020人,实际只配编7 736人,比应配编少配1 284人。加之教师自然减员,而5年来除签约了21名资教生外,未新进教师,全县实际的教师编制标准比县自定的编制标准还要紧。

由于地方财力不足,缺编的教师不能得到及时补充,为维持正常的教育教学需要,大班额教学、聘用代课教师和教师包班上课的现象在一些农村中小学十分普遍。有的学校甚至是3名教师承担了5个教学班的工作任

---

① 和学新:《班级规模与学校规模对学校教育成效的影响——关于我国中小学布局调整问题的思考》,载《教育发展研究》2001年第1期。

务。加之农村中小学布局结构调整后,普遍实行了寄宿制,而寄宿制学校由于编制限制太多又缺乏生活教师,这样一来,教师既要负责学生的学习,又要负责学生的生活、安全,普遍感到身心压力大,且付出与所得不成比例。调查中,陕西省勉县元墩镇元墩九年制学校的一位中学老师认为,现在教师课业负担很重,他每天上午 4 节课都是满的,平均每天 5 节课,一周 28 节课,小学老师一般每周也都在 28 节课,多上课也没有补贴,所以老师都不愿意多带课,学校里一般都是年龄大的少带课,年龄小的多带课,班主任一个月多拿 15 元钱。小河庙乡中心小学的一位老师也认为对于中心校老师来说,合并以后学生数量增多,加重了教学负担,一个老师每周要上 17~18 节甚至 20 节课。

湖北省钟祥市长寿镇杨畈小学布局结构调整后,合并了几个教学点,变成寄宿制学校,教师编制不仅没有增加反而减少了,教师的工作量大,每个教师平均每周要上 30 节课。东桥镇黄集小学地处丘陵地带,布局结构调整后很多学生上学路程远,因此 90% 的学生都住校。一至二年级的住宿学生有专职的保育员,专门负责孩子的生活、陪寝、叠被子等事情;高年级的生活自理。学校要求女教师要轮流陪寝,所以现在教师的负担加重了。一位带一年级的班主任老师告诉我们,她经常要给学生打水打饭,帮女生梳头洗刷,叠衣被,还带他们去吃饭,觉得很辛苦。高年级要好带得多,带低年级学生的教师更需要有爱心和耐心。学校规定每个女教师,每个老师要负责 80 多个孩子,简直力不从心。念小学的孩子年龄太小,老师每晚必须和学生住在一起,因要时常起来查看学生的被子是否被蹬了,晚上经常成宿成宿地睡不成觉。一年级的小孩还需要老师把他们从床上抱下来撒尿,再把他们抱上床,盖好被子后再去管另一个孩子。

内蒙古自治区林西县十二吐寄宿制小学二校区有 400 多名寄宿生,只有 6 名老师,每个老师将近管 80 个孩子,简直力不从心。念小学的孩子年龄太小,老师每晚必须和学生住在一起,因要时常起来查看学生的被子是否被蹬了,晚上经常睡不成觉。一年级的小孩还需要老师把他们从床上抱下来撒尿,再把他们抱上床,盖好被子后再去管另一个孩子。并且保育教师白天也不能休息,要打扫寝室卫生,整理学生床铺等。

广西壮族自治区寄宿制学校的老师每天晚上要轮流辅导住校学生的晚自习,检查学生就寝情况,如果碰到有学生半夜生病还要带他们去看病,甚至有很多学校没有围墙,老师们还要承担巡夜的任务。学校缺少专门的生活老师和保安,给课任教师增加了额外的负担。

在调查过程中,老师们反映最多的就是农村教师的编制太紧了,尤其是寄宿制学校,这一问题尤为突出。这一点从一些媒体的报道中也可以得到印证。据《中国教育报》2006年11月12日刊登的《教师缺编:农村教育的一道坎儿》[①]一文报道,湖北省老河口市黄老营小学校长认为,推行寄宿制最大的困难不是钱的问题,而是人的问题。他说:"本来编制就很紧,老师们的教学负担就很重,现在还要让老师们额外管理寄宿生的生活和安全。寄宿制学校挑战着乡村教师的身体极限。"该校34岁的女教师朱俊霞,除了教六年级两个班的数学,还兼上六年级两个班的音乐课及一个班的自然课、活动课,并且担任学校数学教研组组长。学校实行寄宿制后,11名专任教师都担负了保育任务。因为朱俊霞是唯一年轻的女教师,便无可替代地成了管理女生的最佳人选,负责安全管理,陪同女生住宿,中午督休,晚间辅导,加强与家长联系等,早上5:30起床、晚上12点睡觉成了她的作息时间表。老河口市孟楼镇有7所学校,其中3所小学实行了寄宿制,共有寄宿生658名,由于学校没有专职的保育人员,所以这些学生在校的保育任务都得由任课教师担任。所有实行寄宿制的学校都面临着学生的保育、管理工作无专人负责的难题。这正如某县教育局局长所说,"国家推行寄宿制学校这么多年了,但对小学寄宿制学校的保育编制问题却迟迟没有出台政策,让这些学校十分为难"。

此外,由于被撤并的学校往往是相对薄弱的学校,这些学校的优秀教师到了布点学校以后可能就不那么优秀了,他们有的会产生心理上的落差。还有的教师是从教学点合并过来的,他们不习惯教大班的学生,也不习惯备课写教案,短期内会形成一定的心理压力。有些地方将教学点教师安置到镇中心学校当保育员,这一做法值得商榷。教师与保育员之间存在某种差别,能力强的就教书,能力差的就做保育工作。从在教学点受人尊敬的老师沦为学校地位较低的保育员,反差较大。教学点自由的生活、适当的种植补贴、村民的尊重、一份固定工资能让教师过得比较滋润。教师的房子往往是村里最好的,但搬到镇上,远离家庭,一星期才回一次家,收入肯定不比以前,地位也较之以前下降,无形之中给这些教师造成了较大的心理压力。

农村中小学布局调整导致了农村中小学教师工作和生活压力加大,其中一个重要原因是在布局调整过程中忽视了农村中小学师资队伍的建设。当前,首先是"在许多地方,农村教师职业吸引力、竞争力还不强,还没

---

① 程墨、肖昌斌、曾宪波:《教师缺编:农村教育的一道坎儿》,载《中国教育报》2006年11月12日。

有真正成为令人羡慕的职业。同时,有些地方对国家的政策还不能达到有效的落实,一些地方有编不补,一个公办教师的钱聘几个代课人员。其次是教师培训难,教师培训经费缺乏等,使得教师队伍整体素质的提升还面临着比较大的困难。再次,由于现阶段城乡差距仍然存在,城乡人才劳务市场的二元制结构,给城乡教师交流补充带来了很大的困难。最后,还有一部分地方的津贴补贴没有纳入财政预算,导致农村尤其是边远地区教师的工资待遇相对偏低。"① 如果这些问题得不到很好的解决,那么势必会使得农村教师的工作和生活压力越来越大,长此以往,不仅严重影响农村教师的身心健康和个人发展前途,而且由于师资力量在一定程度上决定了教育质量,也会制约农村义务教育的快速健康发展。

4. 家长的经济负担和学生的生活压力加重

农村中小学布局结构调整后,由于路途远,有相当一部分学生需要寄宿,调研中了解到,在一些山区县小学寄宿生数和学校数均已超过50%,初中除学校所在地的学生外,已全部实行寄宿。学生寄宿,其上学成本必然增加,有些农村学校从小学开始就出现家长被迫陪读的现象。集中办学资源后,学校食宿问题比较严重。许多家长担心孩子路上不安全,担心孩子吃不好,责无旁贷地担当起"陪读"的角色。对家长来说,家庭和学校之间的距离增加,接送孩子上学放学不仅每天长距离来回奔波,消耗大量的时间和精力,更重要的是每个家庭增加了一笔不小的开支。如,为了方便接送,有些家长专门买了摩托车、电动车,甚至还有很多家长不得已结伙为孩子高价租车接送,这在很大程度上增加了农村家庭的经济负担。有学者认为,布局结构调整政策不是在降低办学成本,而是地方政府在转嫁办学成本,即将原本应该由政府负担的办学成本转嫁到了农民家长身上,布局结构调整的代价是成本转移。"从财政角度来看,撤点并校后成本是降低了,基建战线缩短了,但对农民来说成本增加了。"②

从调研情况来看,有40.7%的教育行政人员和33.9%的教师认为布局结构调整中存在的问题是家长负担加重(见表3-16),有20.4%的家长和52.7%的学生表示上学最担心的问题是加重了家庭的负担(见表3-18),还有71.6%的家长和57.0%的学生表示家庭负担寄宿生的住宿费和生活费

---

① 任丽梅:《我国农村学校教师缺编较普遍》,载《中国改革报》2007年8月29日。

② 李晨:《农村中小学布局调整引发的忧思》,载《科学时报》2006年11月24日。

存在困难（见表3-21）；同时，有24.9%的教育行政人员和32.9%的教师认为学生生活压力加大了（见表3-16）。

表3-21 家庭负担寄宿生住宿费和生活费困难情况

经济上是否有困难		有困难	没困难	不知道	合计
家长	人数	1 918	759	—	2 677
	百分比	71.6%	28.4%	—	100.0%
学生	人数	3 133	1 515	852	5 500
	百分比	57.0%	27.5%	15.5%	100.0%

注：1. "—"表示没有该选项。

2. 本表只计算住校生的数据。在接受问卷调查的7 421名家长中，有3 163名表示有孩子住校，占42.6%，缺失值为353；接受问卷调查的学生共11 990名，住校生为5 722名，占47.7%，缺失值为610。

路远的走读生需要家长每日接送，天气好的时候还可以，但遇到刮风下雨下雪，则相当艰难；有的家长担心孩子在学校吃不好，还要给孩子送午饭，耽误了家长的正常工作；有的学校则包车接送或几个家长联合起来租车接送，对于农村家庭来说，费用也不低，如湖北省石首市桃花山镇初级中学就采取了包车接送的方式，具体标准是每人每学期200元。

学生在学校寄宿增加了家庭的教育开支。由于学生住宿而增加的教育开支至少包括住宿费、生活费和交通费等。对于经济状况较好的家庭，这笔费用还可以承受，但对于贫困家庭，这笔钱可能成为决定学生是否继续上学的关键因素。

例如，湖北省钟祥市农村寄宿小学的收费标准为每学期25元，每天的生活费用在4～5元，再加上生活用品，一年的最低费用为1 000元左右；石首市农村小学一年的寄宿费用也差不多在1 000元左右，而该市团山寺小学全托的费用则达每年2 600元，半托的是每年1 600元。同时，部分寄宿制学校的建设还需要家长集资。

广西壮族自治区的学校收取的住宿费相对要低一些，一般都是小学每个学期40元，初中每个学期50元。对于生活费来说，虽然大部分学生都是从家里带米和咸菜，不发生现金支出，但是学生一般要在学校住一个星期才能回家，因此每个学生每周准备几块钱的零花钱是非常必要的。规模小的学校撤销以后，学生要到更远的地方去上学，这往往意味着要增加交通费的开支。百色市那坡县平孟乡呈长方形，乡政府驻地和九年一贯制学校设在长方形的另一端，因此一部分学生距离学校很远。最远的学生距离学校有50多千米，需要转三次车才可以到学校，而转三次车要花费8元钱。这对贫困地区很多家庭构成了沉重的经济负担。

尽管对一些贫困生政府实施了"两免一补"（免杂费、课本费、补助寄宿生生活费）政策，但在一些地方这一政策的落实并不理想。

在陕西调研时，该省石泉县后柳镇前丰村一位学生家长在访谈中表示，当地学校"两免一补"的面比较窄，学生如何筛选也不甚透明。学校在分名额时头痛，家长也有抱怨。这位家长私下说，村里干部将"两免一补"的名额都私分了，他本来在村里算贫穷组的，但硬将他划到富裕组，从而无法享受一补。他愿意孩子在本村上学，因为花费少，家里也有照应。如果到中心小学上学，一个礼拜5天一个学生多花销30元生活费，到镇上租房子一个月要60元，村里人均年收入才700~800元，村民们负担起来有困难，如果不外出打工的话，无力负担孩子上学的费用。南郑县马家沟村一位村民也认为撤校不好，山区都特别穷，去镇里上学费用太高，高台小学1年的费用要1 000多元，初中要5 000元左右；好多家里觉得困难，希望孩子继续读书却又无能为力。村里教学点老师教得也好，家长没啥意见。孩子上学困难的家庭占三分之二，尤其是初中（住宿、吃饭，还有别的钱）。她不愿意让孩子住宿，但是没办法，希望孩子上学。孩子身体不好，在外面不放心，因为正是长身体的时候。在本村上学的话，家长可以辅导、交流。

云南省临沧市沧源县是一个国家级贫困县，当地农民大都靠种地为生，基本上没有其他的现金收入。有的学校的寄宿生在校吃饭，一个月只缴纳10元生活费，但很多家庭每个月拿出这10元钱都困难，就只能欠着，不能催，学校一催，学生就说回家拿，这一走就再也不回来了，学校的九年义务教育就完不成。事实上，被撤掉学校或教学点的地区又往往是交通最不方便、经济最落后、人口最分散的地方，寄宿费用的难以承担也同样是寄宿生面临的直接和最现实的困难。

学校布局结构调整还加重了学生的生活压力。由于学校寄宿条件艰苦，而且年龄很小就在学校寄宿，很多学生遇到了生活自理问题。有的孩子在学校不愿意自己洗衣服，就把一个星期穿过的衣服都攒着带回家，家里人只好再给他买新的，一个并不富裕的山区家庭很难有多余的钱来承担这些"意料之外"的开支。再以夜晚上厕所为例，调查发现，只有很少的农村学校在学生宿舍内修建了厕所，绝大多数学校的厕所都与学生宿舍有一段距离，学生晚上上厕所极其不便，而且有的孩子还会尿床，增加了老师许多额外的负担。

在广西自治区龙胜县瓢里乡大云小学调研时，该校的栗校长指着晾在走廊的一条毯子对笔者说："昨晚上又有一个孩子尿床了"。更严重的是，栗校长告诉笔者，几乎每年都会发生孩子将大便拉在床上的事情。前几天学校的一个女生晚上拉肚子，她不敢一个人上厕所，又不好意思让同学陪她去，结果就出现了那样的事情。栗校长认为这种事情将严重影响学生的发展，"说不定学生一辈子都会忘不了这样的事情，你想想对她的影响有多大啊"。

此外，在考虑农村学生因住校而增加的教育成本时，还必须考虑"机会成本"这个因素。机会成本（opportunity cost）又叫替代成本或择机成本，是西方经济学的概念，本义是指对物资、资金、劳务或生产能力的利用，因选择一种方案而放弃的另一种方案所能获得的收益，即选择前一方案的代价。例如，耗用一定量土地、劳动和农具、种子、肥料等生产出500克小麦的成本，就是同量土地、劳动和资本财货当它们用于另一最佳用途所能生产出的100千克棉花。机会成本的思想渊源于奥地利学派。美国经济学家格林（Green）1894年在他所撰写的《痛苦成本与机会成本》一书中最早使用了这一概念。① 运用这一概念的条件，一是资源要有多种用途，二是资源可以充分流动，三是资源能得到充分利用。② 机会成本事实上是一种选择成本，它是因选择行为而产生的成本，对分析资源的有效使用具有重要作用。资源的稀缺性是一项不可否认的事实。任何一种资源均有多种用途，把资源用于某种用途的同时就放弃了其他选择，要使稀缺的资源得到最有效的运用，就要把它用于生产最能满足社会需要并能使产量达到最大化的商品的生产。因此，只要是有选择的行为，就存在机会成本。③

西方微观人口学将机会成本的概念引入对家庭人口经济行为的分析领域，将其解释为人们采取一种行为或从事某一活动时所放弃的另外一种行为或另外一种活动所带来的收益。具体地说，某一行为或活动的机会成本就是放弃另一行为或活动的价值。④ 机会成本对家庭管理，尤其是家庭经

---

① 罗肇鸿、王怀宁主编：《资本主义大辞典》，人民出版社1995年版，第93页。
② 马国泉、张品兴、高聚成主编：《新时期新名词大辞典》，中国广播电视出版社1992年版，第262页。
③ 戴相龙、黄达主编：《中华金融辞库》，中国金融出版社1998年版，第106页。
④ 吴忠观主编：《人口科学辞典》，西南财经大学出版社1997年版，第97页。

济管理有很大影响。因为对于一个家庭来说,时间是父母的稀缺资源。父母把这种稀缺资源是用于从事市场活动还是用于从事非市场活动,这需要进行决策。具体运用到关于农村孩子的教育决策方面,舒尔茨(Thodore W. Schults)将机会成本界定为学生因为上学而放弃的收入。在讨论城市和发达地区中小学阶段的教育成本时,没有必要考虑机会成本,因为对城市和经济发达地区教育的个人机会成本,它是指"达到法定劳动年龄的学生因上学而未就业可能放弃的就业收入",① 而绝大多数中小学生并没有"达到法定劳动年龄",也就谈不上"因上学而未就业可能放弃的就业收入"。但是在贫困农村地区,机会成本是一个绝对不能忽视的因素。因为孩子在校住宿而无法参加诸如放牛、喂鸡、养羊、照看弟妹等家庭劳动,这种劳动因为可以增加家庭收入而构成机会成本。农村中存在大量诸如放牛、养羊、喂鸡等劳动强度不大、适合未成年人参与的劳动机会,而且农村家庭往往有两个或更多的孩子,年龄大的孩子往往需要照顾较小的孩子,因此,考虑农村家庭的教育成本不能忽略农村学生的机会成本。从价值上看,这些机会成本可能微不足道,但是对于那些贫困家庭而言,这些收入是非常重要的。舒尔茨在考察贫困地区的教育成本时曾经指出,儿童的机会成本"在其父母的心目中……不是无足轻重的"②。我国学者黄宗智也指出,"这一点资金对于处于生存型农业的小农来说,具有极高的'边际效应'"③。因此,相对于直接成本,机会成本可能在更大程度上决定着学生或家长的教育选择。这些地区家庭收入低,所以每个劳动力对维持家庭的运转都十分重要。

在广西壮族自治区隆林县,陪同我们调研的林老师不断指着路上放牛羊的少年说:"看,这都是辍学的孩子,他们已经是家里的重要劳动力了"。在荔浦县,杜莫镇龙珠小学廖校长也认为,家长们反对学生住校的主要原因之一,是"学生住校就不能帮助家里做农活了"。

从调查情况来看,农村中小学布局结构调整给部分家庭带来了较重的经济负担,也使得不少贫困家庭的学生小小年纪就体会到了生活的艰辛和压力,这个问题如果不能得到很好的解决,将会对九年制义务教育的巩固

---

① 范先佐著:《教育经济学》,人民教育出版社 2002 年版,第 286 页。

② [美]西奥多·W. 舒尔茨著,曹延亭译:《教育的经济价值》,吉林人民出版社 1982 年版,第 50 页。

③ 黄宗智著:《中国农村的过密化与现代化:规范认识危机及出路》,上海社会科学院出版社 1992 年版,第 8 页。

和提高，以及农村孩子公平接受教育造成极大的消极影响。

　　综上所述，我国农村中小学布局结构调整既取得了显著的成效，但也存在着片面追求效率，导致学生上学路程太远，部分学校班额过大，教师工作和生活压力加大，家长的经济负担和学生的生活压力加重等问题。而这些问题如果得不到妥善解决，不仅会影响到农村中小学的合理布局，而且会影响到农村孩子公平接受教育，必须引起社会的广泛关注和重视。

第四章　农村教学点面临的困境与原因分析

通过对中西部地区农村中小学布局结构调整的绩效评估，我们不难发现以下问题：农村中小学布局结构调整既取得了明显成效，但也存在学生上学路程太远，部分学校班额过大，教师工作和生活压力加大，家长的经济负担和学生的生活压力加重，等等。而这些问题的产生，一个重要的原因，是在农村中小学布局调整过程中片面追求效率，而忽视了农村教学点和小规模学校的建设。

一、农村教学点产生的背景

农村教学点是适应我国农村地区，特别是偏远落后农村地区的教育发展而设置的以复式教学为主的小学阶段的小规模不完全学校。从历史发展来看，农村教学点从教学组织形式上经历了古代私塾、近代村学、乡学、现代村小等不同发展阶段，它具有久远的历史，与我国小学教育的发展相伴相生。此外，教学点也并不是我国特有的学校教育形式，从世界范围来看，它通常指的是小规模学校或微型学校（small school or mini school），在各国农村地区也普遍存在。从现实来看，教学点的存在适应了我国偏远落后农村地区教育发展的需要，以及农村学龄人口减少的客观现实。

（一）教学点与我国农村小学教育发展相伴相生

对教学点产生的历史背景进行考察，有助于全面考察教学点产生发展的过程，同时能够使我们了解教学点在我国农村教育中的重要作用。因为"认识的进化并不是朝向建立愈益抽象的认识，而是正相反，朝向把它们放置在背景中。这个行为确定了知识被插入的条件和它们的有效性的界限。背景化是（认识运作）发挥效能的一个基本条件。"① 因此，要认清教

---

① 转引自［法］埃德加·莫兰著，陈一壮译：《复杂性理论与教育问题》，北京大学出版社 2006 年版，第 25 页。

学点在我国农村教育发展中的作用，了解教学点产生的历史背景是至关重要的。

在我国古代，传说中尧舜时代便出现了小学，称为"下痒"。而我国小学教育可考的历史可以推至西周时代，"家有塾，党有痒，术有序，国有学"①。其中塾、痒都是乡村儿童受教育的地方，相当于现在的农村小学。秦汉时期，农村小学教育主要是私学性质的蒙学教育、乡塾和家学。唐宋时期，官办小学与私学并存，"每乡立学"被提上议事日程，同时私塾也使更多的乡村儿童有了受教育的机会。宋代出现的义学、义塾等都是农村小学教育的主要形式，促进了乡村教育的发展。元、明、清时期均是我国小学教育的兴盛时期，各地既有官办义学、社学，也有私人办的义塾、乡塾。清代小学集以往各类小学之大成，既包括社学、义学、乡学、乡塾、书塾、蒙学性质的书院等，也包含有本朝专门为内务府官员的幼小子弟和旗人兴办的小学。大体上我国古代地方小学教育的形式主要是义学、社学、义塾、乡塾、书塾等，无论是官府办还是私人办，从教学组织形式上讲，均呈现规模小、地方化的特点，它们与我们现在所说的农村教学点的办学特点存在很大的相似之处，从教学组织形式上说，私塾可以说是教学点的雏形。

到了近代，如清末时期，内地和偏远地区的农村小学仍以传统私塾为主。丹麦奥胡斯大学东亚系教授曹诗弟（Stig Thoegerse）的研究也表明："19世纪末20世纪初，邹平的所有村庄都能见到传统小学。它们建立在私人家里或旧的寺庙里，学校只有一个老师，村里以实物或现金的形式来支付教师的工资。学校通常有5~20个学生，全都是男孩。"② 民国时期，陶行知、梁漱溟、晏阳初等纷纷倡导农村教育运动，同时带动了小学教育的发展，这时的小学形式多样，如山东邹平的村学、乡学，晏阳初倡导的民众学校等。这一时期的农村小学主要的任务是识字教育。村学、乡学的老师叫做学长，是村、乡中品德最尊、声望最高的领袖分子。其资金主要来自传统的渠道：乡村征收的税费和所得捐款的利息。此外，中央苏区对学龄儿童的教育形式是属正规学校教育范畴的"劳动小学"（后改为列宁小学，分半日制和全日制两种）。陕甘宁边区比苏区更重视小学教育，边区

---

① 池小芳著：《中国古代小学教育研究》，上海教育出版社1998年版，第12页。
② ［丹麦］曹诗弟著，泥安儒译：《文化县——从山东邹平的乡村学校看二十世纪的中国》，山东大学出版社2005版，第21、134页。

小学中绝大多数为民办，且几乎全为初小。① 至今很多农村小学或教学点仍留有以前"村学、乡学、初小"的痕迹。

1949年中华人民共和国建立，当时的农村教育非常落后。1949～1952年，各地掀起出钱出力兴办学校的热潮，农村小学教育发展很快。1956年中央提出："农村办学应采取多种形式，除国家办学外，必须提倡集体办学以促进普及小学教育。"1958年和1965年，国务院两次提出国家办学和依靠群众办学的"两条腿走路"的方针。村办小学、简易学校、耕读小学等各种形式的学校，对促进义务教育的普及都起了积极作用。改革开放以后，农村义务教育逐步归为政府管理。1985年《中共中央关于教育体制改革的决议》中规定，乡村义务教育实行三级办学、两级管理的体制；确立了利用财、税、费、产、社、基等来源多渠道筹措经费。义务教育属地化管理体制的确立，使普九期间村村办小学再度兴起，很多贫困地区是举债办学。而随着城镇化的加快、农村适龄人口的减少，农村小学的规模也随之减小，一些规模过小的学校被撤销或并入中心小学，也就是现在的农村中小学布局结构调整，很多被撤并后只保留了低年级的学校成了教学点。

从历史上看，教学点与我国农村小学教育发展相伴相生。中国传统的教育教学组织形式以及办学模式一直对农村教育影响深远，正如有学者所言："大约到鸦片战争之前，中国基础教育的主要教学组织形式是社学、私塾，教学方式主要是教师个别指导、辅导。"② 到了近代，新式教育的发迹仍没有完全使传统的私塾销声匿迹，"一师一校"在农村地区仍是小学教育的主要形式。新中国成立后，财政困难与农村义务教育属地化管理再次促使村办小学兴起。可见，教学点的产生有其漫长的历史渊源，其规模小、一师一校、复式教学等特征某种程度上反映了古代私塾、近代村学与乡学对农村学校的深远影响。教学点不是现代社会农村教育的附属物，它甚至比正规的完全小学具有更久远的历史，因此，教学点是农村教育发展过程中重要的教育教学组织形式。

（二）教学点在世界各国农村地区也普遍存在

教学点也并不是我国特有的学校教育形式，从世界范围来看，它通常

---

① 喻本伐、熊贤君著：《中国教育发展史》，华中师范大学出版社2000年版，第531、533页。

② 熊贤君著：《千秋基业——中国近代义务教育研究》，华中师范大学出版1998年版，第36页。

指的是小规模学校或微型学校，在各国农村地区也普遍存在。

1. 发达国家的小规模学校

作为发达国家代表的美国，其小规模学校的发展大致经历了三个阶段——自然萌发阶段、衰落阶段和兴起阶段。历史上小规模学校形成的主要原因是，学校所在地的人口密度较低，人口分散而且交通不发达。美国最初一个镇只有一个村，随着人口的不断增加，又形成许多新的聚居中心，被称为"区"（quarter）。这些区有自己的学校，又称为学区。传统的区以原始的车马度量确定，最初称为百户邑，面积较小，约为6平方英里，人口密度低，学校规模小，尤其农村学区常常是"一个教师一间教室的学校"。① 随着工业化发展和生产的高度集中，城市人口不断增加。新的社会状况，要求中小学为更多的人提供更高程度的普及教育。历史上建立的这种小规模学校，过于简陋，缺乏标准，效率低下，无法为学生提供更多的发展机会。因此，1890年之后，大规模的合并学校形成运动，被砍掉的学校数以万计。在中部各州的县内，平均仅有四五所中心学校代替过去80～120所的简陋小学②。随着城市规模的日益扩大，新的大规模学校自身绩效的低下成了新的教育问题，教育改革过程中将规模作为影响学校其他因素的一个重要指标，研究者指出了规模扩大的有限性，小规模学校成为针对问题提出的改革策略之一。这一时期小规模学校的兴起具备了多种条件：充足的资金、教育政策的导向、学生及家长的拥护。

从美国小规模学校的发展过程中，我们可以看出，小规模学校在美国也具有很长的历史。随着经济社会的发展以及教育政策的变化，小规模学校也由于其自身的不足被大规模撤销撤并，而后又被寄予提高教育质量的厚望，得到了扶持和发展。这里关键的问题有两点：其一，小规模学校为美国尤其是广大农村地区基础教育的发展发挥了重要作用；其二，虽然小规模学校一度被大规模撤销，但其对农村偏远地区学生的教育作用却一直未被忽视。在20世纪20～30年代，尽管当时美国城市化进程加快，合并学校运动大规模展开，但在1930年只有一间教室的学校仍然超过130 000所，占到公立学校的70%；1940年，只有一间教室的学校仍然有114 000所，其中主要是小学。1940年时，乡村学校教师超过6人或学生人数在

---

① ［美］劳伦斯 A. 克雷明著，洪成文、丁邦平等译：《美国教育史——建国初期的历程：1783～1876》，北京师范大学出版社2002年版，第196～199页。

② 滕大春著：《美国教育史》，人民教育出版社1994年版，第462～465页。

200人以上的学校不足10%。① 可见，小规模学校即使在学校合并时期也广泛存在于美国乡村。

其他发达国家，如英国、日本的小规模学校，在不同时期均有其各自的发展轨迹。英国农村义务教育的启蒙阶段（1699～1760年）主要是慈善学校、算术学校、贫儿学校、初级文法学校和走读村学，进入这些学校的学生多为贫民子女。② 随着义务教育的普及，农村以往的单一型学校被乡村中心学校取代。20世纪70年代以前，英国小学班级规模的缩小主要是办学条件的改善，教育供给能力的提高所致。20世纪70年代以后，学龄人口的下降造成了学校规模的缩小和班级人数的减少。但合并学校并没有完全消除微型学校，尤其在乡村，一般采用的是垂直式分组的方式组织教学，即将不同年龄、不同能力的儿童在同一个教室里接受教育，对他们根据能力进行分组。③ 英国的班、校规模缩小有其具体原因，教育资源的充足使其有条件通过小班教学提高教育质量。而在农村保留微型学校，也是从本国实际出发保证义务教育质量的体现。

日本的小规模学校起初是为普及义务教育而创办的。1886年日本公布《小学校令》，为方便当时农村、山村和渔村的学生上学，可以设三年制的简易小学。这种学校发展很快，吸收了全国三分之二的儿童入学。④ 1954年日本又制定了《偏远地区教育振兴法》，⑤ 并采取一系列措施以振兴偏远地区的学校教育。日本小学数量从20世纪70年代到80年代中期呈增加趋势。此后由于学龄人口的减少，学校数量开始减少，大量学校被关闭和合并。但日本政府仍不断增加教育投入，以促进小班化教学的开展，提高教育质量。

总之，从美国、英国、日本等发达国家的小规模学校发展情况来看，都大致经历了萌发、衰落和兴起三个时期。其中萌发期是适应当时经济社会发展水平落后、农村人口居住分散的客观现实而广泛设立的；衰落期是适应工业化、城市化发展的客观需求以及其间适龄人口的减少，合并学校及重新调整学校布局成为必然；兴起阶段是在充足的教育供给的前提下，追求教育质量提高的结果。与发达国家相比，我国教学点处于第二阶段，

---

① Hampel, Robert L, *Historical Perspectives On Small Schools*, Phi Delta Iarpan, Jan. 2002. Vol. 83 Issue 5, p357.
② 成有信编：《九国普及义务教育》，人民教育出版社1985年版，第161页。
③ 石人炳著：《人口变动对教育的影响》，中国经济出版社2005年版，第77、82页。
④ 吴文侃、杨汉清主编：《比较教育学》，人民教育出版社1989年版，第474页。
⑤ 梁忠义著：《战后日本经济发展与教育》，人民教育出版社1981年版，第75页。

即大范围被撤销撤并时期。在这样一种背景下,发达国家小规模学校的发展值得我们借鉴的有两点:即使在学校合并时期,农村偏远地区的小规模学校仍然被保留,以保证教育质量;教育改革家们推动小规模学校的兴起以改善教育教学质量,这得到了政府、教育当局、学生及家长的多方支持,政府以充足的教育资源供给作为保障。教育生产函数研究的代表性学者、美国斯坦福大学的汉纳谢克(Hanushek)指出:"家庭和学校提供的教育支持水平的巨大差异,意味着发达国家和发展中国家的教育生产过程是非常不同的。发展中国家的情况并没有对减少班级规模的政策提供支持。"① 目前,我国在全国范围内推行小规模学校尚不具备条件,但对于偏远农村地区的教学点,根据当地的实际情况继续给予保留和财政支持是能够做到的。

2. 发展中国家的小规模学校

发展中国家的小规模学校与发达国家的情况有所不同,这主要是由各国的社会经济发展及教育发展水平所决定的。其他发展中国家的小规模学校与我国的情况有诸多类似之处。小规模学校促进了发展中国家义务教育的普及,更重要的是,许多国家从本国实际出发,采取灵活的教育教学组织形式发展义务教育,而小规模学校就是其中最重要的形式之一。

印度是世界上仅次于中国的第二大人口大国,传统上也是一个以农业为主的国家。幅员辽阔、人口众多,各地区经济发展水平、文化、宗教传统、居民生活方式、人口分布状况等都存在很大差异,这对普及义务教育产生很大影响。1986年《印度斯坦报》报道印度全国约有547 642个村庄,其中9%的农村没有任何学校。② 印度的单一教师学校数量庞大,特别是地处偏远、人口分散的农村地区。单一教师学校的比例在农村为31%,城市为6%,1965年上述比例为40%和8%。③ 而农村地区的单一教师及小规模学校教育质量得不到保障,这与印度政府对义务教育投入的长期不足,以及"中央和地方分权"的教育管理体制直接相关。20世纪80年代以来,印度采取了一系列措施如师范学校计划(类似于我国的中心小

---

① [美]马丁·卡诺依编著,闵维方等译:《教育经济学国际百科全书》,高等教育出版社2000年版,第357页。

② 徐辉、黄学浦著:《中外农村教育的发展与改革》,西南师范大学出版社2000年版,第164页。

③ 王英杰、曲恒昌、李家永著:《亚洲发展中国家的义务教育》,人民教育出版社2003年版,第58、169页。

学)、"黑板行动计划"等。《环球时报》报道一位印度政府官员介绍说,当前印度小学生入学的政策是方圆 3 千米范围内就近入学,不允许他们自行选择学校。在农村地区,印度政府基本上也做到了每个自然村庄能够有一所小学,所以不存在小学生还需要在学校住宿之说。①

马来西亚位于亚洲东南部,1990 年总人口 17 756 200 人,但人口分布极不平衡。西马来西亚(简称西马)面积不到全国的一半,但集中了全国 82% 的人口;沙捞越是马来西亚面积最大的州,面积接近西马,但人口只有全国的不足 10%。马来西亚的早期教育形式是以宗教教育为主的"庞多克"(原意是棚屋),这可以看做其小规模学校的雏形。1786~1945 年,多种教育体系并存,教育发展在各民族之间很不平衡,这时期的小规模学校主要是马来语学校和泰米尔语学校,多设在农村且条件简陋。1945 年以后的小学教育逐渐趋于标准化、法制化。但长期以来,马来西亚基础教育的难点集中在农村地区。近年来,马来西亚曾对偏远地区的小规模学校进行合并,但由于农村人口分布点的限制,小规模学校在农村地区仍大量存在。1990 年,规模在 150 人以下的小学占小学总数的 37%,但只占学生总数的 8.5%。同年,小规模学校的平均班规模为 15.5 人,生师比为 12:1。显然,这些学校的效益较低,因此政府提倡在小规模学校实行复式教学或实行二部制。其他地区,如俄罗斯的西伯利亚地区、泰国等的小规模学校,也在基础教育的发展中发挥着重要作用。西伯利亚北方的土著居民是典型的游牧民族,鹿永远是最珍贵的财产。他们可以骑着鹿或者套在雪橇上行路,可以用鹿的皮毛缝制衣服和鞋,也可搭盖帐篷——当地居民的房子,而鹿肉几百年来一直是北方人的主要食物。限于这种生存方式,该地区的小学是典型的小型"流动学校",游牧人走到哪里,学校就设在哪里,学校的学生人数也较少,且不固定。泰国农村人口占 80%,且居住分散,造成一半以上的小学学生不足 200 人,近 7.6% 的小学只有一至四年级。②泰国政府在适当合并小规模学校的同时,为解决学生上学远、上学难的问题,采取了极富创意的措施——向五、六年级学生出借自行车。

总之,发展中国家小规模学校也是适应各国偏远农村人口居住分散而建立起来的,为各国义务教育的普及发挥了重要作用。但由于发展中国家对义务教育长期投入不足,小规模学校质量难以保证。因此,各国也掀起

---

① 肖华:《从印度的教育布局说开去》,载《新西部》2006 年第 5 期。
② 王英杰、曲恒昌、李家永著:《亚洲发展中国家的义务教育》,人民教育出版社 2003 年版,第 58、169、220 页。

了合并学校运动,但面对合并学校后带来的学生上学远、上学难的问题,各国大多又从本国实际出发,采取了相应措施,以保证偏远地区学生享受到基本的教育机会。目前,发展中国家仍不具备像发达国家那样的条件,为提高教育质量而投入大量经费发展小规模学校。但无论是发展中国家还是发达国家,有两点值得关注:其一,小规模学校是各国尤其是农村地区教育发展的重要教育教学组织形式;其二,学校合并运动过程中,保留小规模学校是保证偏远地区学生顺利接受基础教育的重要措施之一。

(三) 教学点适应了我国偏远落后农村地区教育发展的需要

我国是一个人口众多的发展中大国,工业化最初起始于传统经济中的若干产业部门,由此形成了现代工业部门与传统农业部门同时并存的二元经济结构。即"一种是以传统方法进行生产、劳动生产率极为低下,收入只能维持劳动者最低生活水平的乡村农业部门;另一种是以现代生产方式进行生产、劳动生产率较高、劳动者工资水平也相应较高的城市工业部门。"① 经济的二元结构导致了城乡的巨大差别,农村特别是偏远贫困地区的落后面貌长期得不到改善。如1978~2004年,城镇人均可支配收入从343.4元增加到9 421.6元,农村人均纯收入从133.6元增加到2 936.4元,但城乡居民人均收入水平差距总体上是从1978年的2.57倍增加到2004年的3.21倍。② 从教育水平来看,2004年各地区小学生均预算内公用经费的城乡之比各地平均达1.4∶1;小学生均预算内公用经费东西部地区之比由2000年的1.7∶1扩大到2.3∶1。③

我国农村教学点大多分布在这些经济落后、交通不便的偏远地区。这些地区不仅是二元经济结构下一元的缩影,而且其经济、教育发展更呈现出极其落后的状况。以我们调查的广西德保县为例,德保县位于广西西南部,是国家重点扶持的贫困县之一。现辖15个乡、3个镇、2 108个自然村,居住着壮、汉、瑶等9个民族。2003年县财政收入为5 618万元,农民人均纯收入为1 186元,远低于全国平均水平。全县土地面积较大,但有效耕地面积小,仅占9.18%;石山区比重较大,占69.62%,自然环境恶劣。2002年全县小学179所,乡镇中心校18所,教学点428个(学生

---

① 张培刚主编:《新发展经济学》,河南人民出版社1992年版,第196页。
② 金敏:《中国城乡差距的多维度分析》,载《财经界》2006年第6期。
③ 国家教育督导团:《国家教育督导报告2005——义务教育均衡发展:公共教育资源配置状况》,载《教育发展研究》2006年第5期。

不足 20 人的有 393 个); 教学班 1 688 个, 其中单式班 1 334 个, 复式班 354 个。由此可见, 在这些经济落后、交通不便, 教育投入长期不足的偏远贫困地区, 如果没有大量教学点的支撑, 这里的孩子接受教育是不可想象的。正是从这个意义上讲, 我们说教学点适应了我国偏远落后农村地区教育发展的需要。

(四) 教学点的存在适应了农村学龄人口减少的客观现实

农村教学点存在的社会背景, 主要就是农村适龄学生减少的客观现实。这一方面是受到计划生育政策的影响; 另一方面是由于城镇化步伐的加快促进了社会流动。农村适龄学生减少的事实, 不仅促进了学校布局结构调整的实施, 而且间接决定着各种类型教学点的存在。

1. 计划生育政策的逐步落实导致学龄人口减少

20 世纪 70 年代以来, 我国开始实施计划生育政策, 城乡新生人口呈逐年下降的趋势, 小学生源日趋减少。如表 4-1 所示, 自 1999~2005 年, 普通小学招生数量总体上呈逐年下降趋势, 2005 年普通小学招生数比上年减少 75.3 万人, 比 1998 年减少了 529.7 万人。又如, 河南省适龄学生数量自 2003 年以后一直呈逐年下降趋势, 2005 年小学一年级学生相当于 2000 年一年级学生的 56.5%, 减少了 43.5%。另据该省许昌市 2004 年统计资料显示: 鄢陵县中小学在校生 2004 年为 89 840 人, 比 2003 年减少 8.8%, 长葛市中小学在校生为 113 852 人, 比 2003 年减少 6.47%。

表 4-1　全国普通小学招生数 (1999~2005 年)　(单位: 万人)

年份	1999	2000	2001	2002	2003	2004	2005
普通小学	2 029.5	1 946.5	1 944.2	1 952.8	1 829.4	1 747.0	1 671.7

资料来源: 《中国统计年鉴 (2006 年)》, 中国统计出版社 2006 年版。

由于我国 70% 的人口在农村, 所以适龄学生减少同样明显地体现在农村地区。农村地区的适龄学生数量变化情况, 更能反映出教学点当前面临的社会背景。如 2000~2005 年, 全国农村普通小学每年招生数均呈逐年下降趋势 (见表 4-2)。又如, 我们调研的湖北省石首市高基庙镇马家垸教学点, 其前身是一所完全小学, 但由于学龄人口逐年减少 (见表 4-3), 2005 年秋季改为教学点, 学校开设一至四年级, 每个年级一个班。因此, 根据教学点的分类, 它属于新生型的教学点 (初小)。类似于马家垸小学的学校在湖北省乃至全国还有很多。

表 4-2　全国农村普通小学招生数　　（单位：万人）

年份	2000	2001	2002	2003	2004	2005
普通小学	1 384.7	1 311.8	1 294.6	1 192.4	1 130.3	1 067.9

资料来源：根据1999～2005年《中国教育统计年鉴》数据整理所得。

表 4-3　湖北石首市马家垸小学每年招生人数（1999～2006）　（单位：人）

年份	1999	2000	2001	2002	2003	2004	2005	2006
新招学生数	51	41	38	33	33	21	18	12

资料来源：根据湖北省石首市调研资料整理。

2. 人口的大规模流动也造成农村学龄人口减少

随着城市化进程的加快，越来越多的农村人口涌向城市。农民工由个人打工发展到举家进城，他们将子女也带进城镇，这样就导致了当地中小学生源的减少。2003年11月，国务院妇女儿童工作委员会和全国妇联根据2000年第五次全国人口普查结果推算：我国流动人口规模已超过1亿人。其中18岁以下的流动儿童有1 982万人，占全部流动人口的19.37%。在全部流动儿童中，户口为农业户口的占74%，也就是说随父母进城的农民工子女将近1 500万①。如全国有名的豆腐之乡湖北省钟祥市石牌镇，全镇8.6万人，目前外出务工做豆腐的有2.8万人，在外就读的学生有2 000多名。当地农民外出打工收入增加，对孩子的教育提出了更高要求，很多学生转入镇中心学校读书，也引起当地生源的减少。因此，学校进行布局调整，偏远、交通不便地区的学校或被撤销撤并，或联村办学，形成了一些新的教学点。

总之，无论是计划生育政策的落实，还是农村人口的大规模外流，都导致了农村学龄人口的减少。"人口变动的结果是总人口的变动和再分布，也是学龄人口的再分布"②，这样，农村学校布局调整成为必然，各地将规模过小、布点分散的完小、教学点撤并，以集中资源办学。但对于偏远且交通不便的地区，一些教学点又必须保留；与此同时，一些中心小学和片完小由于寄宿、安全等各方面条件的限制，只能接受高年级学生入学，而低年级学生只好继续留在村小或教学点上学。所以，从这个意义上说，教学点的存在适应了农村学龄人口减少的客观现实。

---

①　苏敏：《我国流动儿童失学率高达9.3%》，http//www.sina.com.cn，2004年5月14日.

②　石人炳著：《人口变动对教育的影响》，中国经济出版社2005年版，第159页.

二、当前农村教学点面临的困境

在农村中小学布局结构调整过程中,由于片面强调效率而忽视农村教学点的建设,致使农村教学点面临着诸多困难,主要包括:经费短缺,办学条件落后和师资水平低。而这些问题如果得不到妥善解决,必然会影响到农村中小学布局的调整和农村义务教育的发展,必须引起社会的广泛关注和重视。

(一)教学点的经费不足,难以满足办学的实际需要

在农村中小学布局结构调整过程中,特别是农村义务教育经费保障机制实施后,中央和地方财政都加大了对农村义务教育的投入,在继续巩固和完善农村教师工资保障机制的基础上,把"两免一补"、提高公办学校经费保障水平、校舍维修改造所需经费全面纳入公共财政的范围。到2007年年底,全国财政共投入资金926亿元,其中免除学杂费资金442亿元,补助公用经费资金118亿元,校舍维修改造补助资金229亿元,免费提供教科书资金90亿元,补助家庭经济困难寄宿生生活费资金47亿元。所有农村中小学都拿到了政府拨付的公用经费,学校的维修改造资金也有了稳定的渠道①。尽管如此,农村教育经费仍感不足,难以满足办学的实际需要,特别是一些薄弱学校,由于历史欠账太多,依然步履维艰,入不敷出。如湖北省浠水县巴河镇西河学校,是1998年长江流域发生大洪水后重建的学校。1999年西河乡政府利用上级拨款和各级组织捐款修建而成,当时学校负债300多万元。2000年该县进行乡镇布局调整,西河乡被撤并到巴河镇。由于该校不是中心学校,所以很难得到上级政府的重视,目前学校最大的压力是代课教师的工资和学校债务。该校现有12名代课教师,他们的工资全部由学校自己解决,2007年上级下拨教师工资约45万元,而该校支付的教师工资50余万元;学校总债务约180万元,其中"普九"债务138.8万元。新机制实施后,学校资金缺口大,学校运转依然十分艰难。

西河学校只是湖北省广大农村地区薄弱学校的一个缩影。2008年我们对参加"湖北省农村教师素质提高工程"的部分教师和校长进行了问卷调查,当问到"新机制改革后,您所在的学校能否维持正常的运转"的问题

---

① 陈至立:《完善经费保障机制,提高农村义务教育经费保障水平——在完善农村义务教育经费保障机制工作会议上的讲话》,转引自湖北省教育厅办公室、《湖北省志:教育志》编辑室编:《改革开放三十年教育文献选编》(内部资料),第326页。

时,在回收的 350 份有效教师卷中,仅 6.3% 的教师认为"完全可以运转",21.4% 和 54.3% 的教师认为"可以运转"和"基本可以运转",选择"不能运转"和"根本不能运转"的分别占 15.1% 和 2.9%;在回收的 200 份有效校长卷中,仅 6% 的校长认为"完全可以运转",有 10% 和 57% 的校长认为"可以运转"和"基本可以运转",而认为"不能运转"和"根本不能运转"的分别占 20% 和 7%。当问到"您认为目前您所在的学校运转依然困难的原因是什么"的问题时,教师卷和校长卷选择较多的选项是"学校基础设施差"、"代课教师数量多"、"经费补助标准低"和"学校债务重"等。可见,新机制实施后,由于种种原因,仍有部分农村学校,特别是薄弱学校和教学点仍不能维持正常的运转。

1. 公用经费不足

义务教育投入总量不足,集中体现在公用经费不足。目前农村中小学预算支出主要包括基本支出(人员经费支出、公用支出、对个人和家庭的补助支出)和项目支出等。其中人员经费支出主要是教师工资占到绝大部分,尤其是在中西部地区,教师工资支出比例很大,甚至挤占公用经费。如湖北省英山县,2006 年教师工资支出 5 290 万元,占到全县教育总投入的 88%,而学校运转主要依赖的杂费和生均公用经费,十分有限。河南省罗山县高店乡中心小学校长算了一笔账,计算下来,一所 500 名学生的农村小学,一年合理的公用经费应为 15 万元,生均公用经费为 300 元。尽管河南省去年起已连续两次提高预算内农村小学公用经费标准,加上免杂费补助金,目前生均公用经费为 176 元,相差近一半。调查的其他地区的校长也反映,很多学校实验器材、音体美教具严重不足,图书陈旧,教师培训经费更是没有着落。朱小蔓等的调查也印证了这一点:湖北省赤壁市财政小学生均公用经费为 127 元,其中小学预算内生均公用经费均为 15 元,有的学校自 1998 年以来从未增加过新书①。

2. 教师工资拖欠严重

经调查,教师的工资结构中,除国家标准工资外,各种地方性补贴约占工资总额的 30% 或更高一些。但由于地方财政困难,中西部大部分地区教师工资中的这部分补贴不能落实。很多国家级贫困县,按政策规定凡是教职工应该享受的福利、待遇一概没有兑现。例如,陕西省南郑县高家岭中心学校的一位老师谈道:"我们县财政很困难,连续 6 年对刚参加工作的老师开始

---

① "基础教育新三片地区教育发展水平研究"课题组:《湖北农村教育调研报告》,载《教育研究》2006 年第 8 期。

半年不发工资，我2001年入编直到2002年2月才给工资，欠下的工资现在也没补上。我工作了两年每月才拿600元工资，平时没有任何福利。2001年学校购置电脑以及电脑升级上面没给拨款，学校每个老师集资几千元到10 000元不等，不知道什么时候能还给我们。"此外，甘肃省政协委员汪受宽也提供了典型例证：兰州市所辖三县及红古区共欠发教师地方性补贴1.115 5亿元。2003年之前，农村中小学教师工资最多拖欠了20多个月，人均2万～3万多元，一直无法兑现。实行"以县为主"的管理体制后，国家和省政府的转移支付仅限当年教师工资国标部分，历史欠账不在其中之列。目前限于财力，历史欠账大多仍未能完全补齐。武威市所辖三县到2007年1月尚拖欠教师工资3 282万元，定西市临洮县拖欠1 700多万元。①

3. 危房改造资金缺口较大

实施新机制前，全国有相当数量的D级危房②。但新机制按照折旧的方式核算危房改造经费，因此，危房改造经费与实际需求差距很大，形成巨大缺口。调查发现，很多中心学校挪用危房改造资金进行校舍建设和寄宿制学生宿舍建设，而其他完小、教学点危房数量大，如教室、食堂漏雨，宿舍年久失修等现象屡见不鲜。陕西省石泉县危房改造资金缺口1 200多万；南郑县高台镇中心小学2006年申请到危房改造资金45万，最终用了65万，缺29万。此外，陕西省勉县教育局局长谈道："现在危房改造资金是直接下放到学校，学校要修房或建房都要进行报批，需要项目管理费，而上面拨下来的专项拨款40万元只能用于修房子不能转为他用，而项目管理费要占整个资金的10%，即4万，这笔钱学校没有能力支付"。因此，危房改造资金短缺不仅体现了农村学校对经费的巨大需求，更体现了教育经费供给的不足。

4. 教育债务难以偿还

农村学校欠债主要指"普九"欠债，据教育部统计，全国农村"普

---

① 狄多华、张鹏：《汪受宽：用法律规定政府职责落实农村教师待遇》，载《中国教育报》2007年1月29日。

② 根据危房鉴定标准，房屋危险性鉴定划分为A、B、C、D四个等级。A级：结构承载力能满足正常使用要求，未有腐朽危险点，房屋结构安全；B级：结构承载力基本满足正常使用要求，个别结构构件处于危险状态，但不影响主体结构，基本满足正常使用要求；C级：部分承重结构承载力不能满足正常使用要求，局部出现险情，构成局部危房；D级：承重结构承载力已不能满足正常使用要求，房屋整体出现险情，构成整幢危房。

九"欠债高达500多亿元。① 债务形式主要是施工队垫款、银行贷款以及向教师和社会借款等。如我们所调研的陕西省石泉县，基础教育举债办学，举步维艰。该县20世纪80年代普九欠债700多万元，危房改造欠债500多万元，总计1 200多万元；汉阴县欠债2 600多万元；内蒙古武川县欠债4 000多万元。农村学校"普九"债务问题已成为"新机制"实施过程中十分棘手的问题，据《中国教育报》报道：河北万全县"普九"欠债近1 000万元，近几年偿还了一些，但由于县财政困难拿不出更多的资金，欠债一直难以完全还清；河北赤城县2002年"普九"欠债960万元，现偿还310万元，但2001年后学校又新欠1 800万元。万全县所在的张家口市2002年前后对全市"普九"欠债进行粗略统计，发现欠债竟达3亿元，由于无力拿出还债方案，只能搁置。当地有关人士介绍，现在全市不用说还债，即使是如实弄清债务数额都是一个很复杂的问题。②

作为农村义务教育一种重要的办学形式，农村教学点面临经费短缺的困境与农村义务教育经费短缺问题密不可分。也就是说，农村义务教育经费短缺的状况直接决定了教学点经费不足，农村学校整体上办学经费不足意味着教学点势必无法逾越经费短缺的困境。而从更微观的层面讲，教学点还面临着分配性经费短缺的困境。在现行教育管理体制下，教学点属于中心学校，资金与行政管理均由中心学校负责。但当前农村义务教育经费总量上依然短缺，农村中小学布局结构调整过程中各地又将资金集中到中心学校建设上，在此背景下，教学点必然难以获得运转经费，经费短缺的问题更加突出，主要表现为以下两个方面。

(1) 教学点难以获得经费

农村中小学布局结构调整过程中，在资源有限的情况下，各地将集中资源建好中心学校作为工作重点。中心学校修建校舍、危房改造、寄宿制建设等各项开支需要大量资金，普九欠债、教师工资拖欠等诸多问题导致中心学校运转困难。如表4-4是陕西省勉县小砭河中心校（江阴希望小学）2006年的收支情况，从表中明显看出，这所中心学校处于入不敷出的境况，这也是当前中西部农村学校生存状况的一个缩影。调研中，河南省禹州市浅井乡中心学校校长也反映经费紧张的问题。"普九"时为了达标购

---

① 路甬祥：《全国人大常委会执法检查组关于检查〈义务教育法〉实施情况的报告》，载《中国教育报》2007年7月6日。
② 王友文：《聚焦农村义务教育经费保障新机制之一——"普九"债务：包袱怎样尽快卸掉》，载《中国教育报》2007年4月21日。

买电脑、图书等设备欠下了很多债务。该校校长自己拿钱给学校垫支经费，会计卖家中的猪仔给学校垫钱买床（通铺）。

表 4-4　2005 年陕西省勉县小砭河中心学校收支状况

收入：40 元/生（生均公用经费）×215 人（学生数）+80 元/生（每学期学费）×20 人（学前班学生数）=10 200 元。一年收入为：10 200×2=20 400 元
日常运转开销：7 000 元/年（包括办公用品笔、纸、笤帚等 2 000 元；水电费 3 000 元/年；老师奖励、买洗涤精、毛巾等 2 000 元）；对 7 个贫困生零收费：一年学校垫支约 5 000 元。共 12 000 元。
普九债务：10 000 元。
危房改造：贷款 30 000 元（为保证学校安全修院墙，校长、主任以私人名义贷款）。
预计基本建设支出：现在中心校加强建设最少还需要 40 万~50 万元，向上面报项目立项，现在已经确定拨给 21 万，但还是不够。
资金缺口：约 23 万

按现行义务教育管理体制，教学点隶属本乡镇中心学校管理，中心学校运转困难，就无力顾及教学点的资金需求。据调查，中心学校向下面各个小学和教学点划拨资金不是依据学生数，而是各个小学和教学点根据自身需求向中心校提出资金申请，中心校再考虑实际情况予以回复。而大多数中心学校运转困难，负债运行，因此很多教学点的资金需求难以得到满足。表 4-5 是湖北省英山县陈岩教学点的收支情况，每年中心校给陈岩教学点 100 元办公经费，这些经费只能勉强应付最基本的日常开支。而在这里一直任教的吴老师指出：以前学校没被撤并的时候，学校每年收取学生的学杂费有 2 000 多元归自己支配，比较方便，也基本够用。而现在，向中心校申请厨房修缮和体育器材更新资金一直没有答复，这对教学点的发展是很不利的，连最基本的保障都没有。湖北省浠水县汪岗镇几个教学点也存在类似的情况，据该镇中心学校负责人杨干事介绍，该镇目前有 1 所初中、5 所完小、10 个教学点。现有学生 5 186 人（其中小学生 3 168 人，初中生 2 018 人），正式在职教师 206 人，代课教师 50 人，其中 10 个教学点全部是代课教师。教学点代课教师的工资主要通过中心学校下拨的公用经费、学前班学杂费和收取少量的早餐费解决。教学点基本上没有可支配的公用经费，粉笔、扫帚等用品由中心学校提供，教学点的特殊开支必须向中心学校提出申请，由中心学校根据具体情况统筹安排。湖北省石首市花山镇共有 7 所小学和 3 个教学点，教师总数为 85 人，其中代课教师 31 人，占教师总数的 36.5%，3 个教学点教师 90%以上是代课教师。据该镇

中心学校校长介绍，教学点代课教师工资基本上来自中心学校下拨的公用经费和部分勤工俭学收入，教学点根本没有可自由支配的经费，导致教学点普遍存在经费短缺的问题，如校舍维修费得不到补充而不得不让学生在漏风漏雨的危房中上课，因缺少最基本的公用经费，学校往往连粉笔也买不起，更不用说图书、仪器设备了。

表4-5　湖北省英山县陈岩教学点2007年的收支状况

收入：每学期中心校给50元，一年100元
　　　享受"两免一补"学生：80元/人×5人＝400元
　　　没有享受"两免一补"的学生：100元/人×4人＝400元
　　　学前班学生：100元/人×5人＝500元
　　　　　　　　　　　　　　　　　　　　一年共1400元全部上交到中心校统一管理

需要支出资金：
　　100元/年：用于买圆珠笔、墨水、毛笔；电费；烟、瓜子用于招待上级检查人员。
　　厨房漏雨严重，需要修瓦，要100多元（至今未划拨资金）。
　　体育器材需要更新，要100元（未划拨资金）。

(2) 教学点教师工资低

大部分农村教学点是"一师一校"，多则4～5位老师，这些教师中大多是代课教师或者少数"民转公"教师。据我们调查，教学点代课教师平均工资在300～500元，公办教师由于教龄短也只维持在600～700元。据教育部统计，全国农村尚有36万名代课教师，而这些教师大多工作在偏远山区，特别是教学点派不进足够数量的公办教师，只能低薪聘请代课教师，很多地方代课教师的工资不到公办教师工资的三分之一。从工资发放方式来看，公办教师工资由县财政统一发放，而代课教师工资由其所在中心校自行解决。教学点教师大多为代课教师，其工资由中心学校负责，在中心校经费短缺的情况下，教学点教师工资很难提高。陈岩教学点吴老师谈道："我们这里山区很穷，中心校也没钱，2006年之前我的工资一直在300元以下，直到今年我每月能拿500元。这是因为中心校有一位老师病休，只拿70%的工资，剩下的30%大概有300元校长给了我，然后再从学校公用经费中挤出200元，一共给我500元。"

(二) 教学点办学条件差，教学设备严重不足

农村学校办学条件差，一直是农村中小学教育发展滞后的重要原因之一。根据国家教育发展研究中心对农村中小学的抽样调查显示，在样本小学、初中，课桌椅残缺不全的分别占37.8%和45.1%；实验教学仪器不全

的占59.5%和70.3%；教室或办公室有危房的分别占23.3%和28.8%；教具、墨水、纸笔、粉笔不足的分别占到32.55%和35%。① 教学点作为偏远落后农村地区的一种办学形式，其办学条件更加不容乐观。通过调查我们发现，目前大多数教学点的办学条件仍然十分落后。具体表现在以下三个方面。

1. 校舍陈旧短缺

调查中我们发现，大部分教学点都是由20世纪50~70年代建的校舍或者由寺庙、祠堂改建而成，如今大部分校舍已经成了危房。如广西南丹吾隘镇丹炉小学是"一师一校"，学校与一个社庭相邻而建，历史久远，现在社庭里仍供奉一尊神像（社王），当地人将学校与社庭当做精神的寄托；该自治区隆林各族自治县猪场乡猪场村半坡屯教学点有1个老师20个学生。学校几乎是最为原始的学校：一间小木房子，里面摆放了十几张桌子和一块黑板。再如，我们调研的陕西省石泉县迎风镇三个教学点的情况也大都如此，三个教学点的校舍建筑均为土木建筑，而且目前危房面积几乎占到50%（见表4-6）。又如表4-7所示，教学点数量居全国前6位省份的农村小学危房面积均远远高于全国平均值（贵州省除外）。在这些地区，教学点危房比例在当地学校中几乎是最高的。

此外，教学点用房短缺。许多教学点教师宿舍中间用帘子隔开兼做办公室；年级多一些的教学点的实验室、大队部活动室、会议室等都是在同一间房子里，被当地老师称为"四部一室"；很多教学点没有食堂，甚至给学生热饭的厨房都是危房，中午学生蹲在教室门口吃饭。我们调查的很多教学点学生中午在校吃饭的情景与上述大同小异，农村教学点的办学条件还是十分落后的。

表4-6　陕西省石泉县迎丰镇教学点基本情况

	教师数（人）	学生数（人）	占地面积（平方米）	建筑面积（平方米）			
				砖混	砖木	土木	危房
红花小学	3	36	520	——	——	200	100
迎兴小学	1	16	432	——	——	232	136
香炉沟小学	1	16	335	——	——	265	120

资料来源：根据《2006年石泉县迎丰镇小学布局调整实施方案一览表》整理所得。

---

① 苗培周：《当前我国农村教育存在的问题及其应对》，载《中国教育学刊》2005年第5期。

表 4-7　教学点数量居全国前六位省份的农村小学办学条件① （单位：平方米）

	全国平均	云南	广西	四川	湖南	贵州	河南
教学点数量（个）	2 997	16 977	12 626	12 096	5 282	4 827	4 190
危房面积（m²）	719 102	3 433 369	1 910 364	1 390 647	988 488	201 755	1 754 423
计算机（台）	49 456	17 852	18 499	108 190	60 258	35 909	71 837
微机室（m²）	125 622	46 869	61 407	220 475	114 488	147 490	297 521

资料来源：由《中国教育统计年鉴（2005年）》相关数据整理所得。

2. 教育教学设备不足

教育教学设备大致划为三类：(1) 纸张、铅笔、笔记本及练习本、粉笔等；(2) 基本器材，如桌椅、黑板等；(3) 教学用品及设备，如教科书、指导材料、图表、地图等；视听及电子教具（硬件、软件）；科技设备和体育运动设施。② 这里所说的教学点教育教学设备不足，主要指的是教学用品和设备的短缺，通过对各地教学点的实地调查也验证了这一点。很多教学点基本上还是"一支粉笔打天下"，老师上课没有相应的图表、地图，没有视听及电子教具，只是课本、粉笔和黑板的传统结合；实验器材配备难以达标，如陕西勉县小河庙乡中心小学教育干事罗老师谈道："学校仅有的教学设备就是一个数学教具箱和自然教具箱，中心小学10个班只有1台计算机，上级要求2007年完成实验教学的任务未能实现，学校下属的张家河教学点条件最差，几乎没有任何电教设备；体育器材方面，篮球和乒乓球算是少数教学点学生"最高级"的体育项目，大多数教学点学生在体育课和课间的主要活动是做"老鹰捉小鸡"之类的游戏，或者根本就不开体育课。全国人大执法检查报告中也指出了当前农村学校基本办学设施不足的情况：一些农村学校的宿舍、食堂、运动场地和卫生设施达不到基本要求，有些学校由于没有操场，只能在公路等公共场所上体育

---

① 表4-7和表4-9是全国各省份中教学点数量由高到低排列的前6个省份的教学点数量及其小学办学条件和教师学历情况，限于各地没有教学点办学条件和教师学历的直接统计数据，这里采用6个省份农村小学办学条件和教师学历相关数据。这6个省份均属于中西部落后地区，农村教育发展滞后，大量的教学点是这些地区农村学校的显著特征，这些地区的农村小学办学条件和教师学历情况在很大程度上也反映了教学点的情况。

② [法]雅克·哈拉克著，尤莉莉、徐贵平译：《投资于未来——确定发展中国家教育重点》，教育科学出版社1993年版，第219页。

课，师生安全没有保障。"①

3. 远程教育设备利用率低

远程教育对教学点的教育教学起着十分重要的作用，它为偏远地区教学点学生享受优质教育搭建了平台。其中电化教学是远程教育的主要形式，即"在教学中运用现代教学媒体，并与传统教学媒体恰当结合，传递教学信息以实现教学的优化"②。电教设备作为远程教育的重要载体在很多偏远地区依然短缺，这使得远程教育无法在最需要它的地方得到实施。如表4-7关于6省份农村小学计算机数量与微机室面积的统计数据，在一定程度上反映了中西部落后地区农村小学电教设备短缺、远程教育难以推行的状况。

调查中发现，教学点远程教育方面更值得关注的问题是：很多学校配备了电教设备却不被应用甚至闲置，这不仅是教育资源的浪费，而且对教学点教学质量的改善丝毫没有帮助。支教生徐海峰在支教期间也切身感受到了这一问题："下川小学有一个会议室，里面配有远程教育接收机和实物投影仪，一般情况下是不会去用这些先进设备的。"③ 事实上，偏远地区教学点远程教育难以推行的问题并不是单独存在的，而是与教学点教师素质不高、教学技能跟不上等一系列问题并存的。相关研究表明，无论是发达国家还是发展中国家，视听设备影响教学的最重要的因素是教师及其要在技术领域闯一闯的愿望，教师的惰性或者抵制使用这些设备往往是各项计划失败的最主要原因；第二个因素是要拥有高质量的软件；第三个因素是学校的组织机构形式。④ 而当前我国农村教学点恰恰也面临着师资水平低的问题，很多教师认识不到远程教育对教学的积极作用，不具备操作电教设备的技能，等等。这使远程教育不能在农村教学点充分发挥作用。

（三）教学点师资水平低，知识结构陈旧

农村教师整体素质不高长期制约着农村教育的发展，而中西部农村特别是偏远地区工作条件差更是吸引不到优秀教师，在教学点任教的老师一般年龄老化、学历低、知识陈旧，所以师资问题是教学点面临的紧迫问题

---

① 宋伟、毛磊：《人大执法检查报告显示：农村义务教育薄弱凸显》，载《中国教育报》2007年6月29日。

② 王道俊、王汉澜主编：《教育学》，人民教育出版社2000年版，第300页。

③ 徐海峰：《在支教的日子里》，载《中国教育报》2007年5月4日。

④ ［法］雅克·哈拉克著，尤莉莉、徐贵平译：《投资于未来——确定发展中国家教育重点》，教育科学出版社1993年版，第240页。

之一。正如联合国教科文组织国际教育规划研究所首任所长菲利普·库姆斯（Philip H. Coombs）所言："发展中国家农村地区常常像半干旱的教育荒漠一样而没有教育质量可言，不但教师通常都是水平最低的，而且贫穷儿童的比例也很高，这些儿童真正需要最好的老师，然而他们却是最后才得到。"①

1. 年龄老化

目前不少边远落后农村地区中小学教师主要由三类人员构成：民师转正人员、近几年毕业的大中专学生和代课教师。其中除大中专毕业生和部分年轻代课教师之外，其他均是老龄教师。在中西部农村地区教师年龄老化问题更为突出。如湖北省英山县有教职工3 656人，50岁以上的教师496人，占教职工总数的13％；36～50岁的有2 105人，占教职工总数的58％；35岁以下的教师仅占29％。一些偏远小学如河畈小学，13位老师的平均年龄已经超过了54岁。在云南省石林县大可乡水尾小学，9个老师没有一个是40岁以下。广西桂林兴安县华江乡同仁小学，5个老师平均年龄49岁，年龄最小的41岁，最大的52岁。此外，很多地区出现教师空档断层现象，主要集中在28～45岁年龄段。在大部分偏远地区，即使是完全小学教师的平均年龄也都在40岁以上，甚至达到50岁。而条件更差的教学点，教师年龄老化的现象有过之而无不及。

表4-8 广西6县部分教学点教师年龄情况

	所隶属中心校	教师数量（人）	平均年龄（周岁）	最高年龄（周岁）	最低年龄（周岁）
兴安县华江乡同仁小学	兴安镇中心校	5	49	52	41
南丹县吾隘镇丹炉小学	昌里小学	1	45	——	——
荔浦县杜莫镇六部小学	龙珠小学	6	45	50	42
龙胜县瓢里乡上塘小学	瓢里乡中心校	4	51	55	40
那坡县坡荷善何异布小学	坡荷中心校	1	42	——	——
隆林县猪场乡半坡屯小学	猪场镇中心校	1	50	——	——

数据来源：根据广西省访谈资料整理所得。

---

① ［美］菲利普·库姆斯著，赵宝恒、李环等译：《世界教育危机——八十年代的观点》，人民教育出版社2001年版，第126页。

表4-8是关于广西6个县教学点教师年龄的相关情况，由此可知，农村教学点教师年龄老化的状况。如表中所示，广西兴安、南丹等6县的教学点教师平均年龄均超过40岁，最高达51岁（龙胜县瓢里乡上塘小学），最低也有42岁（那坡县坡荷善何异布小学）。教学点教师年龄老化问题不仅在"八山一水一分田"的广西较为普遍，在我们调研的其他中西部地区也是如此。而且很多教学点教师是土生土长的本地人，在20世纪70~80年代就已成为村小教师。在农村教师队伍长时期得不到更新的情况下，工作条件较差的教学点也一直是靠这些"本地教师"支撑和运作的，而目前这些教师的年龄正逐步老化。同时需要指出的是，教学点教师中大龄教师一般为公办教师；一些教学点由于地理位置偏远留不住公办教师只能临时聘请代课教师，这些代课教师大多是本村高中毕业在家待业的青年，且多为女性。

2. 学历偏低

教学点教师学历偏低的问题与农村教师队伍整体素质不高、学历达标率低的状况是分不开的，某种程度上可以说是同一层面的问题。教学点教师学历偏低是农村教师整体状况的一个缩影。如表4-9是所调研的河南、湖北等中西部6省份农村小学专任教师学历情况，又如，河南省许昌市全市小学专任教师学历达标率仅为44.2%，高中毕业及高中阶段毕业以下的教师达12 897人，占全部教师人数的55.80%。其中襄城县达标率最低仅为32.77%。① 如表4-9所示，云南等6省份的农村小学教师中高中阶段及以下毕业的教师数量均远高于全国平均水平。而这些学历低的教师大部分任教于偏远学校特别是教学点，可见中西部地区农村学校教师学历整体不高的情况直接导致了教学点师资水平低的现实。

表4-9 中西部6省份农村小学专任教师学历情况 （单位：人）

	全国平均	云南	广西	四川	湖南	贵州	河南
高中阶段毕业	58 271	93 968	76 620	99 306	87 920	77 538	202 449
高中阶段毕业以下	2 178	7 462	3 802	4 675	2 158	9 060	3 871

数据来源：由《中国教育统计年鉴（2005年）》整理所得。

具体来说，教学点教师学历低的问题尤为突出。农村教师主要由民师转正人员、代课教师和近年毕业的大中专学生构成。其中民师转正人员指

---

① 数据来源：《2005年许昌市教育事业统计提要》。

的是20世纪80年代以来被录用转正的1984年底以前聘任的民办教师,他们出生于本村或本乡,是农村特别是边远地区农村和山村教师的主体。如今偏远地区村村办小学的局面已不复存在,这些教师又重新成为教学点教师的主体。如陕西省南郑县,小学民转公教师占教师总数的55%,在中心小学以下的农村小学(大多数为教学点)占78%;内蒙古武川哈拉合少中心学校下属的2个教学点共4名教师全是民转公教师。他们大多第一学历为高中或初中毕业,其中许多教师的中小学是在"文化大革命"中度过的。尽管在农村教师学历达标的要求下,这些教师通过各种途径如自学、函授、"三沟通"等形式(大多是本县进修)获得合格学历,但这种学历合格与正规的大中专毕业生相比是具有本质上的差别的。他们并不具备与现代教育教学相适应的学科基础和技能,这种名不副实的"后取学历",实际上是教学点教师"学历低"问题的重要表现之一。

此外,代课教师仍大量存在于教学点。2000年我国曾为民办教师办过一次大规模的转正,其目标是让"民办教师"这个称谓成为历史。但事实上,由于农村教师队伍存在结构性短缺问题,边远、贫困地区与山区学校,特别是教学点派不进足够数量的公办教师,只能聘请代课教师。如我们所调查的陕西乾县目前仍有4 000名代课教师,占教师总数的50%多,且大多分布在教学点;又如表4-10所示,湖北省石首市桃花山镇共7所小学和3个教学点,教师总数为85人,其中代课教师有31人,占教师总数的36.5%,而且据当地中心学校校长介绍,3个教学点教师90%以上都是代课教师。代课教师结构特征主要表现在:代课教师的来源基本是落榜的初中、高中毕业生,选拔没有经过教育主管部门审核;代课教师没有受过系统的师范专业教育和职业培训;代课教师大都分布在"老、少、边、山、穷"地区,教龄长,年龄偏大;农村代课教师负担重,其身份多数是农民,有责任田,往往处于半耕半教状态;代课教师多数为女性。① 当然,这里并不否认,在偏远农村教育第一线有很多教学经验丰富的优秀代课教师为农村教育的发展兢兢业业地工作,强调的只是偏远农村教学点大量代课教师的存在,难以保证教学点的教育教学质量。

---

① 王丽:《教师何时告别代课》,载《中国教育报》2005年3月20日。

表 4-10　湖北省石首市桃花山镇小学及教学点代课教师情况　　（单位：人）

	小学数	教学点数	小学专任教师数	其中代课教师数
合计	7	3	85	31
镇小学	4	——	38	——
小石桥联小	1	1	16	10
鹿角头小学	1	1	14	10
长江小学	1	1	17	11

数据来源：湖北省石首市《2004年桃花山镇普及九年义务教育基本情况汇总表》。

3. 知识结构陈旧

教学点教师知识结构陈旧主要表现在：教学点教师大多来源于本乡、本村，他们多为民办教师转正或是代课教师，没有接受过系统的教师教育，基础较差，而且常年在偏远地区工作，信息闭塞，缺乏培训机会，知识结构陈旧又难以更新提高。

（1）教学点教师大多是出生于本乡或本村的民师转正人员和代课教师。有调查表明：边远地区小学教师几乎95%以上来源于本乡，50%以上来源于本村。① 这些教师本身起点低，民转公教师虽然经过近年来的学历补偿教育和在职培训，学历达标率有了提高，但由于很多培训质量不高，并没有促进教师实际教学能力和整体素质的同步提高，大多数教学点教师知识结构陈旧。此外，代课教师没有接受过系统的师范专业教育，知识基础差，教学能力和水平偏低，这种情况在边远地区学校，特别是山区教学点尤为普遍。如我们在广西南丹县调研期间感触很深的一点就是："在走过了这么多学校之后，发现中心小学与片完小的教师大都较年轻、有活力。而下面教学点的教师则年龄偏大，长期单独呆在一个地方，有的地方一年半载都不会与外界接触，这些老师看起来显得有些紧张和木讷。"陕西省勉县张家河教学点钟老师告诉我们："我们这里很多老师好几年都没去过县城，有的老师从来没见过高速公路和火车。绝大多数老师看不到《人民日报》和《中国教育报》等报刊，观念跟不上，教学方法也很难提高。"

（2）教学点教师缺乏培训机会。教学点教师自身基础薄弱，就更需要切实有效的高质量教师培训，但实际情况不容乐观。在新课程改革背景

---

① 唐松林著：《中国农村教师发展研究》，浙江大学出版社2005年版，第212页。

下，各地启动了中小学教师培训。而一个教师参加培训经费动辄成百上千，国家规定教师培训费用由地方负责、单支单列。但是，在目前"以县为主"的农村教育投入体制下，县财政根本无力专项列支继续教育经费；农村学校在实行"一费制"以后，可支配的收入较少，无力负担教师培训费用。在这种情况下，农村教师培训费用基本按照"谁受益，谁负担"的原则由教师本人承担。然而，目前农村教师的收入水平根本无法承受每次四五百元的培训费用，对于教学点教师来说更是望而却步。陕西勉县元墩小学官老师谈到："县里好几次进行新教材培训，但培训时间短、收费高，效果却很有限，培训内容与实际结合不多。培训都是我们自己掏钱不给报销，培训几天要四五百元。很多老师都认为培训根本没有实质效果，但却似乎成了向老师们摊派的一种形式。"因此，培训费用最终转嫁到教师身上，且质量不高的农村教师培训对教学点教师几乎是没有意义的，也无助于其知识结构的更新和教学水平的提高。

三、农村教学点面临困境的负面影响

农村教学点无论在办学经费、办学条件，还是在师资建设等方面都面临着诸多问题，这些问题的存在无论对教学点的学生公平接受义务教育，还是教师的专业发展，或是农村学校的均衡发展都会带来不利的影响。

（一）不利于教学点的学生公平接受义务教育

义务教育是国家保证全民族素质提高的基本途径，没有教育机会的均等，就没有社会公平，代际传递会加速社会分化。所以，国家及其各级政府在农村中小学布局结构调整过程中有责任保证公民依法平等享有接受良好教育的权利，保障所有的学生都能享受同等质量的教育。而教学点办学条件较差、师资水平不高等因素均直接影响到教学点的教育质量，从整体上来说，相对于条件较好的中心学校，这里的学生享受不到同等质量的教育，这对教学点的学生是不公平的。联合国教科文组织的报告中也曾提到："在这个教育世界里，不公平的现象仍然以各种不同的形式存在着……尤为不公平的是，把教育设备集中于靠近城市中心，而不在贫民窟和其他贫苦地区，在那里缺乏像富裕地区那样的学校。"[①] 农村中小学布局调整后，教学点面临的困境仍在印证多年前国际社会关注的问题，教学点

[①] 联合国教科文组织国际教育发展委员会编著，华东师范大学比较教育研究所译：《学会生存——教育世界的今天和明天》，教育科学出版社1996年版，第100页。

学生不能公平接受义务教育，这有悖于义务教育的本质。

此外，从社会学的视角看，教学点面临困境导致的教育不公平，可能会引发更为严重的社会不公平。美国教育社会学家珍妮·巴兰坦（Jeanne Ballantine）曾说："教育的不利条件源自学校教育、家庭和社区资源，任何学生个体都无法左右这一切。"① 教学点作为学校教育形式，是与学生家庭背景、社会环境共同影响于学生的。某种程度上说，教学点所在地区的学生及其家庭基本属于社会的底层，这些学生最需要有更高质量的教育来补偿这种起点的不公平。正如著名哲学家罗尔斯（John Rawls）所言："要平等地对待所有的人；有差别地对待不同的人；优先补偿处于社会最不利地位的人。"② 但事实上，我国大量教学点办学条件差，学生不能享受到优质教育资源，而且更严重的问题在于，多数地方领导却将这种"不公平"合理化，并且将其作为撤销教学点的重要理由来说服当地村民。可见，学校教育并没有发挥出对教学点学生这一相对弱势群体的教育补偿作用。这不仅使学生没有得到教育过程中的平等，而且作为"走向生活通行证"的基础教育，对学生未来发展无疑设置了障碍。美国经济学家阿瑟·奥肯（Arthur M. Okun）曾说，"在机会均等问题上，一步赶不上，便步步赶不上"③。如果学生在基础教育阶段就失去了机会均等，那么今后的学习、生活很可能面临更多的不均等，而且难以克服。

（二）不利于教学点教师的专业化发展

教师专业化是指教师个人成为教学专业的成员，并且在教学中具有越来越成熟的作用这样一个转变过程，是教师不断接受新知识、增长专业能力的过程。1980年，《世界教育年报》提出教师专业化的目标之一，就是"把教师视为提供教育教学服务的专业工作者，发展教师的教育教学知识和技能，提高教育教学水平"④。我国也在1990年提出："具备条件的地区

---

① ［美］珍妮·巴兰坦著，沈忆文、沈忆辉译：《教育社会学：一种系统分析方法》，江苏教育出版社2005年版，第87页。

② ［美］罗尔斯著，何怀宏译：《正义论》，中国社会科学出版社2003年版，第60～61页。

③ ［美］阿瑟·奥肯著，王奔洲等译：《平等与效率》，华夏出版社1999年版，第73页。

④ 教育部师范教育司组织编写：《教师专业化的理论与实践》，人民教育出版社2001年版，第25～30页。

不断使小学和初中专任教师的学历分别提升到专科和本科层次，经济发达地区高中专任教师和校长中获硕士学位者应达到一定比例"①。教师专业化直接关系到教育教学质量的提高。但当前我国教学点师资水平低，大多为民转公教师和代课教师且年龄老化、知识结构陈旧，缺乏培训机会。很多教学点教师教学负担重，不具备相关专业知识但身兼多门课程。这些问题均有碍于教学点教师的专业化发展，教学点教师专业化发展越迟缓，对教学点的教育教学越不利，学生就会越来越不公平接受义务教育。

（三）不利于农村学校的均衡发展

2006年新修订的《中华人民共和国义务教育法》明确规定，"县级以上人民政府及其教育行政部门应当促进学校均衡发展，缩小学校之间办学条件的差距，不得将学校分为重点学校和非重点学校。"② 可见，学校均衡发展主要是指义务教育阶段，同类学校之间在办学条件、师资等方面要尽量保持大致相同的水平，以保证向所有适龄学生提供基本同质的教育，这符合义务教育的性质，也是教育公平的重要体现。而义务教育在现行管理体制下，全国范围内学校的均衡难以在短期内实现。目前最基本的学校均衡发展应是县域内学校的均衡，当前普遍受到关注的是县镇学校与乡村学校之间的差距，而中心学校、完小、教学点之间的差距尚未引起足够的重视。调查中我们发现，在农村教育资源依然相对短缺的情况下，各地在农村中小学布局调整过程中大多将资源集中到中心学校以保证中心学校的办学条件和师资。而其他完小和教学点与中心学校之间存在差距，特别是教学点被认为"迟早要被撤并"，无论是办学条件还是师资都得不到任何支持，处于最差的水平。因此，教学点与中心学校之间的差距与农村学校均衡发展的导向相违背。

四、农村教学点面临困境的原因分析

农村教学点面临困境的原因是多方面的，既有经济社会发展差距的影响，又有历史形成的体制、机制方面的原因，必须进行系统的研究，方能得出正确的结论，采取行之有效的应对策略。

---

① 《面向21世纪教育振兴行动计划》，载《中国教育报》1999年2月25日。
② 《中华人民共和国义务教育法》，载《中国教育报》2006年6月30日。

(一) 地方政府及教育行政部门的行为偏差

由于农村中小学布局结构调整主要是地方政府的行为，在经费短缺的情况下，地方政府进行布局调整所追求的必然是效率的提高，所以为了达到提高效率的目的，地方政府及教育行政部门在农村中小学布局结构调整过程中必然会千方百计去撤点并校。地方政府及教育行政部门在布局结构调整过程中的这种行为偏差，是造成教学点面临困境的重要原因之一。

1. 为减轻自身财政压力积极推行撤点并校

在农村中小学布局结构调整过程中，一方面，小规模的学校和教学点被撤并以后，对这些学校的维护、办公经费就可以随之节省下来；另一方面，这些节省下来的经费又可以投入到大规模的学校中去，从而在总体上提高教育经费的使用效率。这样，经过学校布局结构的调整，学校之间在硬件设施、师资水平之间的差距将缩小。从这个角度看，农村中小学布局结构调整实际上也是一个义务教育均衡发展的过程。因此，学校的重新布局恰好为教育行政部门满足社会所要求的教育公平提供了一个契机。调查的实际情况也印证了这一点，如广西荔浦青山镇曹村一位村干部说："上面撤销学校表面上说是为了提高教学质量，但实际目的却是在于节省教育经费；他们总以经费和压低代课老师的工资来卡教学点，还要求教师必须是女的，是曹村的，他们以此为借口，企图让曹村找不到老师，然后趁机将教学点撤掉。"可见，地方教育行政部门将经济因素作为撤销教学点的理由，是不合理的，这导致了教学点的处境艰难。

2. 为方便日常管理大量撤销教学点

义务教育"以县为主"的管理体制实行以后，县教育局的日常管理工作大大加重。以各地正在实施的农村学校布局结构调整为例，这项工作涉及经费、师资调配等各项工作。学校数量越少、资源越集中，教育局的日常管理工作就越容易。此外，教学点的撤并对中心学校的管理是最具直接影响的。乡镇中心学校，即以前的乡镇教育组（站），负责乡镇范围内的学校事务，是县级教育行政部门在乡镇的派出机构，而目前教学点恰恰是隶属中心学校管理。教学点数量越少，中心学校需要管理的琐碎事务就越少。大多数教学点地处偏远、交通不便，很多中心校负责人提到由于去教学点太不方便，每年只是例行公事到教学点去一两次。在对6省（自治区）、38个县（市）、176个乡（镇）教育行政部门负责人的问卷调查中，对"农村中小学布局调整目的"一题的回答中，"方便教育管理的需要"排在第二位，仅次于"实现教育资源合理配置的需要"。可见，学校布局调整过程中撤并校点能够给地方教育行政部门带来管理上的便利,但这对教学点本身带来的影响是极为不利的。

3. 为追求政绩而盲目撤点并校

追求政绩是地方行政人员追求自身利益的重要表现之一。政府工作人员追求自身利益的典型做法就是,"为个人的升迁而追求政绩,制定违背地方发展规律的政策,损害地方的全局利益和长远利益"。① 在农村中小学布局结构调整过程中,地方教育行政人员不切实际地加快撤点并校的进度,层层加码,一味追求规模效益,将学校布局结构调整简单地与撤并学校画等号。我们调查的内蒙古林西县在2004年由县委、县政府主导,发布了学校布局结构调整的命令和方案,由教育局会同县其他部门共同执行,实施连教育局以前想都不敢想的彻底的学校调整。布局调整采用行政命令手段,把县委、县政府关于学校布局结构调整方案的执行情况作为县直各部门、各乡镇领导和校长考核和升迁的依据之一。在县委、县政府的强力领导下,在短短的258天时间内完成了全县中小学布局结构调整。在陕西、广西等其他地区也均有此类现象发生。如西南某县,某位负责人在一次介绍布局调整的经验时谈道:"两年来,我县顺利撤并小学261所、初中15所,从而提前三年完成农村中小学布局调整的十五规划"②。然而,在这些地方政府引以为荣的"政绩"背后,却是边远贫困地区的学生和家长为此付出的艰苦代价。这些地方行政人员将教学点的撤并看做体现政绩的表现,所造成的后果将是灾难性的。

4. 为加快撤点并校而不多方听取群众的意见

教育政策执行活动的基本要素主要包括教育政策、政策执行者、执行计划及行动措施、目标群体、环境因素等五个方面。其中目标群体是由受政策影响而必须采用新的观念和行动模式的那些人组成,他们受到政策最直接的影响。③ 政策执行的过程中,政策执行者必须了解他们的思想和行为等方面的现实情况及他们对政策的态度和看法,才有助于政策的顺利实施。同样,在农村中小学布局结构调整过程中,地方教育行政部门是该项政策的主要执行者,有必要了解学生及其家长、当地村民和教师等多方群体的意见和看法。但实际情况却并非如此,很多地方的学校布局调整几乎完全是"政府主导型"的,为加快撤点并校,而没有征求教学点所在地的

---

① 管跃庆著:《地方利益论》,复旦大学出版社2006年版,第38页。
② 宋洲:《农村中小学布局调整之痒》,载《时代潮》2004年4月2日。
③ 袁振国主编:《教育政策学》,江苏教育出版社2001年版,第292页。

学生家长和村民的意见。如表4-11所示，被调查的6省份6 495位学生家长在对"政府是否在学校合并中征求过村民意见？"问题的回答中，只有56.1%的家长回答"征求过意见"，而回答"没征求过意见"的高达43.9%。当地学生家长和村民是布局调整政策最重要的目标群体之一，也是受到最直接影响的群体。地方教育行政人员忽视这一群体的意见，也就无法保证这一政策顺利并有效地实施，这导致很多偏远地区教学点被撤并。

表4-11　政府在农村中小学合并中是否征求村民的意见（家长卷）

	答题次数	百分比%	有效百分比%	累计百分比%
征求过	3 641	49.1	56.1	56.1
没征求	2 854	38.5	43.9	100.0
有效样本数	6 495	87.5	100.0	——
缺失值	926	12.5	——	——
总计	7 421	100.0	——	——

此外，不少地方教育行政人员不仅没有多方征求群体的意见，"甚至采取强制的方式强行撤销一些偏远的教学点"① 这种做法，导致了很多偏远地区教学点举步维艰，最典型的就是产生了一些由村民自发组织的教学点。这些教学点本来是被当地教育行政部门撤并了的，但由于地处偏远山区，学生年龄小上学极为不便，当地村民就自己出钱聘任当地或附近的民办教师到本村教书。在我们调研的很多地区，都存在这样的教学点，如陕西勉县梁家庄村教学点在2003年学校布局调整中被撤销，但该村地处海拔1 000米的山上，只有30户人家，一至六年级的小学生总共只有9人，平均一个年级一个多学生。村民对上级的政策不满，便于同年开始了"私人办学"，聘请邻村已被解聘的民办教师来本村教书，一至六年级复式教学。可想而知，这种私人教学点的办学不正规、办学条件甚至比一般教学点都差得多，某种程度上说，这里的学生根本没有享受到国家提供的义务教育，更没有教育质量可言。因此，一些地方教育行政部门在撤点并校过程中不听取群众的意见，不顾当地的实际情况，盲目撤点并校，是导致教学点处境艰难的重要原因之一。

---

① 范先佐：《农村中小学布局调整的原因、动力及方式选择》，载《教育与经济》2006年第1期。

(二) 农村中小学教师管理体制和配置机制的不合理

农村中小学布局结构调整的目的是通过合理配置教育资源，实现教育资源利用效率和教育质量的提高，而教育质量提升的关键在于师资条件的改善。学校布局结构调整不仅是对教育有形物质资源的整合，更重要的是学校人力资源的整合，它对农村中小学布局结构调整能否顺利推进具有决定性的意义。但从调研情况看，目前农村中小学教师队伍建设尽管已取得了较好的效果，但其管理体制和配置机制还远远不适应布局调整后农村教育发展的需要。

1. 农村中小学教师编制不合理

按目前的编制标准，农村小学、初中师生比为1∶23、1∶18；县镇为1∶21、1∶16；城市为1∶19、1∶13.5。农村地域宽广、人员居住分散，办学规模远小于城市，在编制标准上应适当倾斜。但不少县由于财力不足，难以支付教师工资，不仅没有倾斜，反而长期处于有编不补的状态。特别是在一些省贫县、国贫县，教师缺编数量更为严重。我们所调研的大多数地区也出现过同样的情况。对各个学校来说，县域内的中心学校、片完小、教学点等所有学校都面临着不同程度的教师缺编问题。而中心学校、完小的办学条件较好，加强中心校的建设又是大多数地区农村小学布局结构调整的首要目的。这就导致整体短缺的情况下，中心学校、完小的教师缺编程度较轻，偏远地区教学点处于最差的境地。从现行生师比标准来看，教学点教师表面上确实处于超编状态。教学点学生数量少，一个教师一般带几个学生，最多也只有一二十个学生。调研的大部分地区教学点生师比最高在15∶1左右，很多教学点生师比低于10∶1。因此，从这个角度看教学点生师比很低，而且"按学生人数平均的教学成本是很高的"①。所以，很多地方教育行政部门将这种表面的"生师比"看做教学点教师超编的理由，而不给增加和补充新教师。但从其实际情况看，教学点教师严重缺编。由于长年未引进新教师，教学点教师承担着繁重的教学任务，很多教学点"一师一校"，一名教师扮演着教师、校长、生活辅导员等多种角色。教学点教师短缺但又得不到补充的情况，迫使很多地区仍大量低薪聘请代课教师，这就导致了教学点师资水平难以保障。因此，总体看来，在农村教师整体缺编的情况下，较低的生师比使得教学点难以获得

---

① [美]约翰·希恩著，郑伊雍译：《教育经济学》，教育科学出版社1981年版，第122页。

新教师；大量代课教师的存在是教学点教师严重缺编的表现。这种看似超编、实则缺编的情况，导致教学点教师长期得不到更新，师资水平无法得到改善。

2. 农村教师工资发放仍沿袭现行体制

长期以来，我国农村中小学教师工资主要由县级财政负担，农村义务教育新机制实施后，尽管中央政府对中西部及东部部分地区农村中小学教师工资经费给予了支持，省级人民政府也加大了对本地区区域内财力薄弱地区的财政转移支付力度，以确保农村中小学教师工资按照国家标准按时足额发放，但对于农村中小学教师工资总体上则"继续按照现行体制"。因为实施新机制所要解决的主要问题是，免除农村义务教育阶段学生的学杂费和免费提供教科书，对贫困寄宿生提供生活补助，提高农村义务教育阶段公用经费保障水平，建立农村义务教育阶段中小学校舍维修改造长效机制，使农村的孩子有学上和上得起学。而这里所说的"现行体制"就是"以县为主"的体制。"以县为主"，实质上是将对义务教育的投入责任以及重要人事管理责任由乡级政府移交给县级政府。历史地看，这一制度调整的积极意义非常突出。与乡、村相比，县级政府一般具有更强的财政能力，可以使农村义务教育发展建立在更加坚实的经济基础之上，可以缓解过去普遍存在的县域范围内经济发展不平衡导致的义务教育发展不平衡，也为农村税费改革消除了许多现实障碍。

但也必须看到，"以县为主"的体制存在的问题是十分突出的。1994年分税制后我国各级政府财政收入关系发生很大变化，财政收入重心上移，多数县级政府财力薄弱，入不敷出，基本上成为"吃饭财政"，根本无力解决义务教育阶段农村教师的工资及地方津补贴问题。以湖北省沙洋县和英山县为例，沙洋县现有义务教育阶段农村正式教师 4 336 人，按照本地公务员最低月津补贴标准 660 元计算，全县兑现农村义务教育教师地方津补贴地方财政每年需要 3 455 万元，扣除湖北省政府安排的农村教师绩效考核补贴每月人均 150 元，全年合计 1 800 元①，该县兑现农村义务教育教师津贴地方财政还需 2 675 万元。而沙洋县 2007 年新增财力仅 500

---

① 考虑到公务员规范津贴补贴后，农村义务教育教师与公务员的津贴补贴水平存在差距。因此，在国家对事业单位绩效工资实施办法还未出台之前，为保证农村义务教育阶段教师的工资性收入保持一个合理的水平，湖北省委、省政府决定在规范公务员津贴补贴的同时，对全省农村义务教育阶段教师按每人月平均 150 元（全年 1 800 元）的标准安排绩效考核补贴，由省财政给予转移支付补助。

多万元,即使新增财力全部用于兑现农村义务教育教师津补贴都远远不够,更不用说发展其他事业了。英山县现有义务教育阶段农村中小学教师3 656人,如果按照本地公务员最低月津贴补贴计算,全县兑现农村义务教育教师地方津贴补贴地方财政每年需要2 105万元(除省财政每月150元的农村教师绩效考核补贴合计658万外)。而英山县是一个国家级贫困县,全县2006年财政收入13 272万元,财政支出为26 964万元,其中农村中小学教师工资支出5 290万元,而该县"普九"债务达4 000多万元。由此可见,新机制实施后,农村教师工资津贴发放仍沿袭"以县为主"的体制,是导致包括教学点在内的农村中小学教师工资待遇得不到保证的根本原因。

3. 农村中小学教师配置方式不合理

(1)教学点师资水平低直接受到县域内教师配置方式的影响。①我国农村义务教育在县域范围内一直没有认真实行严格的教师定编制度,形成教师分布不均衡却又无法调剂的局面。如一些乡镇学校教师超编,而另一些乡村学校尤其是偏远教学点的教师严重短缺,不得不招聘代课教师。②县域范围内教师流动不合理,充满着"潜规则",即优秀年轻教师,也包括一些有关系但水平又较差的教师,一般在县镇学校及条件较好的中心校工作,而条件较差的初小和教学点教师水平较低。如我们调查的安徽淮北一位教学点的教师谈道:县里的教师流动根本就是变味的,优秀教师美其名曰到下边支教,实际上是去"镀金",是为以后他们升迁、评职称做准备,搞形式主义。广西龙胜县的老师也提出:随着学校的合并,教师工作会发生调动。有关系的教师会调到中心小学,没有关系的就只能去比较偏远的地方。③缺乏促进优秀教师到偏远学校任教的长效机制。目前很多地区没有建立一种切实有效的机制,以保障优秀教师能够及时补充到偏远地区学校的教师队伍当中去。

(2)中心学校对教学点教师的调配方式也是影响教学点师资的重要原因。①布局调整过程中教育资源向中心校集中,大多数中心学校将年轻骨干教师集中于本校以加强自身实力,而认为教学点"迟早要撤并",很少下派新教师。②中心校对教学点分配教师带有主观性,甚至恶化了教学点的师资水平。调查中很多教学点教师谈道:各个学校教师的调配很大程度上由中心校校长和相关领导决定。中心校不仅不给教学点派好老师,还将教学点的优秀教师抽调到中心校去教学;很多老师由于平时工作成绩差或者得不到领导赏识就被调到教学点以示惩罚,教学点似乎成了警示、惩罚教师的场所。可见,这种调配教师的方式对教学点的师资状况是极为不利的，甚至严重阻碍了教学点教育质量的提高。③教学点工作条件差，难以吸引优秀教师。有关研究表明：在发展中国家即使城市教师过剩，农村地区艰苦的生活和工作条件也很难吸引教师到这些地区去工作。① 教学点大多地处落后的偏远山区，工作生活条件十分艰苦，而且目前越是偏远地区，教师待遇越低。调查中大多数教师都反映不愿在教学点工作。因此，目前教学点教师大多是本地村民，而对于年轻的优秀教师而言，迫于生活压力是难以作出这样的选择的。

（三）农村义务教育经费分配和管理方式的不规范

教育投资是教育发展最根本的物质保证。教育的改革和发展，必须依赖于充裕的教育经费予以支持。美国教育行政专家罗森庭格认为："学校经费如同教育的脊椎"。但长期以来，我国义务教育财政管理体制一直是低重心、分散型的，在承认和接受各种差别的前提下，实行分级管理。如新中国建立后至改革开放之初，我国中小学一直坚持的是"两条腿走路的办学方针"，即在强调政府通过财政预算内拨款直接举办中小学的同时，大力提倡城市企业和农村社队举办中小学。改革开放后的1985年，中央基于当时以"放权让利"为主调的经济体制改革所形成的制度环境，将义务教育财政管理和筹资责任下放到地方政府，为弥补地方政府义务教育财政经费投入不足，在具体制度安排中又引入了多元化的筹资机制。

如果说早期我国普及义务教育确实存在"穷国办大教育"的问题，把义务教育的部分筹资责任转嫁给社会是不得已而为之，随着我国经济和财政收入持续多年的高速增长，再以财政困难为由，继续推卸政府办义务教育的责任受到了社会的广泛质疑。与此同时，一些地方政府无节制地将义务教育筹资责任转嫁给老百姓，老百姓负担过重，引起了民怨沸腾。迫于人们对义务教育财政公平的强烈诉求，加之政府发展观的转变和构建和谐社会的战略目标提出，2001年中央在农村税费改革中取消了面向农民的教育集资和教育费附加，对义务教育财政体制进行了重大调整，其具体的制度安排，在2001年国务院颁布的《关于基础教育改革与发展的决定》和随后国务院办公厅发出的《关于完善农村义务教育管理体制的通知》中作出了具体的规定。《决定》和《通知》要求：义务教育实行"国务院领导下，由地方政府负责、分级管理、以县为主"的体制，在城市则是以区为主。

---

① ［美］马丁·卡诺依编著，闵维方等译：《教育经济学国际百科全书》，高等教育出版社2000年版，第410页。

县区级人民政府对义务教育负有主要责任，省、地（市）、乡等地方各级人民政府承担相应责任，中央政府给予必要的支持。

税费改革后农村义务教育财政体制适度集中，以及采取旨在强化政府义务教育投入的一系列措施，经过几年运行，总的来看，切实增强了政府义务教育投入的充足性，改变了农村义务教育长期依靠农民投入的格局，使得政府在义务教育投入中的主渠道作用日渐明显，政府预算内教育财政投入在三级教育结构中的比例更趋合理。仅就这些方面而言，"以县为主"的义务教育财政体制，其效果达到了决策者的预期。

在"以县为主"的义务教育财政体制安排中，占维持性支出较大比重的工资按省统一的标准要求全额纳入财政预算，且实行"领导责任制"的硬性约束，基本解决了农村长期拖欠教师工资的问题，同时也增强了农村中小学维持性支出政府投入的充足性，无疑这对缩小城乡间义务教育维持性支出的差异是至关重要的。但在新制度安排中，原则上要求乡镇财政继续负责农村初中和小学办学条件的改善，而乡镇财政原本就困难，在原制度安排下农村中小学办学物质条件改善，除了上级政府少量的专款外，绝大部分经费主要来自于农民的教育集资和教育附加，这部分经费在税费改革前数额巨大，不仅改善了农村办学条件，而且起到了缩小城乡差距的作用。税费改革后，乡镇财政困难进一步加剧，加之部分财政收入上划到县确保教师的工资，在不允许向农民征收教育集资和教育附加的情况下，调查发现很多乡镇的财政预算已看不到教育拨款这一项了。目前农村初中和小学办学条件改善的经费来源主要是中央及省配套补助。虽然中央加大了财政补助的力度，但远不能弥补农民教育集资和教育附加迅速退出留下的缺口。

造成这一问题的根本原因是，"以县为主"的义务教育财政和管理体制，其实质仍然是责任基层化。责任基层化，结果必然导致一些经济欠发达县市拼命压缩中小学教育经费。由于经济发展不平衡，我国相当一部分县（市），特别是中西部以农业为主的县（市）长期存在财政能力薄弱的问题。一段时期教育经费支出在县级财政中占有较大份额，教育支出成为欠发达地区县（市）的沉重负担。许多县级财政甚至被称为"教育财政"，其教育事业费的支出超过行政管理经费支出，成为财政支出的大头。在这种过于分权的财政体制下，把普及义务教育所需的资金交由地方负责筹措与分配，实际上等于默许了经济发展不平衡的客观差异对义务教育的不利影响和制约。其结果，只能使义务教育的发展取决于各地区的经济发展水平，取决于地方政府的财政收支状况。由于城乡的经济发展是不平衡的，总存在着一定甚至是比较悬殊的差距。那么在这样一种义务教育财政体制下,不可避免地使义务教育陷入非均衡发展状态中。如以2005年义务教育生均拨款经费为例,当年小学生均预算内事业费支出城市为1 679元,农村为1 205元,城乡倍率1.4;小学生均预算内公用支出城市为236元,农村142元,城乡倍率为1.7。初中生均预算内事业费支出城市为1 835元,农村为1 315元,城乡倍率1.4;初中生均预算内公用支出城市为307元,农村为193元,城乡倍率1.6①。在这种"二元"教育体制下,农村教育积贫积弱,无论是师资力量还是教学设备都远远落后于城市。许多农村学校实验仪器和图书严重匮乏,开不齐国家规定的课程,达不到教学的基本要求。国家教育督导团发布的《国家教育督导报告2005》显示:2004年,小学生均教学仪器设备值城乡之比为2.9∶1;初中生均教学仪器设备值城乡之比为1.4∶1。农村中小学师资力量薄弱,至今农村教师队伍中仍有大约31万名教师未达到国家规定的合格学历,小学教师年龄老化现象十分严重。小学和初中教师中高级职务比例偏低,初中尤为突出,2005年城市初中高级教师所占比例为12.36%,而农村仅为2.33%。

基于"以县为主"的义务教育财政体制在其运行过程中出现的问题,国务院在2005年12月发出的《关于深化农村义务教育经费保障机制改革的通知》(以下简称通知)中,对"以县为主"的义务教育财政体制进行了调整和完善。《通知》要求按照"明确各级责任、中央地方共担、加大财政投入、提高保障水平、分步组织实施"的基本原则,将农村义务教育全面纳入公共财政保障范围,建立中央和地方分项目、按比例分担的农村义务教育经费保障机制。具体包括如下内容。①从2006年开始,全部免除西部地区农村义务教育阶段学生学杂费,2007年扩大到中部和东部地区;对贫困家庭学生免费提供教科书并补助寄宿生生活费。免学杂费资金由中央和地方按比例分担,对贫困家庭学生免费提供教科书的资金,中西部地区由中央全额承担,补助寄宿生生活费资金由地方承担。②提高农村义务教育阶段中小学公用经费保障水平。③建立农村义务教育阶段中小学校舍维修改造长效机制,校舍维修改造所需资金,中西部地区由中央和地方共同承担,东部地区主要由地方承担,中央适当给予奖励性支持。④巩固和完善农村中小学教师工作保障机制。同时,《通知》就如何落实这些经费确定了中央和地方具体分担的比例:一是对免学杂费和提高公用经费水

---

① 李陈春:《构建符合科学发展观的农村基础教育投资体制》,载《中国发展》2007年第1期。

平，中央与地方的分担比例，西部地区为8:2，中部地区为6:4，东部地区除直辖市外，按照财力状况分省确定；二是对校舍维修改造资金，中央与地方的分担比例，中西部地区为5:5，东部地区主要由地方承担，中央给予适当奖励性支持；三是对贫困学生提供免费教科书资金，中西部地区由中央全额承担，东部地区由地方自行承担，对贫困寄宿学生的生活费补助，由地方政府承担。

2007年财政部、教育部《关于调整完善农村义务教育经费保障机制改革有关政策的通知》对农村义务教育经费保障机制又进行了进一步的调整和完善，具体包括如下内容。①进一步落实农村义务教育阶段家庭经济困难寄宿生的生活费补助政策，从2007年秋季学期起，小学生每生每天补助2元，初中生每生每天补助3元，学生每年在校天数均按250天计算。享受寄宿生生活费补助的家庭经济困难学生的比例，由省级财政、教育部门根据当地实际情况确定。中央财政对中西部地区落实基本标准所需资金按照50%的比例给予奖励性补助。中西部地区地方财政应承担的50%部分，由省级财政统筹落实。中西部地区可在中央确定的基本标准的基础上，根据实际情况调高标准。调高标准所需资金，由地方财政负责解决。②向全国农村义务教育阶段学生免费提供教科书，提高中央财政免费教科书补助标准，推进教科书循环使用工作。从2007年秋季学期开始，向全国农村义务教育阶段学生免费提供国家课程的教科书，所需资金由中央财政承担。从2008年春季学期开始，免费提供地方课程的教科书，所需资金由地方财政承担。③提高中西部地区部分省份农村义务教育阶段中小学的生均公用经费基本标准，提前落实基准定额。从2007年开始，对中西部地区农村义务教育阶段中小学的生均公用经费基本标准，小学低于150元或初中低于250元的省份，分别提高到150元和250元（其县镇标准相应达到180元和280元）。2008年，中央出台农村义务教育阶段中小学公用经费基准定额，分两年将基准定额落实到位，2008年和2009年，每年落实公用经费基本标准与基准定额差额的50%。④适当提高中西部地区农村义务教育阶段中小学校舍维修改造测算单价标准。从2007年起，提高中西部地区农村义务教育阶段中小学校舍维修改造测算单价标准，中部地区每平方米由300元提高到400元，西部地区每平方米由400元提高到500元。在此基础上，对校舍维修改造成本较高的高寒等地区，进一步提高测算单价标准。

无疑，农村义务教育新机制是对"以县为主"的义务教育财政体制的进一步完善，着重解决了中小学公用经费、校舍维修、困难学生的书本和生活补助的财政经费保障问题。相比较而言，新机制的建立，中央政府和地方政府在义务教育筹资方面的责任更加明确，执行起来更具有可操作性。同时，也显示了中央政府将义务教育经费全部纳入财政保障的决心。从2007年起，至少在农村真正实现全免费的义务教育，将一百多年来在中国实行免费义务教育的理想变成现实，这在中国教育发展史上具有里程碑意义。

尽管如此，但从规范的角度来看，农村义务教育新机制在很多方面仍然不规范，如农村义务教育经费分配和管理方式就有待于进一步规范。

至21世纪初，我国各地通过农村中小学布局结构调整，对规模较小的学校进行合并，基本上形成了一乡（镇）一所中心学校或寄宿制学校、若干所初中、片完小、初小或教学点的格局，普遍建立起了以乡镇中心小学为核心，完小带村小的新型管理体制。农村义务教育新机制实施后，农村学校维持运转主要靠上级政府下拨的公用经费和免杂费补助。这笔资金下拨到地方由县财政和教育局计财科管理，地方行政部门根据县域内中心学校的规模、学生的人数进行再分配，按照"定员定额"① 的拨款方式，把资金划拨到中心学校管理，其下属的完小、初小和教学点所需经费由中心学校分配。如2006年教育部《关于确保农村义务教育经费投入，加强财政预算管理通知》就明确规定：农村中小学预算以学校为基本编制单位，村小（教学点）纳入其所隶属的中心学校统一代编。

中心学校一般处在乡镇所在地，是当地最好的学校，对教学点和完小不仅在日常教学管理上起领导作用，而且新机制实施后教学点和完小的资金划拨也被纳入中心学校的职责范围之内。县财政以中心学校为单位进行支出预算，主要包括基本支出（人员经费支出、公用经费支出、对个人和家庭的补助支出）和项目支出等，这些经费划拨后归中心学校统一分配和管理。由于中心学校处于教育决策中心，而且在经费划拨方面具有支配

---

① 所谓定员定额，就是按事业结构规模的大小或事业的需要合理地确定各种编制、房屋和设备标准，行政和业务费用开支额度和器材的储备量，可简单概括为：以各项定额标准分别乘以各学校相应的定员数量再加总，其和便是该校应得的经费总额。定额标准的制定按人员经费和公用经费分类核算。人员经费包括教职工经费和学生经费，分别用教职工经费（工资）标准定额乘以教职工人数，学生经费标准定额乘以学生数再加总，求得人员经费；公用经费则用公用经费各项开支标准乘以在校学生总数再加总。所以，我国中小学经费拨款与教育资源的校际分配主要以学生和教师人数为依据，因此，校际资源分配的差异也主要由学校的规模所致。

权,因此在获得教育经费方面具有天然优势。它们往往为了本校的建设和发展,势必会忽视教学点或其他学校的建设。特别是教学点,规模小,少则几名,多则三四十名学生,一般采用复式教学或一两名教师包班上课的方式教学,教师大都是代课教师或年龄较大的本地"民转公"教师。按照"定员定额"的拨款方式,教学点获得的公用经费补助很少,通常还要承担代课教师的工资,所以远远满足不了实际需要。按现行规定,农村中小学公用经费是指保证农村中小学正常运转、在教学活动和后勤服务等方面开支的费用。公用经费开支范围只包括:教学业务与管理、教师培训、实验实习、文体活动、水电、取暖、交通差旅、邮电、仪器设备及图书资料等的购置,房屋、建筑物及仪器设备的日常维修与维护等。不得用于人员经费、基本建设投资、偿还债务等方面的开支。用公用经费来支付代课教师的工资,必然会挤占教学点的办学经费。此外,在当地教育行政人员的眼里,教学点是财政投入的无底洞,如果按照一般学校的标准对教学点进行改造,需大量的经费投入,而所受益的学生群体又很少,将同样的经费投入到中心学校或寄宿制学校之中可以获得较大的效益,所以目前因特殊原因无法撤并的教学点只能维持现状,很难期望上级政府对其额外投入。"只要教育所需的资金不能公平地分配,在某种意义上必然会出现投资不足的情况。"① 由于资金短缺、办学条件差,很多教学点难以维系,而由此带来的后果就是教学点的学生不能享受到与中心学校学生同等质量的教育,影响农村教育的均衡发展。

---

① [英]布劳格著,韩云等译:《教育经济学导论》,春秋出版社1989年版,第7页。

第五章　加强农村教学点建设的对策建议

农村中小学布局结构调整能否顺利进行，不仅关系到教育资源在城乡之间能否得到合理配置，而且直接涉及广大农村中小学学生、家长和教师的切身利益，关系到农村教育能否健康顺利发展。因此，必须采取切实可行的措施，解决农村中小学布局结构调整过程中出现的片面追求效率的现象，而忽视教学点和小规模学校建设问题，确保农村教育的健康发展。

一、农村教学点的作用

要加强农村教学点的建设，首先必须充分认识农村教学点在农村教育发展中的作用。农村教学点的作用主要包括历史作用和现实作用。从历史角度看，古代私塾作为教学点的雏形，不仅扩大了平民的受教育机会，而且促进了教育的普及；随着私塾向近代乡学、村学的演变发展，教学点尽管在各个时期的办学形式有所不同，但一直在我国农村教育发展中发挥着重要作用。从现实角度看，农村教学点不仅有助于解决偏远地区学生上学远、上学难的问题，而且作为一种有效的教育教学组织形式，在未来也将长期存在并仍会在农村教育发展中发挥重要作用。因此，在农村中小学布局结构调整过程中，决不能忽视教学点的作用。

（一）扩大了平民的受教育机会和促进了教育的普及

1. 扩大了平民的受教育机会

我国早期的学校均为奴隶主开设，即"学在官府"。到了春秋战国时期，以孔子为杰出代表的思想家们纷纷开办私学，招收学徒。私学采用师傅带徒弟的一对一的教授形式，学生的入学年龄没有统一规定，有青少年儿童也有成人。私学这种民间办学形式基本上一直延续到清朝末年。[①] 随

[①] 喻本伐、熊贤君著：《中国教育发展史》，华中师范大学出版社 2000 年版，第 30、451 页。

着朝代的更迭，私学也不断完善和发展。其"有教无类"的教育思想冲破了种族、地域和阶级的界限，平民布衣受教育的机会显著增加。这也正是私学对古代教育的巨大贡献，它扩大了平民的受教育机会。此外，蒙学性质的私塾一直是中国文字和文化得以延绵不辍的主要阵地。私学作为教学点的雏形，对我国教育的发展影响深远，可以说是我国基础教育的发端。

2. 促进了教育的普及

教学点在不同历史时期其形式及名称有所不同，如私塾、村学、乡学等均是其在不同时期的不同形式。但教学点对我国教育的普及起了重要作用。从清末到新中国成立之前，清政府、民国政府及解放区政府均颁布多项法令要求普及教育。但国家内忧外患不断，中央政府没有能力拿出足够的资金来推行义务教育，因此多采用地方政府筹措与民间捐资兴办相结合的方式办学。私塾无论是在偏远的乡村还是大都市都占有绝对优势，与新式学校的数量不相上下；陶行知等人发起的农村教育运动过程中，建立的中心小学、村小、村学、乡学等极大地促进了农村教育的普及；解放区小学依靠群众办学得以顺利开展，据1932年统计，中央苏区许多地方学龄儿童入学率从原来的不到10%提高到60%以上①。可见，这一时期称为"普及教育"更为恰当，因为民间办学、靠群众办学的方式仍占主导地位。也正是由于政治环境的动荡、政府财力的限制，以及中国长期以来私人办学的传统，私学、村学、乡学等对我国特别是农村地区普及教育的作用不可忽视。

新中国成立后，中央政府更加重视普及义务教育，但这种重视仍然更多地体现在政策的制定上，缺少实质性的资金投入。群众办学再次发挥了重要作用。1951年、1956年，教育部先后两次制定普及小学教育的计划，限于教育供给能力严重不足，群众办学是教育计划重要的立足点之一。1951年民办小学学生数占当年小学在校生总数的34%。② 1958年国家倡导"两条腿走路"的办学方针，群众办学热潮再次高涨。1971～1975年，国家提出农村"小学不出村、初中不出队、高中不出社"的口号，全日制、半日制、隔日制、巡回制、早午晚班等多种形式的简易小学或教学班组取得了显著成效，截至1986年，小学适龄儿童的入学率已达96.4%③。

---

① 李少元著：《农村教育论》，江苏教育出版社2000年版，第16页。

② 王英杰、曲恒昌、李家永著：《亚洲发展中国家的义务教育》，人民教育出版社2003年版，第229页。

③ 游正伦、吴德刚主编：《义务教育概论》，新疆教育出版社1989年版，第74页。

1986年,《中华人民共和国义务教育法》的颁布终于使我国的义务教育走上了法制轨道。

总之,在我国教育长期发展的过程中,教学点以各种不同的形式存在并为农村教育的发展发挥了巨大作用。古代私塾作为教学点的雏形,有教无类的教育思想及灵活的办学形式扩大了平民的受教育机会;近现代以来,普及义务教育的思想在中华大地上生根发芽,由于长期的财政不足及教育管理体制的变更,群众办学在很长时期内作为义务教育办学的重要模式,村学、简易小学、不正规学校等各种形式的教学点对普及义务教育发挥了重要作用。

(二) 切实解决了偏远地区学生上学远、上学难的问题

农村中小学布局结构调整过程中,不少地区盲目撤销教学点给当地学生上学造成了上学远、上学难的问题,孩子上学"路远不安全"成为当地家长最为担心的问题。据我们对6省区、38个县市的调查表明,绝大多数家长和教师一致认为,应适当保留教学点以保证学生就近入学。保留教学点,让学生就近入学,就能够减少学生及其家庭的教育成本和生活开支,从而避免因贫辍学现象的产生。

1. 农村学校布局结构调整后给偏远落后地区学生带来了上学远、上学难的问题

我国农村教学点大多分布在中西部偏远农村地区,这些地区地理环境复杂,山地、高原、丘陵占主导,正如对中西部6省(自治区)180份行政卷中对于本地地理环境的分析表明,山区占到57.2%,丘陵地区占26.1%(见表5-1)。农村中小学布局调整后,很多农村教学点被撤销撤并,学生被转入中心学校或别村的完小读书。而偏远农村地区由于交通不便,导致学生面临上学远、上学难的问题。根据对中西部6省(自治区)10 944份调查问卷的数据分析,学生上学的距离平均为4.848千米(见表5-2)。此外,从学生、家长、教师及教育行政人员等不同样本群体对学生上学远问题的关注程度看,他们都认为学生上学远及安全问题是布局调整过程中难度最大或最担心的问题。如表5-3所示,布局调整过程中学生担心"路远不安全"排在第二位,仅次于"加重家长负担"选项。家长最担心的问题排在第一位的是"孩子的安全问题",占到答题总数的44.4%。在学校卷和行政卷中,教师和教育行政人员均认为农村中小学布局结构调整的最大障碍是"学生担心上学路远",分别占到总数的31.5%和30.0%。可见,学校布局调整中"学生上学路远及安全"问题切实存在并值得

关注。

表 5-1 所调研地区的地理环境①

地形	山区	丘陵	平原	牧区	矿区	湖（库）区
百分比（%）	57.2	26.1	15.6	1.1	—	—

表 5-2 所调研地区学生上学的距离　　　　（单位：千米）

	样本数（份）	最大值	最小值	平均	标准差
离校距离	10 944	190	0	4.848	17.826 9

表 5-3 所调研地区学生和家长最担心的问题（家长卷和学生卷）

学生最担心的问题	人数	百分比	家长最担心的问题	人数	百分比
路远不安全	2 968	25.6	孩子的安全问题	3 213	44.4
受别村同学的欺负	891	7.7	家庭经济负担	1 477	20.4
加重了家长的负担	6 107	52.7	孩子学习成绩下降	2 229	30.8
不适应学校环境	544	4.7	孩子的生活问题	234	3.2
其他	1 070	9.2	其他	89	1.2
总计	11 580	100.0	总计	7 242	100.0

表 5-4 农村中小学布局调整的障碍

布局调整的障碍（学校卷）	答题样本数	应答人次百分比	布局调整的障碍（行政卷）	答题样本数	应答人次百分比
村民不支持	3 972	18.7	村民不支持	87	24.3
家长不理解	6 624	31.2	家长不理解	110	30.7
教师怕下岗失业	2 900	13.7	教师怕下岗失业	18	5.0
学校不配合	526	2.5	学校不配合	3	0.8
学生担心上学路远	6 679	31.5	学生担心上学路远	111	31.0
其他	531	2.5	其他	29	8.1
合计	21 232	100.0	合计	358	100.0

---

① 表 5-1 至表 5-4 数据分别由"中西部 6 省（自治区）农村中小学布局调整问卷（行政卷、教师卷、家长卷、学生卷等）"数据分析所得。

2. 保留教学点能解决当前学生上学远、上学难的问题

如在对"是否应该保留教学点"问题的回答中,家长卷和教师卷对保留教学点均持肯定态度,认为应该保留教学点的分别占到76.0%和68.5%。在与学生及家长的访谈过程中,很多家长都提出保留教学点能够解决目前孩子上学远和上学难的问题。如河南禹州市石象乡,原村办田庄小学由于规模过小被确定为撤并的对象,要求该村学生到距离2千米左右的一所完小就学。学生家长也明白到完小上学有利于孩子提高成绩,但唯一的要求是希望将本村小学改为教学点,保留一至二年级。这是由于该村处于一条交通繁忙的省级公路旁边,几乎每年都有学生在道路上发生交通意外。年纪过小的孩子,每天穿越公路的确存在一定的安全隐患,家长的顾虑不无道理。又如,陕西省汉中市勉县小砭河中心小学有学生家住张家河,家校距离达40千米,而且山路崎岖,这些学生从家到学校,需要步行10多个小时、再坐2个小时汽车才能到达。学生平时住校,到了周末家长都是拿着火把来接孩子,因为路太远回家已至半夜。在对这些学生访谈时,学生们都愿意在自己家附近上学,在中心校上学即使住宿,周末回家也很不方便,而且路途中经常有野兽出没。在本村上学,就可以避免上学远和安全问题。

表5-5 家长和教师对是否保留教学点的态度

家长卷	答题次数	有效百分比	教师卷	答题次数	有效百分比
保留	4 919	76.0	保留	7 114	68.5
不保留	1 554	24.0	不保留	3 268	31.5
总计	6 473	100.0	总计	10 382	100.0

3. 教学点减少了偏远地区学生上学成本

根据曾满超的研究,教育成本包括公共教育支出、私人直接成本和间接成本以及家庭对教育的贡献。这里所说的偏远地区学生上学成本增加,主要指教育的私人成本的增加。它包括如下方面。"(1)教育的直接私人成本。是指家长花在其子女学校教育上的支出(学费和杂费)、课本和辅助学习指导书、文具、校服、书包、交通,以及食宿(寄宿学校)。(2)教育的间接私人成本(即机会成本),是指未接受学校教育而放弃的机会的经济价值。这个被放弃的机会可能是儿童在家庭生产、照看弟妹,以及做其他家务事付出的劳动。(3)家庭对学校的贡献,即家庭给学校的

资助，这种资助可以各种方式被使用，例如，购买图书馆书籍或建校舍。"① 对于第三种成本这里忽略不计，因为目前我国已经把义务教育纳入了政府的职责范围，不存在群众集资办学的问题。

那么，随着布局调整中教学点被撤销撤并，偏远地区学生转入较远的中心校或完小上学，不仅是路途远的问题，而且更涉及上学成本增加的问题。直接私人成本主要包括住宿费、生活费和交通费。当前农村小学住宿费每人每学期40元，每年80元；对于生活费来说，我们调查的大多数学生都是从家里带米和咸菜，基本不发生现金支出，但学生周末要回家，因此每个学生每周都要准备一些零花钱，少则几元，多则几十元；交通费也是一笔不小的开销，如广西百色市那坡县平孟学校梁校长告诉我们，平孟乡呈长方形，而学校设在长方形的另一端，最远的学生距离学校有100里路，需要转三次车才可以到学校，转三次车要花费8元钱。而大部分偏远地区学生家庭经济条件差，条件好的一年全家能收入3 000～5 000元，但这些钱要用在很多方面，如人情世故、看病、养老、教育等，一年下来难有剩余甚至需要借债；而贫困家庭更是处境艰难，如我们调查的任少霞家，务农是全家五口人唯一的收入来源，家里有4亩地，一年收小麦700多斤、玉米900多斤，合计500元左右，去掉生产费用仅剩200元左右，除此再无其他收入。可见，对于大部分学生来说，到离家远的学校上学都增加了家庭负担。表5-3也表明，在"学生最担心的问题"中，"加重家长的负担"占52.7%，排第一位。"经济负担是导致一些家庭作出决定不让子女上学的主要因素。"② 对农村家庭尤其是贫困家庭来说，由于教学点撤并而带来的学生上学成本的增加，很可能会导致学生辍学。

综上所述，由学校撤并所带来的偏远地区学生上学远、上学难问题确实存在。许多学生、家长和教师都关注这一问题，也都认为保留教学点是必要的。事实上，教学点不仅有助于解决偏远地区学生上学远、上学难的问题，而且能够保证偏远地区学生顺利地接受义务教育，防止因上学远、上学难而导致辍学现象的产生。因此，"不顾实际地撤并学校，在一些农村地区尤其是山区减少了农村学生的入学机会，增加了学生的学习费用"。③ 可见，教学点对偏远地区学生接受义务教育的作用不容忽视。

---

① ［美］马丁·卡诺依编著，闵维方等译：《教育经济学国际百科全书》，高等教育出版社2000年版，第506页。
② 曾满超主编：《教育政策的经济分析》，人民教育出版社2000年版，第15页。
③ 杨东平著：《中国教育公平的理想与现实》，北京大学出版社2006年版，第73页。

（三）教学点仍是一种有效的教育教学组织形式

早在 17 世纪，捷克著名教育学家夸美纽斯（Johann Amos Comenius）就认为，必须"使每个基督教王国的一切教区、城镇和村落，全都建立这种学校……务使青年去学会一切现世与来生所必需的事项。"① 在教育发展的进程中，学校应逐渐完善并成为推行义务教育的重要依托与教学组织形式。我国农村中小学布局结构调整后，农村学校形成了三种主要的教育教学组织形式：中心小学、片完小和初小（教学点）。教学点虽然规模小，但它与中心学校、片完小同属于农村义务教育的教育教学组织形式，同样承担着普及义务教育的重任。

那么，教学点是否是一种有效的教育教学组织形式呢？理论上讲，由于教学点规模小，对其有效性问题的探讨与小规模学校作用问题十分相似。研究表明："经济和教育因素有利于中等规模和大规模学校，而社会因素有利于小学校。"② 可见，小规模学校的存在有助于社会公平。但"实践中问题并不是这样简单，小学校的单位成本可以和大学校一样低，社会更愿意支持小学校也不具有普遍意义。"③ 对小规模学校作用的认识并没有得出一致的结论，这取决于不同国家和地区的不同情况及政策偏好，也就是说，在不同国家和地区，客观条件及政策的不同决定着小规模学校作用的不同。因此，对我国农村教学点教育教学作用的分析不是笼统的介绍小规模学校的优点，而要立足于现实，借鉴相关理论来客观分析农村教学点是否是一种有效的教育教学组织形式，以及它对我国当前农村义务教育的发展发挥着怎样的教育教学作用。

1. 从成本—效益的角度看，教学点是有效的

"成本—效益分析是用系统的方法来考虑决策方案的成本和效果，可以利用它来确定用哪种方式来达到特定教育目标最为高效"。④ 成本—效益分析是将经济学中的成本—效益方法运用到教育领域，其基本思想是以最

---

① ［捷克］夸美纽斯著，铃木秀勇译：《大教育学（1）》"世界教育学选集二十四"，明知图书 1962 年版，第 13 页。转引自［日］筑波大学教育学研究会编，钟启泉译：《现代教育学基础》，上海教育出版社 2003 年版，第 35 页。

②③ ［瑞典］T. 胡森、［德］T. N. 波斯尔斯韦特等著，张斌贤等译：《教育大百科全书》第一卷，西南师范大学出版社、海南出版社 2006 年版，第 193 页。

④ ［美］马丁·卡诺依编著，闵维方等译：《教育经济学国际百科全书》，高等教育出版社 2000 年版，第 494 页。

小的投入获得最大的效益。但教育领域与经济领域有本质的差别，其投入和产出不可能像经济领域一样均可以用货币和严格的数量标准来衡量，因此，对教育领域具体问题的成本—效益分析是有一定特殊性的。同样，这里对教学点进行成本—效益分析，也要明确如下两点。①分析的目的并不是要使教学点以最小的成本达到最大的效益，而只是从成本—效益的视角对教学点是否有效的问题进行审视。简单地说，如果说成本—效益方法的初始目的是侧重对政策前的一些方式的考察，以期对政策实施提供依据，那么对教学点的分析是侧重对正在运行着的教育教学组织形式进行考察，以证明它是否有效，是一种验证的过程。②对教学点成本与效益的分析并不能严格的以数量标准来衡量，而应根据当前教学点的实际情况作出界定。

（1）从成本的角度分析，教学点的成本较低。教育成本是指"用在教育上的投入的经济价值，不仅包括公共教育经费在人员、学校设施、供给和设备上的支出；也包括学生及其家长在教育上的支出和学生放弃的机会成本；还包括私人对教育的贡献"。① 根据教育成本的定义和内容，教学点的成本主要包括公用经费和私人成本，因为在目前情况下，群众集资办学已不存在，所以私人对教育的贡献不计入其中。从公共经费（即政府投入）来看，教学点只需要较少的投入。公共经费主要用于学校设施、人员等的支出，目前大多数农村教学点都沿用以前村小的校舍，占地面积小，设施简陋，需要进行危房改造和添加教学设备。但由于保留下来的教学点一般只有低年级，学校规模小，硬件设施方面支出少量资金就可改善办学条件（数据）。此外，人员经费方面，教学点教师数量少且代课教师占很大比例，代课教师工资低但工作努力程度很高。因此，人员经费支出也较少。研究也表明："一些小学校的单位成本比许多大规模学校的单位成本实际要低一些。"②"从长远来看小型学校的资金使用效率更高，因为小型学校的学生使用的补救资金要少得多"③；从私人成本来看，教学点学生就近入学所花费的私人成本远低于到离家较远的中心校或完小上学的花销。其中直接私人成本的差别十分明显。学生就近入学，能够省去交通费、生活费（包括午餐、零花

---

① ［美］马丁·卡诺依编著，闵维方等译：《教育经济学国际百科全书》，高等教育出版社2000年版，第500页。

② ［瑞典］T. 胡森、［德］T. N. 波斯尔斯韦特等著，张斌贤等译：《教育大百科全书》第一卷，西南师范大学出版社、海南出版社2006年版，第190页。

③ 马健生、鲍枫：《缩小学校规模：美国教育改革的新动向》，载《比较教育研究》2003年第5期。

钱等，住宿学生生活费开销更大）等一大笔开销，这些开销在直接私人成本中占很大比例。在一些案例中，由于学生每天往返于家庭和学校之间的距离很长，合并学校的成本反而增加了。可见，教学点的成本是较低的。

（2）从效益的角度分析，教学点能够保证教学质量。在农村中小学布局调整过程中，中心学校由于"质量高"而给予特别关照，教学点则由于"质量低"而予以撤并。但问题是应该怎样看待教学点的质量。根据列文列举的几种教育效益度量方法范例，如降低辍学、毕业生就业、学生学习、学生满意度、身体素质等①，目前教学点教育效益主要以"学生学习"即"考试成绩"为主要参照系数。那么教学点学生的成绩如何呢？在与湖北省英山县陈岩村教学点吴老师的交谈中，她这样说："我的学生成绩很好。在3所中心小学包括8所分校学生的考试成绩评比中，我们学校排第一名。"在其他5省（自治区）调研过程中，大部分教学点教师也都这样说：教学点的教学质量能够得到保证，而且成绩名列前茅，但上面一般以教学点条件差、质量低为理由要求撤并，这与教学点质量问题不是一回事。一些研究也表明："小型学校对出身贫寒的学生作用明显，在低收入社区，小型学校取得的成就超乎人们想象。确切地说，大型学校中出现家庭贫困必然导致学业失败的可能性是小型学校的10倍"。② 总之，教学点的成本较低，且能够保证教学质量。教育行政部门把教学点条件差与质量低作为撤并的理由，是没有对教学点理性进行成本—效益分析的表现，因而其理由是不充分的。

2. 从教育教学的角度看，教学点的优势更加明显

教育教学工作是学校的中心工作，教学点在教育教学方面的优势更能体现其有效性。

（1）从学校环境看，教学点具有学校规模和班级规模小的特点，因此有助于建立融洽的师生关系和学习氛围。在调查中，我们发现，很多教学点的老师课间都和学生一起做游戏打球。有老师谈道："我喜欢孩子们，和孩子们在一起自己也充满了童真。课间我们是朋友，上课时学习气氛很活跃，教学效果好。"研究也表明，小规模学校在学业成绩、学校氛围、学生参与度、归属感、人际关系和平等性六个方面均能产生积极的作用。③

---

① ［美］马丁·卡诺依编著，闵维方等译：《教育经济学国际百科全书》，高等教育出版社2000年版，第495页。

② 马健生、鲍枫：《缩小学校规模：美国教育改革的新动向》，载《比较教育研究》2003年第5期。

③ 和学新：《班级规模与学校规模对学校教育成效的影响——关于我国中小学布局调整问题的思考》，载《教育发展研究》2001年第1期。

此外，教学点班级规模小，学生人数少，教师分配给学生的时间相对较多，因此有利于教学的顺利开展。格拉斯（G. V. Glass）和史密斯（M. L. Smith）的研究发现：小班可以为提高教学质量创造良好的教学环境和学习气氛。在人数少的班级，学生的学习兴趣更浓，学习态度更好，课堂气氛更加友好愉快，教师有更多的机会进行个别辅导、因材施教。①我们在实地调查过程中也基本证明了这一点，大多数教学点的老师与学生相处融洽、课堂气氛活跃、教学效果较好。

（2）从教学方式看，教学点学生少，可灵活运用多种教学方法。教学方法是教师引导学生掌握知识技能、获得身心发展而共同活动的方法，主要包括讲授、谈话、演示、练习、讨论、操作试验法等②，课堂中教学方法的使用要根据实际情况作出选择。教学点的主要特征是每班学生人数少，教师更容易把握学生的个性特征，对课堂的调控能力更强。因此一堂课可以同时应用以上多种方法，其中谈话法和讨论法最有助于对学生进行启发式教学，有利于教学效果的优化。此外，很多教学点是"一师一校"，采用复式教学。复式教学也是班级授课的一种形式，是指"一个教师在同一教室进行的一堂课上，给两个以上不同年级的学生上课的教学组织形式"③。实践证明，复式教学为山区、边远地区儿童接受教育创造了条件；合理安排、组织得当的复式教学能取得较好的教学效果。安徽黟县毛田教学点教师汪来九摸索出的"七级复式教学法"④ 在全国成为典范，每年全

---

① 冯建华：《小比大好，还是大比小好》，载《教育研究与实验》1995年第4期。
② 王道俊、王汉澜主编：《教育学》，人民教育出版社2000年版，第242页。
③ 李秉德主编：《教学论》，人民教育出版社1991年版，第248页。
④ 毛田小学一般有一二十个学生，一到六年级，加上学前班，汪来九最多时同步进行七个年级的教学。为了保证每个孩子的学习效果，汪来九积极进行教学摸索，总结摸索出六个年级和学前班在一间教室内同时上课的"七级复式教学法"。复式教学把授课内容分为"动"和"静"两种，"动"就是老师讲课，"静"表示自习或作业，追求的最高境界是"动静相宜"。汪来九上课的教室里，需要一大一小两块黑板。大的一般划分出三部分，中间是一个年级的生词，右边是另外一个年级的生字，左边空着的部分是给做数学的年级预备的，而小黑板面上拼音格子给低年级练习用。课一开始，汪来九会带着一个年级读课文，其他年级有的在黑板前给生字组词，有的预习课文，有的做练习题，有的在黑板上解方程；一段时间后，授课轮转，汪来九会带着另外一个年级进行讲解，而他平时就物色培养好的小助手给其他年级出题目，并一起练习解答……汪来九还总结出复式教学"同年级合作、异年级合作、优困合作、干群合作"的合作形式，并得到实践验证。汪来九先后荣获"全省优秀教师"、"全国师德先进个人"等称号，并获得安徽省"五一"劳动奖章和证书，2006年进入中国教育年度新闻人物候选人名单。引自《红烛之光照耀在大山深处——记小学教师汪来九》，《中国教育报》2006年12月28日。

乡 20 多所小学统一测试，毛田教学点总是名列前茅，超过许多常规建制学校。可见，教学点教学方法的灵活性以及"一师一校"的复式教学方法也都是有助于教育教学效果提高的。

（3）从教师方面来看，大多数教学点的教师都是兢兢业业地工作。"学校最重要的特点是教师和其他员工的态度和行为，而不是诸如图书馆规模、学校的历史等物质条件"。① 教师的努力程度在教学点也显得尤为重要，这是因为目前教学点条件差、师资不足，为了保证教学质量就需要教师付出加倍的努力。调查中我们发现，大多数教学点的教师都是兢兢业业地工作。如湖北英山县陈岩教学点吴老师就是其中一例，学生及家长都认为吴老师责任心强、有爱心、敬业，懂得因材施教。在临产头一天她还坚持给孩子们上课。吴老师谈道："现在是复式教学，工作压力很大，时间特别仓促。我根据孩子的能力量力而行，挤时间辅导学生，下午1：00上课（规定2：00），晚上5：00多放学（规定是4：30）。复式班尽管人少，但两个年级的学生在一个教室里学习，要保证学习效果，需要做很多努力，我经常给他们调换座位或者让一个班的学生脸朝后坐。我的学生成绩很好，平均成绩在全乡镇排第一"。在调研的其他教学点，还有很多像吴老师这样的优秀老师为偏远地区的教育无私地奉献着。理论与实践均证明了教学点教师的努力对教育教学质量提高的重要性。

3. 从家校关系方面看，有利于学校教育与家庭教育的相辅相成

学生在教学点就近入学，在接受学校教育的同时能够体验到家庭的温暖。这里所讲的家庭的温暖，既包括家长对其学习的直接意义上的辅导和督促，也包括家庭成员给予的关爱与照顾。"家庭教育既指在家庭中进行的教育，又指家庭环境因素在教育功能上的作用。"② 对于低年级学生来说，其生理和心理年龄都很小，生活、学习等各方面缺乏独立性，家庭教育显得尤为重要。在访谈中很多家长都谈道：对孩子到中心校住校很不放心，怕孩子吃不好、睡不好、心理压力大，从而影响了学习。可见，家庭教育对学生学习的作用不可或缺，而且，只有家庭教育与学校教育相辅相成才能更好地促进学生学习。因此，低年级学生在教学点就近入学，能够保证学校教育与家庭教育相结合，有利于学生更好地接受学校和家庭的教育。正如苏霍姆林斯基（B. A. Cyxomjnhcknn）所说的："只有学校教育而

---

① ［美］罗伯特·G. 欧文斯著，窦卫霖、温建平、王越译：《教育组织行为学》，华东师范大学出版社 2001 年版，第 167 页。

② 张人杰著：《教育与社会》，中国科学技术出版社 1991 年版，第 208 页。

没有家庭教育,或只有家庭教育而无学校教育,都不能完成培养人这一极其艰巨而复杂的任务"。①

二、加强农村教学点建设的若干对策建议

从当前及今后一段时间来看,在我国偏远农村地区,村小和教学点仍然是一种有效的教育教学组织形式。从教育教学方面讲,教学点主要在于学校和班级规模小,教师在教学中容易根据学生的特点因材施教,对学生的辅导时间会相应增多,有利于教学活动的顺利开展。从学生生活方面讲,教学点确实有助于解决学生上学远、上学难的问题。偏远农村学生大多家庭贫困,他们最先关心的是自己的生活,即上学成本问题,因就近入学能节省相当数量的交通费和食宿费。因此,教学点"为改善山区、边远地区儿童接受基础教育困难的状况提供了条件"②。这不仅在我国是这样,而且在世界各国尤其是各国农村地区教育发展中,小规模学校和教学点都是极为重要的组织形式。如印度的单一教师学校数量庞大,特别是地处偏远、人口分散的农村地区。单一教师学校的比例在农村为31%,城市为6%。马来西亚曾对偏远地区的小规模学校进行过合并,但由于农村人口分布点的限制,小规模学校在农村仍大量存在。1990年规模在150人以下的小学占小学总数的37%,但只占学生总数的8.5%。同年,小规模学校的平均班规模为15.5人,生师比为12:1。③ 这些学校的效益较低是显而易见的,因此政府提倡在小规模学校实行复式教学或实行二部制。即使是发达国家,在现代化的进程中和农村交通网络发达之前,其教育体系也在很大程度上依赖于小型农村小学和教学点。如美国曾经有成千上万所"一师一校"的小学,至今仍有463所这样的学校。④ 由于分散的教学点在广大农村地区将长期存在,世界各国都在采取一切措施使教育制度适合农村人口需要,第35届国际教育大会的报告中就曾提到:"在古巴,为小的农村学校设立巡回教学。在沙特阿拉伯,教师携带教学设备乘坐直升飞机来

---

① 张人杰著:《教育与社会》,中国科学技术出版社1991年1月版,第205页。
② 吕晓红:《复式教学在义务教育中的地位及前景》,载《教育评论》1999年第3期。
③ 王英杰、曲恒昌、李家永著:《亚洲发展中国家的义务教育》,人民教育出版社2003年版,第216页。
④ 石人炳:《国外关于学校布局调整的研究及启示》,载《比较教育研究》2004年第12期。

回教课，而在阿拉伯利比亚民众国，则大规模地使用预制的流动教室，以便利边远地区的教学"①。

由此可见，在一定的时期内，在某些偏远的农村地区，教学点仍将继续存在，并且仍将是实施义务教育的重要组织形式。因此，在农村中小学布局结构调整过程中，要正确解决小规模的村办小学、教学点与相对集中的中心小学之间的关系，不能采取一种非此即彼的做法，完全抛弃分散的教学点，更不能认为教学点和复式教学就是过时的、被淘汰的办学模式。考虑到未来学龄人口的波动与学生入学的实际困难，对我国广大的农村地区，尤其是学生居住较为分散的地区而言，村小和教学点这种办学模式仍然是有效的。因此，正如胡锦涛总书记在2007年两会上与广西全国人大代表莫文珍对话所说的那样，"现在，一些地方适龄孩子少了，对教学点作相应的调整是必要的。但是，我们办学一定要从农村、山区的实际出发，一定要真正为孩子们着想，科学安排教学点。该撤并的教学点，一定要撤并；不该撤并的，哪怕学生再少，也要保留下来，并想办法把教学点办好，这样才能保证孩子们上好学。"②

现在的问题是怎样把农村教学点办好，让偏远农村地区的孩子也能享受到较好的教育，根据农村中小学布局结构调整过程中教学点存在的问题，我们认为，当前关键是要做好以下几方面的工作。

(一) 正确看待农村教学点的发展，慎重对待教学点的撤留问题

由于教学点在我国一些偏远农村地区将会长期存在，因此在农村中小学布局结构调整过程中必须慎重对待教学点的撤留问题，各地要从实际出发，充分考虑到教学点所在地的地理环境、交通、人口变化等多种因素，并且要多方听取群众意见，决不能采取强制的方式撤销教学点。

1. 教学点作为一种灵活的办学形式，在偏远山区将长期存在

教学点不仅给当地学生上学带来了便利，而且是一种灵活而又有效的教学组织形式，教学点是有生命力的。由于教学点规模小，学生和教师数量少，大多采用复式教学，从这个意义上说，大多数教学点均可称为复式学校。也正是复式教学这种教学组织形式，适应了我国中西部偏远地区的特殊地理环境以及人口分散、交通不便、经济落后的实际情况。有学者也

---

① [瑞士] 查尔斯·赫梅尔著，王静等译：《今日的教育为了明日的世界——为国际教育局写的研究报告》，中国对外翻译出版公司1983年版，第148页。

② 郭苏：《教育达标背后的困局》，载《小康》2007年第6期。

提出:"复式学校规模小,建校费用低,可大量设置,分散布点,以便学生就近入学;复式学校又能保证教师资源更有效地使用,同它们所服务的小社区有密切的联系,这将使当地人民对教育的态度及对教育的评价产生非常积极的影响"①。而且我国中西部偏远地区山区居多、人口分散的客观现实是长期存在的,特别是人口出生率虽然逐年降低,但每年的出生率并不为零。在调查中很多村民和教学点教师都提出:尽管教学点所在的村人口少,出生率很低,但每年都有四五个孩子出生。有小孩就需要有学校,教学点是有必要长期保留的。因此,无论是从偏远地区学生对教学点的客观需求来看,还是从教学点复式教学为主的灵活办学形式看,教学点在未来很长时期内都将继续存在。

此外,从世界范围来看,无论是发展中国家还是发达国家,都将复式学校作为一种重要的办学形式在本国推广并长期鼓励其发展。其中发展中国家复式学校的发展背景与我国相类似:偏远农村地区学生家庭远离学校,由于学校硬件设施有限及缺少师资等原因,难以满足小学生的入学需求。为实现"全民教育"目标,当地政府一般采取鼓励或支持复式学校的策略。据国际教育机构不完全统计:小学复式教学在赞比亚、菲律宾、印尼、马来西亚等大多数发展中国家大量存在,印度、斯里兰卡、秘鲁及越南小学中的复式教学比例分别达到61%、63%、78%和17%。② 发展中国家鼓励复式学校长期发展的事例也不胜枚举。如墨西哥全境约有35 000个社区,30万学生的受教育情况因地处偏僻山区而使教育部无法直接触及。这些社区中的学生自20世纪70年代开始,主要靠复式小型开发式学校进行教学活动。③ 这种小型学校由政府出资、社区合作,目的是帮助边远贫困山区孩子接受基础教育,促进教育公平。可见,世界各国都在采取一切措施使教育制度适合农村人口的需要。同样,对于我国来说,也有必要将教学点作为一种灵活的办学形式继续保留,为偏远地区学生顺利接受义务教育提供条件。

---

① 吕晓虹:《复式教学在义务教育中的地位及前景》,载《教育评论》1999年第3期。

② Multigrade Teaching: Towards International Research and Policy Agenda/Angela W. Little/*International Journal of Educational Development* VoL. 21, No. 6, 2001.

③ 尹玉玲:《墨西哥普及基础教育的特色——"CONAFE"教育模式及对我国的启示》,载《比较教育研究》2006年第2期。

2. 教学点的撤并要从实际出发，做好长远规划

农村中小学布局结构调整的初衷是在学生就近入学的前提下，适当撤销一批规模过小、过于分散的教学点和中小学以提高办学效益和教育质量，它不是相邻学校的简单合并，绝不能盲目追求规模效益，搞一刀切、模式化。布局调整过程中撤点并校一定要综合考虑当地经济社会发展实际、学校服务半径、财力支付能力、校舍建设、食宿配套建设、教师定编、地理位置、学龄人口变化等多种因素，不能单纯地以生源数量或家校距离为撤并学校的唯一标准。世界银行全民教育资助项目高级执行专家塞尔加·塞尼克也特别强调学校布局标准的重要性。他认为："学校布局既要有刚性的标准，又要有弹性的标准。同时，最小量的人口的需求也应得到满足，学校应该靠近学生居住点，在农村地区，多年级同班上课和只有一个教室的小学是必要的。"① 所以，农村中小学布局调整一定要从当地实际出发，不能根据单一的标准来判定其去留，如很多地方根据村小和教学点服务半径、人口、学校规模等数量标准来决定什么样的村小和教学点要撤销，这是不合理的，判定村小和教学点的撤留不能搞模式化、标准化，主要应考虑这样几个因素：位于偏远地区、山区学生转到其他学校上学确实不方便的不能撤；中心校或完小如果不能解决学生的寄宿问题，其所辖的村小或教学点不能撤；对于村民和家长都不同意撤销的村小和教学点，应该遵从群众的意愿不能强行撤并。

此外，农村中小学布局调整不仅要适应当前教育发展的需要，也要适应未来发展的需要。特别是对于偏远地区来说，一定要考虑到当地人口的长期变化趋势。据调查，很多地区人口出生率在近几年或是未来几年出现回升现象，如表5-6表明，2006年湖北省英山县全县小学各年级在校学生中六年级到四年级②学生数量呈递减趋势，而四年级到一年级学生数量又是逐年上升的。表5-7表明，2004年湖北省石首市桃花山镇全镇小学生数从三年级到一年级出现回升；大部分完小从二年级起学生数量出现增长；三个教学点的学生数量并不是呈递减趋势，而是相对稳定的。这些数据表明尽管在近几年，县域内小学学龄人口也并不是简单的逐年下降趋势，而

---

① 石人炳：《国外关于学校布局调整的研究及启示》，载《比较教育研究》2004年第12期。

② 由于高年级学生的入学时间要早于低年级学生，所以需从高年级到低年级的学生数量情况来分析学校在校学生的数量变化情况，同时这也是学龄人口逐年变化情况的一种反映。

呈现出不稳定态势，我们调研的其他各省也基本出现类似的情况。此外，再从全国范围来看，表5-8显示，2001～2015年全国小学生学龄人口数量呈逐年递减趋势，但2015年一直到2020年又出现逐年递增趋势。因此，从上述情况来看，农村中小学布局结构调整不能只根据暂时的学龄人口减少而进行盲目的撤点并校，必须注意到当地学龄人口的变化情况。各地在布局结构调整过程中，县、乡教育部门要有长远规划，明确一个乡镇应有多少学校，根据生源和并入学校的容纳情况决定对学校的投入，对未来几年出现人口数量回升状况的地区，特别是偏远山区应适当保留校点并加大投入力度。

表5-6 2006年湖北省英山县各年级小学生在校学生数

年级	六年级	五年级	四年级	三年级	二年级	一年级
学生数（人）	5 058	4 913	4 712	4 834	5 083	5 284

数据来源：由英山县教育局计财科提供。

表5-7 2004年湖北省石首市桃花山镇小学各年级在校学生数 （单位：人）

	六年级	五年级	四年级	三年级	二年级	一年级
合计	405	274	209	194	208	240
镇小学	219	129	102	89	109	98
小石桥联小	72	49	40	31	30	39
联小教学点					7	10
长江小学	40	43	21	40	25	38
长江教学点					10	10
鹿角头小学	74	53	46	34	14	31
鹿角头教学点					13	14

数据来源：《桃花山镇九年义务教育学校基本状况统计表》，2004年9月。

表5-8 2001～2020年全国小学适龄学生数 （单位：万人）

年份	2001	2002	2003	2004	2005	2006	2007	2008	2009	2010
学生数	13 076.0	12 791.8	12 522.8	12 194.4	12 099.7	11 973.1	11 744.0	11 475.6	11 189.8	10 878.2
年份	2011	2012	2013	2014	2015	2016	2017	2018	2019	2020
学生数	10 596.9	10 390.6	10 275.0	10 225.0	10 223.2	10 264.9	10 344.4	10 446.7	10 548.8	10 626.9

资料来源：石人炳：《人口变动对教育的影响》，中国经济出版社2005年版，第201页。

3. 教学点的撤并，应多方听取群众意见

在一些偏远农村地区，在撤点并校过程中应听取社会各方的意见，尤其是教学点所在地村民的意见尤为重要，这关系到政策实施的成败和当地教育的长期发展。从所调研的6省（自治区）的家长和教师对"是否保留教学点"这一问题的看法来看，其中家长卷中认为"应该保留"的占到76%，教师卷中占到68.5%（见表5-9）。可见，无论家长还是教师，对保留教学点持肯定态度的占绝对多数。因此，在学校布局调整过程中，对偏远农村地区教学点的撤留问题必须切实做好政策宣传工作，事前要将调整方案向当地群众公示，充分听取社会各方的意见。其实，早在1961年召开的日内瓦国际教育公共大会就特别提出建议："想取消单一教师学校的国家，在作出安排之前有必要考虑当地居民特别是学生家长的愿望，这些学校常常是他们的文化生活和社会生活的唯一中心。"① 对于确实偏远、交通不便的地区，必须保留或改建一批小学或教学点；对于学龄儿童少、学生居住相对分散的，要采取合校分班、走教送教和普及推广教学光盘等方法，为低年级学生创造学习条件。②

表5-9 家长和教师对"是否保留教学点"的看法

	家长卷		教师卷	
	答题次数	有效百分比	答题次数	有效百分比
是	4 919	76.0	7 114	68.5
否	1 554	24.0	3 286	31.5
有效样本	6 473	100.0	10 382	100.0

4. 教学点是我国农村教育的重要教学组织形式，与中心学校的地位应是平等的

义务教育是所有适龄儿童都应享受的基本权利，是一国政府必须提供的公共产品和服务。因此，看待教学点应从义务教育的性质和社会公平的角度出发。无论是中心学校、完小还是教学点，它们都是义务教育阶段的

---

① 赵中建主译：《全球教育发展的历史轨迹——国际教育大会60年建议书》，教育科学出版社1999年版，第244页。

② 中国教育新闻网：《教育部办公厅关于切实解决农村偏远山区交通不便地区中小学生上学远问题有关事项的通知》，http://www.jyb.com.cn/jyzl/jyzc/jcjy/ywjy/t20060626_21927.htm。

教学组织形式,是我国农村教育的重要载体,其地位应该是平等的。许多地区在中小学布局调整过程中盲目追求规模效益,而对中心校与教学点采取一种"非此即彼"的态度,甚至认为教学点是质量低下的代名词,迟早要被撤并。这种对待教学点的态度和政策是不合理的,不仅是对教学点的一种歧视,而且不利于教学点的学生公平接受义务教育。我们必须认识到,教学点最首要的定位是作为一种教育组织形式,为偏远山区学生提供义务教育。这不仅有利于普及义务教育,而且有利于促进教育公平。"公共政策是对价值的一种权威性分配,不同的选择主要是价值的产物,在很大程度上取决于决策者所拥有的政治理念和文化价值"。[①] 各级政府特别是地方教育行政部门,只有用正确的价值观去看待教学点,认识到教学点与其他学校同等的教育教学作用,才能制定合理的政策,采取有效的措施,让教学点在普及农村义务教育中发挥积极的作用。

(二)加大公共财政的投入力度,促进农村义务教育均等化

基本服务均等化是指一国范围内全体居民应当享有水平大致相当的基本公共服务。教育服务是政府提供公共服务的最重要组成部分,提供均等化的教育服务是公共财政的基本职能,是公共财政"公共性"的重要表现,也是公共财政改革与发展的基本目标之一。党的十六届六中全会强调:"以发展社会事业和解决民生问题为重点,优化公共资源配置,注重向农村、基层和欠发达地区倾斜,逐步形成惠及全民的基本公共服务体系",实现"基本服务均等化"。党的十七大报告强调:要加快推进以改善民生为重点的社会建设,着力保障和改善民生,扩大公共服务,促进社会公平正义,努力使全体人民学有所教、劳有所得、病有所医、老有所养、住有所居,让人们共同享有社会发展成果。

对于一个城乡二元结构明显、农村人口占主体的发展中大国来说,农村义务教育均等化的重要性不言而喻。义务教育是农村最大的公共事业,公共产品的供给均等化的意义,在我国农村义务教育领域得到最集中的表现,即只有保障教育公共产品供给均等化,才能最大限度保证广大农民生存和发展方面的机会的公平和公正。作为具有较强公共物品特性的农村义务教育,在我国全面建设小康社会,构建社会主义和谐社会中,具有基础性、先导性和全局性的重要作用。巩固和普及农村义务教育,是实施科教

---

① 杨东平著:《中国教育公平的理想与现实》,北京大学出版社 2006 年版,第 19 页。

兴国战略，推进农村综合改革，建设社会主义新农村的重要举措；是贯彻"工业反哺农业，城市支援农村"方针，推进教育公平和社会公平，使广大农民共享发展成果的重要举措；是强化政府对农村公共服务的必然要求。

从公共财政的视角看，义务教育是一种具有全国性特征的公共产品或是一种外溢性很强的地方性公共产品，中央和省政府应当担负更多的财政责任。因为公共财政在对中央政府和地方政府财政责任分工时，主要遵循"公共产品受益层次论"和"财政联邦主义理论"。① 公共产品受益层次论认为，政府责任的划分是根据公共产品的受益范围决定，受益范围覆盖全国的由中央政府负责，受益范围覆盖地方的由地方政府负责。同时根据财政联邦主义理论，地方公共产品存在收益外溢时，中央政府必须对地方政府进行适当补偿。另外，财政联邦主义理论还规定了基本公共服务最低供应原则，即上级政府有责任帮助经济不发达地区居民享受最基本的公共服务。因此，面对农村中小学布局调整过程中农村义务教育特别是教学点建设中存在的种种问题，各级政府尤其中央和省级政府必须加大对农村义务教育的投入。

(1) 各级政府要依法落实教育经费的"三个增长"，确保财政性教育经费增长速度明显高于财政经常性收入增长幅度，确保在2010年前后实现国家"十一五"规划提出的逐步使财政性教育经费占GDP的比例达到4%的目标。

(2) 根据公共财政的基本要求，各级政府尤其是中央和省政府应继续将农村义务教育作为公共财政支出的重点，继续将新增教育经费主要用于农村义务教育，逐步缩小农村义务教育的地区间和学校间的差异，促进农村义务教育均等化，让更多的人享受到社会发展成果。

(3) 改革经费分配与管理方式，保证农村教学点有独立的教育经费。鉴于新机制实施后我国农村中小学逐步实行"校财局管"的管理体制，可以考虑在县市教育局设立"农村义务教育经费管理中心"，取消学校银行账户，县市内农村中小学财务实行统一管理，所有的农村中小学（包括村小、教学点等）都单独进行部门预算，中心学校只是负责收集、汇总辖区内各学校的预算建议，然后上报县农村义务教育经费管理中心。农村义务教育经费管理中心将各中心学校汇总后上报的预算建议上交教育局审核审

---

① 杨会良著：《当代中国教育财政发展史论纲》，人民出版社2006年版，第336页。

批，然后由财政部门采用"综合定额＋专项补助"的拨款方式，直接将农村义务教育经费划拨到各个学校和教学点。所谓"综合定额"，是对农村中小学拨款时，不仅考虑到学生数量，还考虑到校园校舍面积、学校基础设施、学校规模和师资编制等反映学校实际运行成本的多种政策参数。为确保综合定额的公正性和合理性，应建立由政府、学校、社会共同参与组成的拨款中介组织，并从规模、质量和效益三个维度，对农村中小学进行合理评价。而"专项补助"是专门用来解决农村偏远地区寄宿制学校、完小、初小和教学点等薄弱学校的补助资金，因为"政策的制定者被告诫不要设计一个'平均'的政策用在不同的条件之中。不同条件的学校可能有不同的需要，因此需要区别对待"①。2006年新修订的《义务教育法》也明确规定："县级人民政府编制预算，除向农村地区学校和薄弱学校倾斜外，应当均衡安排义务教育经费。"因此，设立"专项补助"，有助于保证农村偏远地区薄弱学校、教学点维持正常运转，从而促进农村义务教育均衡发展。此外，如有可能，可将村小和教学点的经费由县级教育行政部门统一管理，专款专用，因为目前在中西部偏远农村地区仍有大量的村小和教学点，这些村小和教学点在当地发挥着举足轻重的作用，但由于资金短缺，办学条件落后，很多村小和教学点难以维系，而由此带来的后果就是偏远山区的孩子上学困难甚至导致辍学，所以通过完善投入机制，从资金上支持村小和教学点的建设是重要的。

（4）建立健全农村义务教育经费监督管理机制。对义务教育经费的投入方向、使用及效果实施严格的监督管理是政府义不容辞的责任。为此，在县域范围内应建立农村中小学财务核算和国库支付网络，各学校利用网络进行日常财务处理，申报资金用款计划，财政和教育主管部门可以通过网络对学校用款计划进行适时监控。这样不仅能保证偏远地区包括教学点在内的所有农村学校都有独立的教育经费，还能对全县中小学财务进行有效的监管。

（三）大力加强教师队伍的建设，不断提高教学点的教育质量

加强教师队伍的建设，是促进教学点提高教育教学质量的最重要的措施。从某种意义上说，作为教学活动的重要主体之一，教师的质量在保证教学点教育教学质量方面起到决定性的作用，正如舒尔茨所言："学校设

---

① ［美］马丁·卡诺依编著，闵维方等译：《教育经济学国际百科全书》，高等教育出版社2000年版，第503页。

备、学校规模、教学专业化,尤其是教师能力强烈地影响质量"。① 因此,要保证教学点的教育教学质量不断得到提高,就必须大力加强教学点教师队伍的建设。

1. 适当放宽农村教师编制,保证教学点师资的需要

针对当前我国农村教师整体上缺编的状况,各地应根据当地的实际情况将国家规定的教师编制标准(农村小学生师比为 23:1)进行上下调节。尤其是中西部地区,由于教师缺编状况长期未得到改善,很多偏远地区聘用大量代课教师,教师水平良莠不齐严重影响了教育质量。因此,必须适当放宽编制,让年轻优秀教师"进得来",才能充实教师队伍,提高教育质量。教育部也明确规定:"各地在具体核定中小学教职工编制时,具有下列情况的,按照从严从紧的原则适当增加编制:内地民族班中小学,城镇普通中学举办民族班的学校和开设双语教学课程的班级,寄宿制中小学,乡镇中心小学,安排教师脱产进修,现代化教学设备达到一定规模的学校,承担示范和实验任务的学校,山区、湖区、海岛、牧区和教学点较多的地区。"② 现实中,很多地区无法放宽编制的深层次原因在于县财政困难,这就需要对症下药,中央和省级政府应对这一问题引起重视,对中西部特别是贫困地区教师工资负起更多责任。此外,对于教师缺编问题,调查中很多地区教师提出了许多中肯的意见:由于教师年龄过大影响与学生的沟通交流,教师自身也不适应,可以适当提前小学教师退休年龄。这样既能够让出编制引进新教师,也客观上为提高教师整体素质提供了条件。具体讲,老龄教师提前退休可以依据教龄或者实行病退,男教师年龄可以提前到 55 岁,女教师年龄可以提前到 50 岁。对于教学点来说,不能单独以编制标准限制教师数量。如果按照编制标准,绝大多数"一师一校"的教学点,教师都处于超编状态,这样显然是不符合实际的。教学点学生数量少是客观事实,几个或十几个学生需要 2~3 位老师是合理的,也是必需的。因此,教学点教师数量不仅要根据学生数量状况,而且也要考虑到年级数、学生中午是否在学校用餐、是否住宿等客观情况。因为如果教学点年级较多,规模稍大,不适合多级复式教学,或者一些教学点学生中午在

---

① [美]西奥多·舒尔茨著,梁小民译:《经济增长与农业》,北京经济学院出版社 1991 年版,第 145 页。

② 中华人民共和国教育部:《教育部颁发关于贯彻〈国务院办公厅转发中央编办、教育部、财政部关于制定中小学教职工编制标准意见的通知〉的实施意见》,http://www.moe.edu.cn/。

学校用餐或需要住宿，这势必比按编制标准规定的教师数量要多。但这是符合教学点实际的，也是必需的。调查中，很多偏远地区的学校校长提出：由于偏远农村学校学生少的特点，按学生数来确定教师编制是不符合实际的，按班级数来确定教师编制比较合理。这样可以缓解教师的工作压力，也有利于提高教学质量。有学者也曾提出："合理制定和落实农村中小学编制。根据农村居住特点和人口发展预测，合理规划学校布点。山湖库区要因地制宜，以乡镇为单位，按照国家的有关要求，在村庄比较密集、人口较多的地方设点办学，在此基础上，适度放宽农村中小学教师编制标准。"①

2. 促进教师流动，鼓励优秀教师到教学点任教

促进教师流动是保证教学点师资的基本前提。第一，要构建公平合理的教师配置和流动机制，打破目前僵化的教师管理体制。如将教师的管理权上升到市（县）级教育行政部门，统一调配全市（县）教师到各学校定期任教。同时实行严格的教师评聘制度，做到公开、公正、公平，这样可以减少许多不公平因素的产生，可以促使城乡、县域内师资力量的安排更趋向合理。第二，要规范对教学点教师的调配方式，这是保证教学点师资水平的最直接措施。教学点大多位于偏远贫困地区，最需要有优秀的教师担当教学任务，保证教育质量。因此，作为直接管理教学点的中心学校，在安排教学点教师时要遵循客观、公正的原则，尽量派责任心较强、吃苦耐劳、教学经验丰富的教师到教学点。同时，应注意过一段时间让教学点教师与其他学校教师轮换，让教师流动起来，既能调动教师的积极性，也有助于缓解教学点教师的压力。第三，教学点教师的调配方式应当灵活。在目前条件下，大部分教学点由于师资短缺而不得不聘请代课教师，其中不少代课教师教学效果好，工作认真负责，长期扎根教学点，对于这些代课教师应继续保留并创造条件让他们转为公办教师；还可以实行优秀教师走教、送教的方式，让教学点享受到优质教育资源。对于我国很多偏远农村地区的学校而言，英语、音乐、美术、信息技术等课程的老师都非常缺乏。但是，这些课程在我国当前中小学（尤其是小学）的课程体系中所占的比重并不大，如果每所学校都配备专门的英语、音乐和美术老师，对于大部分偏远农村地区学校而言是不必要的。所以，教师走教是解决偏远农村地区短缺科目教师数量不足问题的重要途径。如我们在内蒙古四子王旗

---

① 范先佐：《教师缺编：农村教育的一道坎儿》，载《中国教育报》2006年11月12日。

调研时了解到，该旗2004年乡镇合并时，三元井、库伦图、朝克文都三个乡合并成库伦图乡，三个乡的中心小学也合并成了库伦图总校。但是，朝克文都保留了6个教学点，由于交通不便，没有公路，学生无法到库伦图总校读书。现在每个教学点平均只有40多个学生，每个年级7~8个学生。每个教学点都配备了4~5个教师。这些教学点都开设了英语课，但是教学点的老师年龄偏大且没有英语基础，因此给这些教学点的学生开英语课是一个非常大的问题。库伦图总校的领导在考虑之后，为这6个教学点配备了3名英语教师，每名英语教师负责2个教学点的教学。英语教师在两所学校之间走教，从而较好解决了教学点的英语教学问题。当然，对于走教的教师，要对其提供相应的补贴，使其待遇与付出相吻合。教学点教师灵活的调配方式在其他国家也普遍存在，如，美国有种流动的教师车，教师聘任采用市场化机制。受聘的老师可以是夫妻俩，共同到教学点去执教一年。日本山区一个只有两个孩子两位老师的小"学校"，到2003年以后将五六年没有接续的生源，在当地人的要求下，两位老师不走，这所小学变成了文化活动站保留下来，也为以后转成教学点做准备。①

3. 加强教师培训，提高教学点的教育质量

教学点是一种重要的教育教学组织形式，保证教学点的教育质量是义务教育的本质要求："义务教育的接受者，应在一国范围内的任何地域，平等地享受政府提供的相同质的服务。"② 教师作为教学活动中的重要主体之一，从某种程度上可以说是教学质量的决定性因素。因此，"我们无论怎样强调教学质量亦即教师质量的重要性都不会过分。学生的态度以及对自己的想象，在基础教育的早期阶段性即基本形成。在此阶段，教师起着决定性的作用。学生要克服的障碍——贫穷、困难的社会环境、身体残疾——越是繁重，对教师的要求就越多。"③ 进一步来说，教学点地理位置偏远，交通不便，办学条件、师资水平等各方面与其他学校相比都存在很大差距。特别是偏远山区的"一师一校"型教学点，除了一间教室，一块黑板以及桌椅外，与学生朝夕相处的老师几乎是学生对学校的全部概念。

---

① 袁贵林：《教学点上学便利与优质教育如何对接》，载《中国教育报》2006年12月21日。

② 高如峰主编：《农村义务教育财政体制研究》，人民教育出版社2005年版，第174页。

③ 国际21世纪教育委员会著，联合国教科文组织总部中文科译：《教育——财富蕴藏其中》，教育科学出版社1996年版，第139页。

在这种情况下，要保证和提高教学点的教育质量，教师的作用就显得尤为重要。正如国际教育大会对偏远单一教师学校师资问题提出的："考虑到单一教师学校与外界的隔绝，那么教师的培训甚至比其他学校教师的培训更为必要；而在有些国家里，单一教师学校的教师所接受的培训水平低于其他学校教师的培训水平，单一教师学校教师的培训目标应使之与其同伴处在相同的起点上，以消除在任何条件、报酬、工作调动等方面可能存在的差距。"①

同样，对于我国农村教学点来说，加强教师的培训，使他们更新教育教学观念，提高教学技能，是提高教学点教育质量的重要保障。教学点教师培训也是农村教师培训工程的一部分，虽然近几年农村教师培训得到各级政府的重视，但事实上由于中西部地区大部分县级财政紧张，缺乏培训经费，培训名额少，偏远地区学校的教师几乎没有培训机会。这就要求各级政府对这一问题给予更多关注。具体讲，首先，增加教学点教师的培训机会。培训机会少的根本原因在于培训经费的短缺，因此培训经费应"以省为主"，为农村教师提供更多的免费培训机会。县级教育行政部门应设立专款用于村小教师培训，确保培训工作落到实处。县级政府在选派教师培训时，一方面要选择优秀骨干教师，另一方面也要增加偏远教学点教师的培训名额，让他们享有与其他学校教师同等的培训机会，这是十分必要的。其次，针对教学点这种特殊的教学组织形式，制定对教学点教师的专门培训计划。由于教学点地处偏远，教师和学生数量少，因此适合教学点教师的专门培训主要包括复式教学和远程教育培训。其中复式教学培训应使教学点教师领会复式教学的理念和实质，学会复式教学独特的教学方法。在调查中，我们发现大多数教师虽然形式上运用复式教学的方法，但很多教师教学负担非常重，学生的成绩都是靠加倍的时间换取的。因此，教师都希望参加培训，掌握一些教学的技能和技巧。此外，远程教育也应成为教学点教师的重要培训内容。远程教育是适合偏远教学点的重要教学形式，但没有教师的积极配合，是不可能达到教学效果的。所以，应定期组织教学点教师学习掌握远程教育的操作和教学技能。再次，培训方式上应灵活多样。骨干教师可定期利用双休日、寒暑假集中到城区（包括地市）参观、考察、听讲座，一般教师可就近参加各种专题培训；组织城乡学校挂钩联系，定期共同开展教学研究活动，等等。要特别重视发挥乡镇

---

① 赵中建主译：《全球教育发展的历史轨迹——国际教育大会 60 年建议书》，教育科学出版社 1999 年版，第 248 页。

中心小学的带动作用，可由中心小学牵头同年级、同学科的村小教师定期集体备课，还可采用在县域范围内将几个乡镇合为一片，定期开展教学研究和培训活动，由县教研室直接管理，既保证教研和培训质量，又使多数教师能就近参加培训。

（四）建立农村教师工资保障机制，大力提高农村教师经济待遇

"教育的发展和质量的提高，是和一支稳定的、训练有素的、积极性高又可靠的教师队伍分不开的。"① 而保障农村教师工资，提高农村教师特别是教学点教师经济待遇，是稳定农村教师队伍，促进农村教育持续发展的关键因素，也是加强教学点建设，促进其教育质量提高的最重要的措施。

1. 逐步建立由中央或省级统筹为主的农村教师工资保障机制，确保其工资按时足额发放

从世界各国经验看，义务教育阶段教师工资由中央或较高层次政府承担，是解决教师工资问题的基本途径。在世界各国，教师工资即人员经费，历来是各国义务教育公共经费的最重要支出，一般达到政府公共投资的80%左右。许多国家在实施义务教育之初，曾将义务教育视为基层政府的责任，这种做法不仅给地方财政造成很大负担，而且无法切实保证教师的工资。为了解决这一问题，各国相继调整了教师工资的筹措机制，采取的基本办法是将教师的工资适当上移，由中央和高层次地方政府负责。例如，在法国、泰国、韩国、埃及等国，均将义务教育教师工资全额作为中央财政预算，由中央财政独立负担。在日本，国立学校教师工资的全额由中央财政独立负担，地方学校教师工资由中央财政和都道府县财政各负担一半。在德国和印度，义务教育教师工资全额由州或邦财政独立负担，在美国，教师工资虽然由地方学区支付，但由于地方学区经费的半数以上来自州政府的财政补助拨款，因此实际上教师工资是由州和地方政府共同负担的，在瑞士，教师工资州负担七分之三，市镇负担七分之四。②

借鉴其他国家的经验，为了确保农村中小学教师工资能按时足额发放，应逐步建立由中央或省级统筹为主的农村教师工资保障机制。中央或

---

① ［法］雅克·哈拉克著，尤莉莉、徐贵平译：《投资于未来——确定发展中国家教育重点》，教育科学出版社1993年版，第118页。

② 高如峰主编：《义务教育投资国际比较》，人民教育出版社2003年版，第380页。

省级政府在全国或全省范围内按国家统一规定的编制标准和工资标准把教师工资按月足额发放给教师。这样做，应该说不会对农村义务教育投资的运用产生管得过死的弊端，反而有利于防止基层政府或教育部门截留、挪用教育经费，拖欠教师工资，同时有利于在全国或全省范围内为中小学教师创造一个大体相近的工资福利条件，不仅有利于提高农村教师的社会地位，而且有利于促进贫困落后地区教师队伍的稳定和基础教育的发展。此外，从国家的经济实力和财政收入看，中央和省级政府完全有能力统筹农村教师工资。国家"十一五"国民经济和社会发展规划要求，采取切实措施保证2010年全国财政性教育经费达到GDP的4％。根据国内生产总值当年价格比上年平均增长15％（扣除产品、消费品和服务价格上涨后GDP可比价格年增长率10％左右）计算，2010年全国国民生产总值将达到37万亿元，当年财政性教育经费应达到14 800亿元，应比2005年5 161亿元增加9 600亿元。也就是说，"十一五"期间全国公共教育经费年增长23.5％，平均每年增长1 900亿元以上。① 目前全国大约有农村义务教育阶段教师510万人，如果以平均月收入1 500元计算，中央财政每年应支付农村教师工资918亿元；如果以较低标准（月平均工资1 000元）计算，中央财政应支付农村教师612亿元。如果东部发达地区农村教师工资主要由当地政府自己承担，中央政府在上述方案大约需支付总额的三分之二。因此，在高工资方案中，中央大约支付农村教师工资600亿元；在低工资方案中，中央大约支付农村教师工资400亿元。② 所以，无论是高工资方案还是低工资方案，农村教师工资支付总额都是在全国公共财政教育经费增幅范围之内，中央财政完全能够承担。东部地区农村教师工资让东部省级政府自行解决，中央财政可以给予适当的补助。

2. 实施绩效工资制度，确保农村义务教育阶段教师平均工资收入不低于当地公务员的平均工资收入水平

根据《中华人民共和国义务教育法》和事业单位收入分配制度改革的要求，国务院决定义务教育学校自2009年1月1日起，率先实施绩效工资，这是党中央、国务院优先发展教育的重大决策，充分体现了党中央、国务院对广大教师的亲切关怀，是教育改革和发展的重大基础性工程，为

---

① 胡瑞文：《影响我国教育公平和质量提升的教育经费缺口分析》，载《教育发展研究》2007年11月A期。

② 雷万鹏著：《中国农村教育焦点问题实证研究》，华中科技大学出版社2007年版，第44～45页。

确保《中华人民共和国义务教育法》规定的教师的平均工资水平不低于当地公务员的平均工资水平提供了重要的制度保障,是教育人事制度的重大改革,也是对新机制的进一步完善。它有利于进一步提高教师的地位,充分调动广大教师的积极性、创造性,吸引和鼓励各类优秀人才到义务教育学校,特别是农村义务教育学校长期或终生从教。为了使义务教育学校绩效工资能够顺利实施,应将绩效工资的实施同深化学校人事制度改革、加强队伍建设紧密结合,同完善农村义务教育经费保障机制、规范学校收费行为和经费管理紧密结合。其中,义务教育教师规范后的津贴补贴平均水平,应由县级以上人民政府人事、财政部门按照教师平均工资水平不低于当地公务员平均工资水平的原则确定。绩效工资总量随基本工资和学校所在县级行政区域公务员规范后津贴补贴的调整而进行相应调整。同时,在人事、财政部门核定的绩效工资总量内,学校主管部门具体核定学校绩效工资总量时,要合理统筹,逐步实现同一县级行政区域义务教育学校绩效工资水平大体平衡。对农村学校,特别是条件艰苦的学校要给予适当倾斜。对于义务教育学校实施绩效工资所需经费,应全额纳入财政预算,按照管理以县为主、经费省级统筹、中央适当支持的原则,确保义务教育学校实施绩效工资所需资金落实到位。县级财政要优先保障义务教育学校实施绩效工资所需经费,省级财政要强化责任,加强经费统筹力度,中央财政应进一步加大转移支付力度,对中西部及东部部分财力薄弱地区的农村义务教育学校实施绩效工资给予适当支持。

3. 实行农村教师特殊津贴制度,鼓励优秀教师到教学点任教

在我国,教学点大多位于中西部偏远地区,环境艰苦,交通不便,工作条件差,生活水平低,所以优秀教师不愿到农村薄弱学校和教学点任教情有可原。针对这种情况,"应该给农村和边远地区的小学教师们提供补偿措施,例如,给予特殊津贴,对边远或不利于健康的地区定期地观察,为教师提供住房、娱乐设备及免费的交通工具,对教师的家属给予免费的医疗服务,为其子女提供寄宿和学习的便利设备,以及免费使用学校用地等。"① 为此,国家应建立农村边远和艰苦地区中小学教师特殊津贴制度,并且应根据农村地区的偏远程度、人文环境、经济和财政状况设定一个系数,对那些越是在地理位置偏僻、自然条件艰苦地区工作的农村教师,享受的特殊津贴应越高,以吸引和稳定优秀教师到该地区任教,改善农村薄

---

① 赵中建主译:《全球教育发展的历史轨迹——国际教育大会60年建议书》,教育科学出版社1999年版,第286页。

弱学校和教学点师资状况，保证偏远农村地区的孩子也能享受到较好的教育。同时农村教师特殊津贴要全额纳入地方财政预算，优先安排。

4. 健全医疗、养老等社会保障制度，保证农村中小学教师安居乐教

健全农村教师社会保障制度，有利于解决农村教师的后顾之忧，使他们安居乐教，全心全意投入教育教学中去。首先，全面实施农村教师养老、医疗和事业保险制度。各地根据实际情况确定各种保险总额，一般在教师本人基本工资的20%左右，其中教师个人缴纳7%左右，剩余部分由地方财政缴纳。教职工无论是公办教师还是代课教师，都按规定缴纳社会保险金，享受基本的社会保险待遇。地方财政要将属于地方政府缴纳部分保险资金全额纳入预算，不得留有资金缺口，不得将责任转嫁给学校或教师个人。其次，积极实施农村教师住房公积金制度和农村教师安居工程。地方政府要将农村教师住房公积金全额纳入地方财政预算，并保证和当地公务员享受的住房公积金待遇完全一致。不仅如此，有条件的县（区）还要实施农村教师安居工程，将本地低收入家庭困难的教师纳入政策保障范围，努力争取教师住房享受国家安居工程、经济适用房工程等各项优惠政策，积极争取对建设教师住房进行专项补贴，实行减免土地费用和税费等政策，努力建立政府、学校和教师共同分担住房建设资金机制。同时，在县城、乡镇政府所在地兴建教师公寓或教师生活小区，实现农村中小学教师生活城镇化，使他们安居乐教。

5. 正确面对农村教育的现实，妥善解决教学点代课教师的工资待遇问题

代课教师是我国教师队伍中的一个特殊群体，特别是一些偏远农村地区的教学点主要由代课教师支撑。他们在极为艰苦的条件下坚守农村义务教育第一线，兢兢业业，任劳任怨，弥补了农村中小学师资的不足，缓解了广大农村特别是偏远、贫困地区义务教育师资的供求矛盾，实际上已成为我国中西部农村贫困地区义务教育的重要力量。因此，在新机制实施过程中，必须妥善解决农村教学点代课教师的工资待遇问题。其一，必须正视农村代课教师在一定时期内仍将存在的事实，尽快出台相应的政策和管理办法，及早制订农村代课教师的聘用标准、考核办法和辞退制度；其二，因地制宜，每年安排一定的教师编制，将多年在教学中兢兢业业、已取得大专学历和教师资格证的优秀农村代课教师直接转为公办教师，其余农村代课教师必须与其签订劳动合同，明确聘期、权利和待遇等；其三，将农村代课教师工资全额纳入县级财政预算，直接在农村税费改革固定性转移支付资金中列支，以解决农村中小学的后顾之忧，杜绝挤占公用经费

的问题；其四，努力提高农村代课教师的工资待遇，尽可能地与当地公办教师同工同酬，至少要达到当地最低工资标准；其五，应逐步将农村代课教师医疗、失业和养老保险等纳入社会保障范围，让他们安心从教。

（五）千方百计改善办学条件，保证教学点的教育教学质量

在现行体制下，教学点隶属中心学校管理，在经费难以及时落实的情况下，中心学校对教学点办学条件的关注可能比经费保障更及时有效。也就是说，从长远来看，教学点应该有自己独立的经费来源以保证办学条件；但从目前来看，中心学校必须及时对教学点改善办学条件的需求作出回应，这也是中心学校容易做到的事情。

1. 在校舍方面

大多数教学点需要对校舍如教室或厨房进行修缮。调查中很多教学点教师反映校舍维修的费用并不高，一般几百元，主要用于买原料和雇用当地工人施工。而主要的问题是上报中心学校之后得不到批复，一拖再拖。因此，这就需要中心学校相关负责人充分掌握其下属教学点的情况，对教学点校舍修缮之类的资金需求作出及时回应，并根据实际情况进行批复。

2. 教育教学设备方面

很多教学点需要最基本的实验器材、体育器材如篮球、乒乓球等，这对中心校来说完全是有能力而且有必要对教学点投入的。中心学校领导应时常到教学点做实质性的走访和调查，了解教学点的状况和实际困难，然后作出合理安排。办学条件的改善也有助于保证教学点的教育质量，这也是义务教育均衡发展的题中之义：缩小不同地区的教育不平等，需要在不降低教育质量、入学机会和教学效果的前提下，把现在分给受惠地区的一部分资源拨给贫困地区①，用以改善村小和教学点的办学条件。

3. 远程教育方面

应促进远程教育设备的有效应用，这不仅是改善教学点办学条件的重要内容，也是影响其教学质量的关键因素。针对目前大多数教学点缺少电教设备甚至远程教育形同虚设的情况，各级政府必须向教学点提供基本的电教设备，特别是对一些已经配备电教设备而却没有应用于教学的教学点，应加强教学点教师的培训。各级政府和教育行政管理部门应对偏远教学点远程教育的应用给予高度重视："各地教育行政部门要在农村边远的

---

① ［美］菲利普·库姆斯著，赵宝恒、李环等译：《世界教育危机》，人民教育出版社2001年版，第242页。

小学和教学点，大力推行以光盘教学为主，教师教学为辅，光盘教学与教师教学相结合的教学方式，来弥补教师的不足，保证当地基本的教学质量。要组织具备接收卫星资源条件的农村中小学，将接收的教学资源下载下来并刻录成光盘，通过走教、送教等各种途径，将教学光盘分送给农村边远山区、交通不便地区的小学和教学点。"① 因此，地方教育行政部门必须对这一问题引起重视，积极引导教学点运用远程教育，促进教育质量的提高。此外，在推行远程教育的过程中，不能狭隘地认为远程教育能完全取代教师，从而忽视传统课堂教学的作用。只靠技术是无法奇迹般地解决教育系统面临的困难的。尤其应把技术与传统的教育形式结合起来加以使用，而不应将其看做一种取代传统形式的独立的手段②。同时，教师对远程教育这种新型教育手段的掌握和操作水平是远程教育能否顺利推行并发挥积极作用的关键因素。各地必须重视教学点教师的引导和培训。

三、加强农村教学点建设需要着力解决的问题

以上是从当前政府急需解决的问题入手，来分析如何加强农村教学点的建设，保证偏远落后地区的孩子都能公平地接受义务教育，那么，从长远来看，要搞好农村教学点的建设，保证偏远落后地区的孩子都能真正公平地接受义务教育，尽管涉及的问题很多，但其核心是要构建起符合我国国情的公共义务教育财政体制，因为根据义务教育的性质，政府应为城乡所有的孩子公平接受义务教育提供财政保障，这是毫无疑问的。

那么，怎样才能构建起符合我国国情的公共义务教育财政体制呢？依据教育财政学家 C. S. 本森（C. S. Benson）的判断，一个合适的义务教育财政体制运行绩效有三个主要的标准，即"提供的教育服务是否充分，教育资源的分配是否有效率，以及教育资源的配置是否公平"③。我国规范的公共义务教育财政制度安排应该满足如下三个要求。一是能为义务教育提供充足的公共教育经费，且通过这一制度安排还能确保义务教育经费是富

---

① 中国教育新闻网：《教育部办公厅关于切实解决农村偏远山区交通不便地区中小学生上学远问题有关事项的通知》，http://www.jyb.com.cn/jyzl/jyzc/jcjy/ywjy/t20060626_21927.htm。

② 国际 21 世纪教育委员会著，联合国教科文组织总部中文科译：《教育——财富蕴藏其中》，教育科学出版社 1996 年版，第 168 页。

③ ［美］马丁·卡诺依编著，闵维方等译：《教育经济学国际百科全书》，高等教育出版社 2000 年版，第 526 页。

有弹性和可以预见的,即随着经济增长,义务教育的财政投入也会随着增加,且经费增长能满足义务教育支出成本的变化。二是能尽可能确保义务教育公共经费的配置效率。教育资源配置效率包括内部效率和外部效率。从外部来说,政府提供的义务教育服务应尽可能满足不同人群的偏好,其中也包括偏远落后地区教学点的孩子,进而能给他们带来最大的收益。就内部效率而言,义务教育财政制度是否有效率,常用这样一些指标来衡量,如是否降低了包括偏远落后地区学生在内的所有学生失学率和辍学率,是否提高了学生的合格率等。无论是从提高了教育资源配置外部效率还是内部效率的角度,一个合适的教育财政制度安排都应尽可能让更多的人群参与经营决策,监督教育投入的过程。三是确保义务教育公共资源的分配公平。教育资源配置公平具体包含如下三层含义。第一层含义,公共义务教育资源在地区间配置是公平的,也就是无论你生活在哪个地区,你都能享受大致相等的义务教育服务水平。第二层含义,地区内部学校间义务教育公共资源分配公平,即地区内部不存在重点和非重点学校,学校间办学条件是差不多的。学生择校的理由并不是为了优质的教育资源,而主要是基于个人偏好选择不同特色的学校。第三层含义,义务教育财政制度安排要确保那些处境不利的儿童和偏远落后地区的孩子都能得到额外财政支持,以实现教育财政的个人公平。由此可见,只有构建体现"充足、效率、公平"的公共义务教育财政体制,才能从根本上保证布局结构调整后农村教学点的建设和偏远落后地区的孩子都能公平接受义务教育,而要构建这样一种公共义务教育财政体制,今后政府应着力解决以下几方面的问题。

(一)政府应退出竞争性行业,将政府职能定位于满足人们的公共需求

在此基础上按居民对不同公共品的需求程度调整现有的支出结构,优先满足居民最基本的公共服务,如农村义务教育、医疗卫生等。由于政府行为与政治和行政管理体制有很大关联,因此,政府行为转变不能完全依靠政府自身调节,还需要进一步推进地方民主制度建设,尤其是在领导干部任用上,逐步建立起"用手投票机制",以此来促进地方政府财政决策的民主化,并有效地约束政府的行为。

(二)应进一步明确各级政府的教育财政责任

根据义务教育的性质,政府应为布局结构调整后的农村孩子公平地接受义务教育提供财政保障,这是毫无疑问的。现在的问题是,在一个政府

被划分为多个层级的大国,农村义务教育的财政责任在中央政府和地方政府,以及地方各级政府之间如何划分,也就是说,究竟该由哪级政府来为农村义务教育埋单?根据国务院《关于深化农村义务教育经费保障机制改革的通知》的要求,我国已初步建立起中央和地方分项目、按比例分担的农村义务教育经费保障机制。尽管如此,但农村义务教育新机制在很多方面仍然不规范,包括地方政府间义务教育财政筹资责任划分问题、地方义务教育投入激励不足问题、义务教育投入公平问题、众多的义务教育专项经费分配依据及管理问题、义务教育筹资责任上移所带来的决策与管理成本以及效率损失问题。尤其是农村义务教育的财政责任如何在各级政府间细分的问题,有待于进一步规范。

  按照财政分权理论,国家公共品适合于采取集权方式生产,即由中央级政府提供比较有效率。地方性公共品由分散的地方政府提供更有效。但典型的国家公共品和地方公共品都是非常少见的,多数是在中央与地方以及地方各级政府间交叉,也就是通常所说的空间外溢性地方公共品。所谓空间外溢性地方公共品,是指地方政府提供的某些公共产品或服务的受益范围超出了它所辖的行政边界而扩散到邻近其他地区,从而使其他地区的居民在不承担任何费用的情况下也同样获得部分好处。义务教育就是典型的空间外溢性的地方公共品。一方面,接受义务教育的绝大多数学生主要在本地就业,义务教育受益者主要是当地政府;另一方面,当地政府根本无法保证在本辖区接受过良好义务教育的学生将来不流动到其他辖区。对于这类公共品完全采用分散的方式提供,很显然是缺乏效率的。因此,对于多级政府而言,义务教育服务空间外溢性的特点,决定了合理的义务教育财政体制的安排是:义务教育由地方政府提供以满足地方选民偏好的同时,高层政府应为地方负责的义务教育提供财政补助,特别是应给偏远落后农村地区的义务教育提供财政补助,这样才能保证偏远落后农村地区的孩子都能公平地接受义务教育。

  (三)在事权与财权划分清楚的基础上,应建立起规范的财政转移支付制度

  我国区域间经济与财政发展的严重不均衡和长期重城市轻农村的财政政策,是导致教育尤其义务教育在区域间、城乡间和校际间发展不平衡和公平缺失的根本原因。为缩小义务教育在区域间、城乡间和校际间的差别,促进教育公平,应加大中央和省级政府教育财政转移支付的力度,规范教育财政转移支付制度。国务院和省级政府应尽快制定义务教育阶段办

学基本标准,包括教职工编制标准、工资标准、学校建设标准、生均公用经费标准,规定限期各地区城乡所有义务教育学校达到国家规定的办学标准,并根据经济和社会发展状况适时进行调整。以此为基础将义务教育经费全面纳入财政保障范围,并在中央和地方各级政府财政预算中单列,以保证农村教学点在内的所有适龄儿童和少年接受并完成九年义务教育。近期内应按照修订后的《义务教育法》和国务院的规定,实行义务教育经费由省级政府统筹,农村义务教育所需经费由各级财政分项目、按比例分担的体制。条件成熟时,实行按国家和省制定的义务教育阶段办学标准,以县级为单位,按影响教育经费需求与供给的因素测定义务教育经费标准需求和标准财政供给能力,其经费的存量与增量缺口由市、省、中央财政逐级转移支付,填平补齐。

(四)以法律的形式规范政府行为

包括义务教育在内的事权与财权的划分,一旦界定清楚,最终都需要以法律的形式加以规范。没有法律的硬性约束,再好的制度也只是一纸空文。

从技术角度来看,一方面,需要利用快速发展的信息技术,尽快建立起信息管理系统,帮助解决决策、管理和监督中信息不对称问题,以提高运作的效率。另一方面,无论是政府间事权和支出责任划分,转移支付的建立,还是各种专项拨款在政府间、学校间分配,其依据都是公共事务成本,而成本核算需要大量数据处理,甚至涉及建立数学模型,寻找经验依据。这些技术问题的解决需要一支高素质的专业化管理队伍。因此,加强管理队伍建设也是有必要的。

结合我国的实际情况,我们认为,达成同时实现上述三个目标的我国公共财政框架下规范的公共义务教育财政制度,可分如下两个大的阶段。第一阶段,即近期目标是建立一个以充足性为目标的公共义务教育财政制度。充足性含义可以界定为:政府在制度上为包括农村教学点在内的所有的义务教育阶段的学生都能享受最低标准的教育服务提供充足的教育经费。时下,急需要做的工作就是,要尽快确定最低义务教育服务水平标准,围绕这一标准核算其成本和财政需求,根据上述政府间义务教育财政责任划分,确立各自拨款的金额。同时也要规范各级政府义务教育财政拨款形式,建立健全责任到位的机制。第二阶段,根据我国公共财政体制改革进程,先实现省内义务教育实际财政支出的结果公平,逐步实现全国范围内义务教育财政支出结果公平,并最终建立起既有效率又公平的、规范的公共义务教育财政制度,也只有这样,才能从根本上保证布局结构调整后农村教学点的孩子及城乡所有适龄儿童都能公平地接受教育。

  总之,农村教学点的建设,既是涉及偏远落后地区农村孩子能否上学的问题,又是关涉九年制义务教育的巩固和质量提高的问题,如果不采取有效措施予以解决,就难以保证偏远农村地区的孩子在农村中小学布局结构调整后能享受到较好的教育。当然,农村教学点的建设是一个复杂的系统工程,不是一两天就能见成效的,但只要各级政府高度重视,社会各方共同努力,问题就不难解决。

参考文献

1. 梁忠义著：《战后日本经济发展与教育》，人民教育出版社 1981 年版。
2. ［美］约翰·希恩著，郑伊雍译：《教育经济学》，教育科学出版社 1981 年版。
3. ［美］卡扎米亚斯、马西亚拉斯著，福建师范大学教育系等译：《教育的传统与变革》，文化教育出版社 1981 年版。
4. 厉以宁著：《教育经济学》，北京出版社 1982 年版。
5. ［美］西奥多·W. 舒尔茨著，曹延亭译：《教育的经济价值》，吉林人民出版社 1982 年版。
6. ［瑞士］查尔斯·赫梅尔著，王静等译：《今日的教育为了明日的世界——为国际教育局写的研究报告》，中国对外翻译出版公司 1983 年版。
7. 成有信编：《九国普及义务教育》，人民教育出版社 1985 年版。
8. 盖浙生著：《教育经济学》，台湾三民书局 1982 年版。
9. 林文达著：《教育财政学》，台湾三民书局 1986 年版。
10. 李少元著：《教育结构学》，辽宁教育出版社 1988 年版。
11. ［美］詹姆斯·M. 布坎南著，平新乔、莫扶民译：《自由、市场和国家》，北京经济学院出版社 1988 年版。
12. 吴文侃、杨汉清主编：《比较教育学》，人民教育出版社 1989 年版。
13. 游正伦、吴德刚主编：《义务教育概论》，新疆教育出版社 1989 年版。
14. 赵百禄著：《复式教学浅说》，未来出版社 1989 年版。
15. ［英］布劳格著，韩云等译：《教育经济学导论》，春秋出版社 1989 年版。
16. 曾满超、薛伯英、曲恒昌、崔维译：《西方教育经济学流派》，北京师范大学出版社 1990 年版。

17. ［美］西奥多·舒尔茨著，蒋斌、张蘅译：《人力资本投资：教育和研究的作用》，华夏出版社1990年版。

18. 张人杰著：《教育与社会》，中国科学技术出版社1991年版。

19. 张培刚主编：《新发展经济学》，河南人民出版社1992年版。

20. 秦宛顺、厉以宁主编：《教育投资决策研究》，北京大学出版社1992年版。

21. 黄宗智著：《中国农村的过密化与现代化：规范认识危机及出路》，上海社会科学院出版社1992年版。

22. ［美］迈克尔·P.托达罗著；印金强，赵荣美等译：《经济发展与第三世界》，中国经济出版社1992年版。

23. ［法］雅克·哈拉克著，尤莉莉、徐贵平译：《投资于未来——确定发展中国家教育重点》，教育科学出版社1993年版。

24. 滕大春著：《美国教育史》，人民教育出版社1994年版。

25. 靳希斌主编：《从滞后到超前——20世纪人力资本学说》，山东教育出版社1995年版。

26. 国际21世纪教育委员会著，联合国教科文组织总部中文科译：《教育——财富蕴藏其中》，教育科学出版社1996年版。

27. ［美］曼瑟尔·奥尔森著，陈郁等译：《集体行动的逻辑》，生活·读书·新知三联书店1995年版。

28. 费孝通、张林娜著：《学术自述与反思》，生活·读书·新知三联书店1996年版。

29. 卢现祥著：《西方新制度经济学》，中国发展出版社1996年版。

30. 华民著：《公共经济学教程》，复旦大学出版社1996年版。

31. ［美］阿瑟·刘易斯著，周师铭、沈丙杰、沈伯根译：《经济增长理论》，生活·读书·新知三联书店1996年版。

32. 汪丁丁著：《我思考的经济学》，生活·读书·新知三联书店1997年版。

33. 陈共编著：《财政学》，四川人民出版社1997年版。

34. 赖德胜著：《教育与收入分配》，北京师范大学出版社1998年版。

35. 张力、曾天山等著：《面对贫困——中国贫困地区教育发展的背景、现状、对策》，广西教育出版社1998年版。

36. 池小芳著：《中国古代小学教育研究》，上海教育出版社1998年版。

37. 熊贤君著：《千秋基业——中国近代义务教育研究》，华中师范大学出版 1998 年版。

38. 中华人民共和国教育部编：《共和国教育 50 年（1949～1999）》，北京师范大学出版社 1999 年版。

39. 王善迈著：《教育投入与产出研究》，河北教育出版社 1999 年版。

40. 魏新主编：《教育财政学简明教程》，高等教育出版社 1999 年版。

41. 赵中建主译：《全球教育发展的历史轨迹——国际教育大会 60 年建议书》，教育科学出版社 1999 年版。

42. ［美］阿瑟·奥肯著，王奔洲等译：《平等与效率》，华夏出版社 1999 年版。

43. ［美］罗伯特·加涅著，皮连生等译：《学习的条件和教学论》，华东师范大学出版社 1999 年版。

44. 张五常著：《佃农理论》，商务印书馆 2000 年版。

45. 袁连生著：《教育成本计量探讨》，北京师范大学出版社 2000 年版。

46. 杜育红著：《教育发展不平衡研究》，北京师范大学出版社 2000 年版。

47. 李宝元著：《人力资本与经济发展》，北京师范大学出版社 2000 年版。

48. 曾满超、魏新、萧今主编：《教育政策的经济分析》，人民教育出版社 2000 年版。

49. 李少元著：《农村教育论》，江苏教育出版社 2000 年版。

50. 王德清、欧本谷主编：《教育测量与评价学》，西南师范大学出版社 2000 年版。

51. 徐辉、黄学溥著：《中外农村教育的发展与改革》，西南师范大学出版社 2000 年版。

52. 喻本伐、熊贤君著：《中国教育发展史》，华中师范大学出版社 2000 年版。

53. ［美］马丁·卡诺依编著，闵维方等译：《教育经济学国际百科全书》，高等教育出版社 2000 年版。

54. 教育部师范教育司组织编写：《教师专业化的理论与实践》，人民教育出版社 2001 年版。

55. 靳希斌编著：《教育经济学》，人民教育出版社 2001 年版。

56. 袁振国主编：《教育政策学》，江苏教育出版社 2001 年版。

57. 于建嵘著：《岳村政治——转型期中国社会乡村政治体系的变迁》，

商务印书馆 2001 年版。

58. [美] 菲利普·库姆斯著,赵宝恒、李环等译:《世界教育危机——八十年代的观点》,人民教育出版社 2001 年版。

59. [美] 罗伯特·G. 欧文斯著,窦卫霖、温建平、王越译:《教育组织行为学》,华东师范大学出版社 2001 年版。

60. 陈玉琨著:《教育评价学》,人民教育出版社 2002 年版。

61. 陈向明著:《质的研究方法与社会科学研究》,教育科学出版社 2002 年版。

62. [美] 劳伦斯 A. 克雷明著,洪成文、丁邦平等译:《美国教育史——建国初期的历程:1783~1876》,北京师范大学出版社 2002 年版。

63. 王英杰、曲恒昌、李家永著:《亚洲发展中国家的义务教育》,人民教育出版社 2003 年版。

64. 罗明东著:《教育地理学》,云南大学出版社 2003 年版。

65. 彭世华著:《发展区域教育学》,教育科学出版社 2003 年版。

66. 张善余著:《中国人口地理》,科学出版社 2003 年版。

67. 范先佐著:《教育投资体制改革的理论与实践问题研究》,华中师范大学出版 2003 年版。

68. 联合国教科文组织编,赵中建译:《教育的使命——面向 21 世纪的教育宣言和行动纲领》,教育科学出版社 2003 年版。

69. [瑞典] 理查德·斯威德伯格著,安佳译:《经济学与社会学》,商务印书馆 2003 年版。

70. [英] 杰夫·惠迪、萨莉·鲍尔、大卫·哈尔平著,马忠虎译:《教育中的放权与择校:学校、政府和市场》,教育科学出版社 2003 年版。

71. [印度] 阿玛蒂亚·森:《以自由看待发展》,中国人民大学出版社 2003 年版。

72. [美] 约翰·罗尔斯著,何怀宏等译,《正义论》,中国社会科学出版社 2003 年版。

73. [美] Bruce Joyce, Marsha Weil, Emily Calhoun 著,赵健译:《教学模式》,中国轻工业出版社 2003 年版。

74. [美] 约翰·E. 丘伯、泰力·M. 默著,蒋衡译:《政治、市场和学校》,教育科学出版社 2003 年版。

75. [日] 筑波大学教育学研究会编,钟启泉译:《现代教育学基础》,上海教育出版社 2003 年版。

76. 黄济著:《教育哲学通论》,山西教育出版社 2004 年版。

77. [法] P. 布尔迪厄、J. C. 帕斯隆著，邢克超译：《再生产——一种教育系统理论的要点》，商务印书馆 2004 年版。

78. 孙志军著：《中国农村的教育成本、收益与家庭教育决策——以甘肃省为基础的研究》，北京师范大学出版社 2004 年版。

79. 高如峰主编：《农村义务教育财政体制研究》，人民教育出版社 2005 年版。

80. 石人炳著：《人口变动对教育的影响》，中国经济出版社 2005 年版。

81. 唐松林著：《中国农村教师发展研究》，浙江大学出版社 2005 年版。

82. 联合国教科文组织国际教育发展委员会编著，华东师范大学比较教育研究所译：《学会生存——教育世界的今天和明天》，教育科学出版社 2005 年版。

83. [丹麦] 曹诗弟著，泥安儒译：《文化县——从山东邹平的乡村学校看二十世纪的中国》，山东大学出版社 2005 版。

84. [美] 珍妮·巴兰坦著，沈忆文、沈忆辉译：《教育社会学：一种系统分析方法》，江苏教育出版社 2005 年版。

85. [美] 约翰·杜威著，傅统先译：《确定性的寻求：关于知行关系的研究》，上海人民出版社 2005 年版。

86. 费孝通著：《江村经济——中国农民的生活》，商务印书馆 2006 年版。

87. 杨会良著：《当代中国教育财政发展史纲》，人民教育出版社 2006 年版。

88. 管跃庆著：《地方利益论》，复旦大学出版社 2006 年版。

89. [法] 埃德加·莫兰著，陈一壮译：《复杂性理论与教育问题》，北京大学出版社 2006 年版。

90. [美] 丹尼尔·布罗姆利著，陈郁等译：《经济利益与经济制度——公共政策的理论基础》，上海三联书店、上海人民出版社 2006 年版。

91. [美] 加里·贝克尔著，郭虹等译：《人力资本理论》，中信出版社 2007 年版。

附 录

华中师范大学"中西部地区农村中小学合理布局结构研究"课题组和"农村教学点问题研究"课题组,在英国政府双边赠款"西部地区基础教育发展"项目和全国教育科学"十一五"规划青年基金项目的资助下,从2005年7月开始,对中西部地区的湖北、河南、广西、云南、陕西和内蒙古6个省(自治区)、38个县(市)、177个乡(镇)的中小学布局调整情况和教学点的建设进行了深入、细致的调查研究,发表了30余篇论文,这里收录的是作者与该书有关的4篇论文,在收录本书时有所改动。

中国大陆农村中小学布局调整的背景、目的、方式、成效、问题及对策

——基于中西部地区6省(自治区)、38个县(市)、177个乡(镇)的调查与分析

范先佐

内容提要 本文通过对中国大陆中西部地区的湖北、河南、广西、云南、陕西和内蒙古6个省(自治区)、38个县(市)、177个乡(镇)中小学布局调整的调研,全面、深入地了解了中国大陆农村中小学布局调整的背景、目的、方式、成效与问题,分析了问题存在的原因,并在此基础上提出了农村中小学合理布局的对策思路。

关键词 农村中小学 布局调整 研究

20世纪90年代中后期开始,中国大陆农村地区,特别是中西部农村地区开始了新一轮中小学布局的大调整。那么,这一次农村中小学布局调整的原因是什么?调整的动力何在?取得了哪些成效?存在什么问题?怎

样判断布局调整的合理性？为了客观把握中国大陆农村中小学布局调整的真实情况，全面了解当前中国大陆农村地区中小学布局调整的经验及其存在的主要问题，探讨科学、合理的农村地区中小学布局调整的途径和方法，并结合中国大陆农村义务教育政策的调整和各地实际情况，提出一套科学、合理的农村地区中小学布局方案，华中师范大学"中西部地区农村中小学合理布局结构研究"课题组受教育部财务司和贷款办的委托，在英国政府双边赠款"西部地区基础教育"项目的资助下，从2005年7月至2008年10月，历经3年多时间，对中西部地区的湖北、河南、广西、云南、陕西和内蒙古6个省（自治区）、38个县（市）、177个乡（镇）的中小学布局调整情况进行了深入、细致的调查研究。调查采用问卷、访谈、查阅文献、观察等方式进行。其中，每个省区选择3~10个县（经济发达、中等发达和欠发达县各1~3个，同时考虑到了山区、丘陵和平原等空间位置）；每个县选择5个乡镇（1个发达乡镇，2个中等发达乡镇，2个不发达乡镇）；每个乡镇选择4~6所中小学（含教学点）。期间共发放问卷39 210份（其中县（市）、乡（镇）教育行政负责人卷210份，校长教师卷15 000份，家长卷12 000份，学生卷12 000份）；收回问卷32 476份（其中县（市）、乡（镇）教育行政负责人卷194份，校长教师卷12 490份，家长卷7 995份，学生卷11 997份），回收率83%；有效问卷31 055份（其中县（市）、乡（镇）教育行政负责人卷181份，校长教师卷11 463份，家长卷7 421份，学生卷11 990份），有效率79.2%。访谈典型个案共638例，其中教师249人、校长237人、家长以及村民72人、教育行政负责人80人。

课题组在调查中深入了解了中国大陆农村中小学布局调整的背景、目的、方式、成效与问题，分析了问题存在的原因，并在此基础上提出了农村中小学合理布局的对策思路。

一、农村中小学布局调整的背景

所谓农村中小学教育的布局，就是指农村中小学在哪里办学的问题。合理的教育布局能够使教育资源得到充分有效的利用，但在哪里办学不是静止不变的，而是要随着经济社会的发展，特别是人口的年龄结构和空间分布变化而不断调整。这种调整不是一个突变的过程，而是一个渐进的、长期的过程，每一次大规模的农村中小学布局结构的调整都是在特定的历史背景下进行的。中国大陆20世纪90年代中后期开始的新一轮学校布局结构大调整也不例外。

(一) 学龄人口减少的客观要求

20世纪70年代以来,中国大陆开始强有力地推行计划生育政策,到90年代中后期,由于计划生育政策的落实,农村人口出生率下降,加上城镇化的发展,农村中小学生源减少成为一种普遍现象。根据2005年全国1‰人口抽样调查资料,我国0~14岁人口数量为26 478万人,占总人口的20.27%,与2000年第五次全国人口普查相比,下降了2.62%。另据教育部公布的《2005年全国教育事业发展统计公报》,由于小学学龄人口的逐年减少,三年间全国小学生入学人数共减少1 300万人,2005年中国大陆小学在校生人数10 864.07万人,比上一年减少381.04万人。小学的数量也较三年前减少了9万多所。随着"普九"目标的实现和学龄人口的减少,初中学校数量和学生人数也在发生变化。2005年中国大陆初中学校比上年减少1 271所,在校学生也比上年减少312万人。

我们对中西部6省(自治区)的调查显示,同中国大陆其他地区一样,6省(自治区)0~14岁年龄段的儿童数量也在普遍减少,在总人口中所占的比例持续降低,其中,河南由2001年的25.94%下降到2005年的21.14%,下降了4.8%;陕西由25%下降到19.76%,下降了5.24%;内蒙古由21.28%下降到17.1%,下降了4.18%;广西和云南由于少数民族比较集中和准生二胎,人口下降的幅度尽管要小一些,但也呈下降趋势,2005年比2001年分别下降了2.48%和1.95%。在农村中小学学生不断减少的同时,班级规模也在持续萎缩。国家规定的标准班额为45人,但自20世纪90年代中后期开始,农村大多数小学的班额都难以达标,中西部地区的农村小学尤其如此。

针对上述情况,各地开始进行学校布局调整。如湖北钟祥市根据生源状况,计划到2010年9月将全市农村初中、小学学校数量从2005年的283所调减到164所(含教学点),逐年累计减少119所;计划设九年一贯制学校8所、初中25所、完小99所、初小23所、教学点8个、特殊教育学校1所。沙洋县则按照"1万人一所小学,3万人一所初中,20万人一所高中"的原则来规划中小学布局。

在调查中,我们根据中西部农村地区的实际情况和课题研究的需要设计了这样几个问题,如"学龄人口减少"、"税费改革导致的经费不足"、"城镇化的要求"、"行政区划的变化"以及"上级政府的要求"和"其他",作为反映农村中小学布局调整背景的有关因素。其中,选择"学龄人口减少"一项的人数占45.6%。从分别对地方教育行政人员和学校校长与教师问卷作单独分析的结果来看，地方教育行政人员选择这一项的比例达53.5%，学校校长和教师选择的比例占到46.1%，均占绝对多数（见附表1-1和附表1-2）。由此可见，农村中小学布局调整是农村学龄人口减少的客观要求。

附表1-1　6省（自治区）学校及教育行政人员问卷统计分析结果①

选项	频数（人）	人次百分比（%）	样本百分比（%）
学龄人口减少	7 586	45.6	77.9
税费改革导致的经费不足	2 573	15.5	26.4
城镇化的要求	2 048	12.3	21.0
行政区划的变化	1 337	8.0	13.7
上级政府的要求	2 837	17.1	29.1
其他	245	1.5	2.5
总计	16 626	100.0	170.8

注：$n=9\,735$。②

附表1-2　6省（自治区）行政卷和学校卷单独统计分析结果　（单位：%）

选项	行政卷	学校卷
学龄人口减少	53.5	46.1
税费改革导致的经费不足	13.7	15.3
城镇化的要求	10.9	12.4
行政区划的变化	6.7	8.3
上级政府的要求	14.1	17.0
其他	1.1	0.9
总计	100.0	100.0

注：行政卷$n=168$；学校卷$n=9,562$

---

① 本题为多项选择题，人次百分比是指应答频数占全部人次的百分比；样本百分比是指应答人次占全部有效样本数的百分比，因此百分比合计超过100%，下文若不加说明，均同此处。

② 在回收的有效问卷中，由于存在部分题项没有做答或不符合要求而被剔除的数据，因此，具体到某一题项时，其实际有效问卷数有时会小于有效问卷数，在表中用"$n=$"表示某一题项的实际有效问卷数。在下文中若不加说明，其有效问卷数均指针对具体题项实际做答的有效数据份数，用备注"$n=$"加以说明。

（二）农村税费改革的自然选择

税费改革之前，农村中小学教育投入主要来源于乡镇，即教育费附加、教育集资和财政拨款（县乡财政）。由于国家投入甚少，县乡财力薄弱，农村教育费附加和教育集资实际上是农村义务教育的主要经费来源。税费改革后，随着农业附加税及农村集资等的废除，县乡财政收入大幅度减少。尽管中国大陆对农村义务教育管理体制进行了重大调整，将义务教育责任上收至县，但是在各级政府间关于农村义务教育的责任没有划分清楚的情况下，只是简单地将义务教育的统筹层次提高到县一级，将乡、村的资金缺口集中到了县级财政，总量不足的问题仍然难以得到真正的解决。以陕西省的洛川、宜川、富县、黄龙四县为例，2004年四县财政收入分别为5 715万元、1 320万元、2 813万元、681万元，该年四县仅教师工资就分别支出4 649万元、2 606万元、3 243万元、1 772万元。除洛川县外，其余三县的地方财政收入全部用于发放教师工资后尚有成倍的缺口①。因此，面对越来越大的财政压力，县及县以上政府均希望通过压缩校点，扩大学校规模，以提高教育资源利用效率，减轻财政压力。于是，农村中小学布局调整就成为农村税费改革后政府的一种自然选择。

当问及布局调整的原因时，6省（自治区）问卷调查结果显示，"税费改革导致经费短缺"一项所占比例为15.5%，位列第三。分省问卷分析发现，河南、陕西、湖北和内蒙古受税费改革影响更大，这项数据在这几个省内均排第二。在实地调研过程中，很多受访者也反映："财政紧张是政府考虑农村中小学布局调整的主要原因"，等等。这也都从侧面反映了农村学校普遍存在的经费不足的问题，印证了农村中小学布局调整是税费改革自然选择的结论。

（三）城镇化的必然结果

改革开放以来，由于城镇化的快速发展，中国大陆的县（含县级市）出现了所占比重比以往大得多的小城镇。据统计，1978年中国大陆成建制镇只有2 176个，到1988年增加到11 481个，1992年以后，进入高速增长期，到2001年年底达到20 374个。也就是说，10年间，中国大陆平均每年新增小城镇800个左右，每年转移农村人口1 000万人左右，10年中

---

① 张克俭等：《农村基础教育投入保障机制问题——基于陕西省相关调研的思考》，载《教育发展研究》2005年第8期。

有超过1亿的农村人口落户小城镇。由于小城镇的大量涌现，加速了中国大陆城镇化的进程，城市化率大幅度提高，中国大陆城镇常住人口增长加快。根据2005年1‰人口抽样所公布的资料，所调研的湖北、河南、陕西、内蒙古、广西和云南6省（自治区）城镇常住人口已分别达到43.2%、30.65%、37.32%、47.2%、33.62%和33.62%（见附表1-3）。由于城镇化的增长速度加快，城镇化过程中乡土农村的经济社会发育程度、人口集聚程度以及相应的文化教育事业发展程度等都出现了与以往明显的差异，农村教育历来以行政区划为基础的布局方式已陈旧过时，"乡办高中、村办初中、小学办到家门口（自然村）"的布局方式早已被淘汰，就是"县办高中、乡办初中、村办小学"的格局也受到了城镇化和计划生育后学龄人口减少的冲击。如今，有大部分行政村年出生人口已不足以办起一座完整的小学。在这种情况下，打破按行政建制设点布校的农村中小学布局的旧格局，在乡镇或交通便利、集贸发达的行政村办小学，在中心镇重点加强初中学校建设，在县城和有条件的中心镇设置与发展高中阶段教育，即按人口规模和转移趋势规划学校布局就成为历史的必然。

附表1-3　2001～2005年6省（自治区）城镇、农村常住人口及变动情况比较*

省别	年份	城镇常住人口（万）	占该省常住人口比（%）	农村常住人口（万）	占该省常住人口比（%）	城镇化程度比上次普查增长（%）
湖北	2001	2 393.09	40.22	3 556.73	59.78	11.47
	2005	2 466.70	43.20	3 243.30	56.80	3.00
河南	2001	2 147	23.20	7 109	76.80	7.70
	2005	2 872	30.65	6 499	69.35	7.25
陕西	2001	1 163	32.30	2 442	67.70	10.80
	2005	1 384	37.32	2 334	62.77	4.97
内蒙古	2001	1 013.88	42.68	1 361.66	57.32	6.56
	2005	1 126.20	47.20	1 259.90	52.8	4.52
广西	2001	1 263.95	28.15	3 225.42	71.85	13.05
	2005	1 565	33.62	3 090	66.38	5.47
云南	2001	989.60	23.36	3 246.30	76.64	9.64
	2005	1 310.52	33.62	——	66.38	6.14

资料来源：2001年资料根据第五次人口普查公报整理；2005年资料根据各省区该年1‰人口普查公报中资料整理。*"上次普查"，即2001年指与第四次人口普查结果相比较，2005年是指与第五次人口普查结果相比较。

(四) 行政区划改变的直接影响

1998年以来，中国大陆大多数省份都相继开展了以"并乡、并村、并校"和"减人、减事、减支"为核心内容的乡镇机构改革，截至2004年9月30日，乡镇数量减少为37 166个，平均每天撤并4个乡镇。国家民政部的统计数据显示，截至2006年9月，中国大陆有18 336个镇、14 940个乡，乡镇总数为33 276个。预计2010年乡镇数量将减少到3万个左右。从1993年到2003年，中国大陆村民委员会的数量由80.2万个减少到65.8万个①。长期以来，由于农村中小学是以行政区划来布局的，因此当行政区划发生变化时，农村学校不可避免地会受到影响。本次乡镇撤并恰好与农村中小学布局调整同步进行，没有专门的统计数字表明因乡、镇、村行政区划改变而被撤并的学校数目，但调查发现，村级区划的改变对小学的影响较大，乡镇行政区划的改变则对初中的影响较大。这主要是因为，布局调整前为了便于扫盲教育和普及九年义务教育，小学的布局方式是按村级行政区划进行的，每个行政村都办有一所完全小学，偏远的自然村（或屯、寨）学生上学不方便的，也都办有教学点。2001年以来伴随着税费改革而进行的合乡并镇、并村中，有些相隔较近的村被合并起来，加之近几年农村中小学普遍生源减少，合并村的学校也就很自然地合并成一处。乡镇行政区划的改变也对乡镇中学的布局产生了较大影响。根据当前每乡办1~2所初中的指导思想，随着"合乡并镇"后乡镇数量的减少，初中学校的数量自然会相应减少。如内蒙古呼和浩特市武川县2002年撤乡并镇之前共有20个乡镇、123个行政村、968个自然村；2006年撤并为8个乡镇、93个行政村。与此同时，初中学校数量由原来的22所减少为2006年的15所，小学保留了11所，另有87个小学教学点分布在一些自然村和行政村。

总之，学龄人口的持续减少和农村人口向城镇的大规模流动使得农村中小学办学规模日渐萎缩，既造成了教育资源的浪费，使得本来就不足的教育投入得不到有效利用，又使得农村学校的教育质量难以保证，农村学生的教育公平受到严重的损害，更加大了城乡间教育不均衡；税费改革客观上给农村教育带来经费紧张；撤乡并镇、并村的行政区划改变直接造成长期依赖行政区划来进行农村中小学布局的格局被打破，等等。在这样的

---

① 张新光：《农村税费改革后的乡镇政府体制改革》，载《开放导报》2006年第5期。

大背景下，20世纪90年代中后期，一些地方政府和教育行政部门自发地进行过小范围的农村中小学布局调整，之后在中央政府和国家相关部委制定的学校布局调整政策的指导下，农村中小学布局调整在中国大陆大规模开展起来。

二、农村中小学布局调整的预期和动力

农村中小学布局调整是一个持续、渐进的过程。每一次布局调整都有其特定的行为预期，受这种预期心理的影响和制约就构成了每次农村中小学布局调整的动力。20世纪90年代中后期，中国大陆开始的农村中小学新一轮布局大调整，既是当时社会变革的重要组成部分，也是中国大陆社会转型与发展过程中的一种必然现象，同样具有其特定的行为预期和动力。

（一）追求效益是各级政府进行农村中小学布局调整的初始动力

从20世纪90年代中期开始，随着"分税制"和"农村税费改革"的推行，"三级办学，两级管理"的体制重心偏下引发的问题日益凸现。例如，许多地方乡镇财力有限，难以支撑义务教育维持与发展；学校必要的办学经费得不到保障，向农民征收的"教育费附加"不规范，致使农民负担过重；教师工资拖欠，学校校舍维修不及时，学校运转困难等。在这种背景下，2001年中国大陆开始实行"以县为主"的教育财政和管理体制。

"以县为主"的教育财政和管理体制，实质上是将对义务教育的投入责任以及重要人事管理责任由乡级政府上移到县级政府。这一体制的确立给县级政府和教育部门带来了相当大的压力，相当一部分县，特别是中西部地区以农业为主的县，长期存在财政能力薄弱的问题更加凸现。例如，湖北省英山县是一个国家级贫困县，全县2005年财政收入4 000多万元，仅教育支出就高达6 000多万元，面临巨大的财政压力；湖北沙洋县地处江汉平原腹地，是一个经济欠发达的农业县，2004年全年财政收入仅有1亿多元，而"普九"负债却高达9 000多万元。为了减轻政府财政压力，缓解税费改革后农村教育经费投入不足带来的各种问题，各级政府试图通过农村中小学布局调整，实现教育的规模效益和资源的优化配置。因此，追求效益就成为各级政府，尤其是县级政府进行农村中小学布局调整的初始动力。

在面向6省（自治区）、38个县（市）、177个乡（镇）教育行政管理人员发放的210份问卷中，共回收有效问卷176份。其中，160人认为，

农村中小学布局结构调整的目的，是为了"实现教育资源合理配置和提高教育资源利用效率的需要"，占有效问卷数的 90.9%，位居布局结构调整目的的首位（见附表 1-4）。

附表 1-4　农村中小学布局调整的目的（行政卷）

布局调整的目的	权重位次	频数（人）	人次百分比（%）	样本百分比（%）
实现教育资源合理配置的需要	1	160	31.4	90.9
提高教育质量的需要	3	113	22.2	64.2
方便教育管理的需要	2	138	27.1	78.4
实现教育均衡发展的要求	4	95	18.7	54.0
其他	5	3	0.6	1.7
合计	—	509	100.0	289.2

注：$n=176$。

在面向 6 省区学校教职员工发放的 15 000 份问卷中，共回收有关布局结构调整目的的有效问卷 9 368 份，其中有 6 487 人认为，农村中小学布局结构调整的目的是为了"实现教育资源合理配置和提高教育资源利用效率的需要"，占有效问卷总数的 69.2%，也位列布局结构调整目的的首位（见附表 1-5）。

附表 1-5　农村中小学布局调整的目的（学校卷）

布局调整的目的	权重位次	频数（人）	人次百分比（%）	样本百分比（%）
实现教育资源合理配置的需要	1	6 487	29.1	69.2
提高教育质量的需要	2	6 240	28.0	66.6
方便教育管理的需要	3	4 907	22.0	52.4
实现教育均衡发展的要求	4	4 521	20.3	48.3
其他	5	131	0.6	1.4
合计	—	22 286	100.0	237.9

注：$n=9368$。

行政卷和学校卷的调查分析结果都表明，实现教育资源的合理配置是各地农村中小学布局调整的首要目的。

从各地调研所收集的政府档案、政策文本等原始资料来看，实现教育资源的合理配置和追求效益也都是各级地方政府进行农村中小学布局调整的最重要目的。

(二) 实现教育均衡发展是各级政府进行布局调整的直接目的

由于中国大陆各地经济社会发展很不平衡,城乡二元结构矛盾突出。作为处于二元社会的中国,教育发展最突出的问题之一,就是城乡之间、地区之间,甚至同一小区范围内教育发展的不均衡。

在构建和谐社会和建设社会主义新农村的过程中,政府开始注意教育发展和资源投入过程中的差距,重视区域内中小学教育的均衡发展,使区域内的普通中小学在办学经费投入、硬件设施、师资力量、办学水平和教育质量等方面大体上处于一个比较均衡的状态,与中小学教育的公共性、普及性和基础性相适应。但长期以来,农村形成的过于分散的办学模式使政府无法均衡地进行资源投入和师资的调配。因此,通过学校布局结构调整,合理配置好公共教育资源,适当集中办学,调整和撤销一批生源不足、办学条件差和教育质量低的学校,实现区域(县、市、区)内或更大范围内中小学教育的均衡发展就成了政府工作的一个重要方面。

从 6 省(自治区)问卷调查结果来看,在 176 份有效行政卷中,有 20.3% 的县(市)、乡(镇)的教育行政管理人员认为,"实现教育均衡发展的要求"是布局调整的目的之一,占总应答人次的 48.3%,位居布局调整目的的第四位(见附表 1-4)。

(三) 方便教育管理是地方政府进行农村中小学布局调整的迫切要求

20 世纪 90 年代末,中国大陆开始实施政府机构改革,原来设在农村乡镇的教育组被撤销,改为由中心校校长兼任教育干事负责督导和管理本地教育事务的新型教育管理体制。管理人员的缩减使各地教育干事或中心校校长负担的农村中小学教育管理事务加重。特别是大量交通不便、偏远地区的学校和教学点的存在,使得教育管理的成本增加,难度加大,甚至影响了教育质量的提高。因此,农村中小学布局调整在客观上被赋予方便教育管理的要求。农村中小学布局调整使教育资源得以集中,布点学校得以减少并趋向合理,管理的幅度因而大大缩小,特别是地处边远地区的教学点被撤销后,管理时间得以缩短,交通成本也大大降低,从而有利于管理效率的提高。从管理的角度而言,布局调整在实际上减轻了教育行政管理工作的压力,客观上对地方政府特别是地方教育行政管理部门有利,激励着地方政府积极推动本地的布局调整工作。因此,方便教育管理是地方政府尤其是地方教育行政管理部门进行布局调整的迫切要求。

问卷调查显示,行政卷"方便教育管理的需要"人数为 138 人,占总应答人次的 78.4%，在布局调整各目的的认同度中排第三位；在 9 368 份有效学校问卷中，同题项的应答人数为 4 904 人，占总应答人次的 52.4%，也位列第三位（见附表 1-4 和附表 1-5）。

（四）追求教育质量的提高是各级政府进行农村中小学布局调整的最终动力

随着中国大陆农村人口出生率的下降和城市化的快速推进，广大农民及其子女对优质教育的需求也日益迫切。但由于长期以来中国大陆不少农村地区中小学布局分散，办学条件差，学校和班级规模普遍较小，复式班过多，教师负担重，教学质量差，难以满足广大农民及其子女对优质教育的需求。因此，农村中小学布局结构的调整，既要关注学校的规模效益，更要重视这项工作对于提高教育质量效益的意义。为此，各地通过大力调整农村中小学布局，大力发展乡镇中小学，积极推动村与村联办完全小学，扩大办学规模；有计划地撤并那些规模小、质量低、效益差的初中，有效地改善了办学条件，促进了教育教学质量的显着提高。

问卷调查结果显示，"提高教育质量的需要"在行政卷中有 113 人应答，占 176 份有效问卷的 64.2%，位居布局调整目的的第二位（见附表1-4）；在 9 368 份有效学校问卷中，"提高教育质量的需要"为 6 240 人次，占有效问卷总数的 66.6%，在布局调整目的中也位列第二位（见附表1-5）。行政卷和学校卷高度一致的排序结果表明，"提高教育质量"是各级政府进行农村中小学布局调整的最终目的。

综上所述，中国大陆农村中小学布局调整的目的十分明确，即追求教育资源的合理配置和学校规模效益的提高，方便教育管理，实现教育均衡发展和教育质量的提高，满足广大人民群众对优质教育的迫切需求。正是对这些目的的追求构成了各级政府进行农村中小学布局调整的动力，推动着农村中小学布局调整工作的开展。

三、农村中小学布局调整的障碍及方式选择

农村中小学布局调整不仅是教育资源合理配置与优化的过程，而且是村民、学生家长、教师和政府四大主体利益的调整过程。其中，教师作为国家公职人员在思想和行为上容易接受和理解国家的政策，与政府的利益也基本一致。这样布局调整主要涉及的就是村民、家长与政府的利益，村民和家长的利益在本质上是一致的，因此村民、家长与政府双方的利益博弈就决定着布局调整方式的选择。

（一）农村中小学布局调整的障碍

农村中小学布局调整主要是地方政府的行为，地方政府强调布局调整追求的是效益和质量的提高，以便获得社会的认可，但这并不意味着布局调整会自动取得当地小区的认可，获得乡村社会的支持。事实上，广大村民、家长对农村中小学布局调整有着自己独立的认识，可能与政府的想法一致，也可能不一致。根据我们对6省（自治区）的调查，各地在农村中小学布局调整之初都出现过部分村干部、村民和学生家长反对撤销当地中小学、让本村学龄儿童到较远地方上学的问题，个别乡镇的村民甚至采取抗议的方式反对布局调整。

之所以出现这样的问题，调查发现，其原因如下。

1. 建校又撤校，干部群众不理解

多年来，农村教育，尤其是村级小学都是由农民自掏腰包办起来的，国家投入极为有限，特别是20世纪80～90年代普及九年义务教育时，村级小学大都是由当地村干部带领村民多方筹资建起来的，他们为建校饱受艰辛，甚至至今仍为此负债。学校的建成使用往往属于地方文化体系的重要组成部分，是当地的标致性建筑，因此常常作为一任或几任村干部树立在村民心中的一座丰碑，他们常以此为荣。现在要将学校停办或撤并，无论出于什么理由大家在心理上都难以接受。在村民看来，一村一校天经地义。因此，一些村甚至在经费极为紧张的情况下宁愿自聘教师也不愿撤点并校。

当问及"你认为当地布局调整的障碍是什么"时，对6省（自治区）行政问卷分析的结果显示，"学生担心上学路远"、"家长不理解"和"村民不支持"依次分列布局调整障碍的前三位，三者的应答样本百分比分别为63.4%、62.9%和49.7%（见附表1-6）。

附表1-6　农村中小学布局调整的障碍（行政卷）

布局调整的障碍	权重位次	频数（人）	人次百分比（%）	样本百分比（%）
村民不支持	3	87	24.3	49.7
家长不理解	2	110	30.7	62.9
教师怕下岗失业	5	18	5.0	10.3
学校不配合	6	3	0.8	1.7
学生担心上学路远	1	111	31.0	63.4
其他	4	29	8.1	16.6
合计	—	358	100.0	204.6

注：$n=175$。

6省（自治区）的学校问卷调查结果也显示：布局调整的最大障碍首先是"学生担心上学路远"，该题项有6 679人应答，占全部有效问卷的62.3%；其次是"家长不理解"，应答人数为6 624人，占有效问卷数的61.7%；再次是"村民不支持"，应答人数为3 972人，占总样本数的37.0%（见表7）。

附表1-7 农村中小学布局调整的障碍（学校卷）

布局调整的障碍	权重位次	频数（人）	人次百分比（%）	样本百分比（%）
村民不支持	3	3 972	18.7	37.0
家长不理解	2	6 624	31.2	61.7
教师怕下岗失业	4	2 900	13.7	27.0
学校不配合	5	526	2.5	4.9
学生担心上学路远	1	6 679	31.5	62.3
其他	6	531	2.5	4.9
合计	—	21 232	100.0	197.9

注：$n=10\ 729$。

对附表1-6和附表1-7的分析不难发现，无论是县（市）、乡（镇）的教育行政工作人员还是学校教职员工，都把"学生担心上学路远"、"家长不理解"和"村民不支持"依次列为农村中小学布局调整最主要的三大障碍，这说明他们对布局调整主要障碍的认识是高度一致的。家长实际上是学生利益的代表，村民是潜在的学生家长或曾经的学生家长，因此三者的利益在根本上是一致的。"学生担心上学路远"、"家长不理解"和"村民不支持"被行政卷和学校卷一致列为布局调整障碍的前三位充分说明：家长、村民的利益与政府的利益冲突是布局调整中最突出的矛盾。

2. 学生上学路程太远，家长担心孩子不安全

农村中小学布局调整后不少学生距离学校十多里路或更远，早晚上学回家，难免不测，家长不放心。据调查，在问及家长"你认为布局调整后孩子上学是否方便时"，在7 200份有效家长问卷中，有29.6%的家长认为自己的孩子上学不方便。在面向在校学生发放回收的11 553份有效问卷中，当问及学生"你认为自己现在上学是否方便"时，有27%的学生认为自己上学不方便。

家长担心子女上学不方便主要考虑的是路远不安全。10 944份有效学

生问卷的调查结果显示,学生上学的平均距离约为4.8千米,最远的为100千米①(见附表1-8)。一方面,学生上学路程过远;另一方面,调查结果显示,66.2%的样本学生上学靠步行。在路远步行条件下,交通不便、经济条件相对落后地区的农村学生,特别是低年级学生上学不方便就可想而知;家长的担心也就是理所当然的。

附表1-8 学生卷关于学生上学的距离统计结果表(单位:千米)

	样本数	最大值	最小值	平均	标准差
离校距离	10 903	100	0	4.8	17.8269

在问及布局调整后"孩子上学你最担心的问题是什么"时,家长将"孩子的安全问题"列为第一位,占7 242份有效问卷的44.4%(见附表1-9);学生卷验证了家长的担心是真实的,当问及学生"你现在上学最担心的问题是什么"时,在11 580份有效问卷中有25.6%的学生将"路远不安全"列为自己最担心的问题,在所列问题中位居第二位(见附表1-9)。

附表1-9 家长和学生最担心的问题 (单位:人,%)

家长最担心的问题	人数	百分比	学生最担心的问题	人数	百分比
孩子的安全问题	3 213	44.4	路远不安全	2 968	25.6
家庭经济负担	1 477	20.4	受别村同学的欺负	891	7.7
孩子学习成绩下降	2 229	30.8	加重了家长的负担	6 107	52.7
孩子的生活问题	234	3.2	不适应学校环境	544	4.7
其他	89	1.2	其他	1 070	9.2
总计	7 242	100.0	总计	11 580	100.0

3. 部分家庭经济困难,担心增加额外负担

农村不少家庭经济比较困难,到外地就读或寄宿既要增加生活费用和交通费用,又担心孩子吃不好,睡不好。孩子在本村读书,吃住在家中,不仅可以节省开销,早晚还可以帮着做些家务活。调查显示,有20.4%的家长最担心的问题是布局调整后家庭经济负担加重;有52.7%的学生最担心的问题是加重了家长的负担,列学生卷中最担心问题的首位(见附表1-9)。

---

① 为了避免大数对平均数的影响,该平均数是在我们剔除了部分异常数据和大数后显示的结果。实际上在内蒙古牧区,部分学生上学最远的距离甚至高达400千米以上。

实地调查中发现，布局调整后，由于上学路途较远，不少路远学生上学不得不乘车就读，与以前在村小就读相比增加了家庭的交通费开支，在校住宿的学生还要增加额外的伙食费（搭伙费、加工费）和住宿费，不少贫困家庭家长感到经济负担沉重。如内蒙古武川县在布局调整过程中采用农村中小学校城镇化模式，当地不少农村中小学生都在县城读书，由于学校寄宿条件不完善，不少学生就向学校附近的居民定期缴纳一定的住宿费和生活费，吃住在户主家中，当地人将这类农村学生称为"留学生"。据了解，"留学生"缴纳给户主的住宿费和生活费平均每学期在800～1 000元左右。再加上学生回家的交通费用，以每月往返一次20元、每学期6次计算，一名学生一学期的交通费就多达120元。与布局调整前的就近入学相比，这些支出都是额外增加的，农村中小学生的家庭经济负担因此大大加重，一些贫困家庭甚至已经无力承担孩子求学的费用，当地不少家庭已经开始以借款、贷款的方式帮助自己的孩子完成学业。

4. 部分孩子不适应新环境，父母担心子女学习成绩下降

农村中小学布局调整后，家长由于对新学校缺乏认识，担心自己的孩子到了新学校后不适应环境会引起成绩的下降。调查显示，有30.8%的家长担心孩子成绩下降，位居中小学布局调整后家长最担心问题的第二位；此外，有4.7%的学生最担心不适应学校新环境（见附表1-9）。

调研过程中发现，不少地方农村中小学合并之后，都出现了班级规模过大、教师负担过重的问题，学校教育质量受到一定的影响。不少家长因此认为：布局调整之前是小班教学，教师的责任心强，对孩子的学习辅导到位，有利于自己孩子的学习；而布局调整后实行的是大班教学，教师对自己孩子的关注程度可能会不如从前，再加上自己的孩子对新学校环境的不适应，都可能会导致孩子的学习成绩下降。

由于以上问题和困难的存在，家长、村民与政府在布局调整中的矛盾就不可避免地存在乃至激化，成为布局调整的主要障碍。因此，农村中小学布局调整不是一种自发的行为，而是社会力量所塑造的，也是一种社会结构问题的反映。

（二）农村中小学布局调整的方式选择

农村中小学布局调整在一定意义上就是政府与村民利益格局调整的过程，在调整过程中政府始终居于主导地位，并且不少地区是以运动形式进行的，这就使得布局调整的方式选择呈现出教育行政与政治的特点。

依据政府行政方式选择的类型，大致可以将农村中小学布局调整方式

划分为以下三种方式。

1. 示范的方式

所谓示范的方式，就是政府以成功的经验来推动整个区域内农村中小学布局的调整。具体做法是政府制定较长时期的学校布局规划，有意识地加强规划内定点学校的建设，使这些学校具有吸引力，逐渐吸引周边学生过渡到这些定点学校。

对6省（自治区）179份有效行政卷的分析显示：在各种布局调整方式中居首位的是示范的方式，应答人数为96人，占有效样本数的53.6%（见附表1-10）。

附表1-10　农村中小学布局调整方式的选择（行政卷）

布局调整的方式	权重位次	频数（人）	人次百分比（%）	样本百分比（%）
示范的方式	1	96	45.5	53.6
强制的方式	4	17	8.1	9.5
示范与强制相结合方式	2	74	35.1	41.3
其他	3	24	11.4	13.4
总计	—	211	100.0	117.9

注：$n=179$

6省区学校卷针对布局调整方式选择的调查分析结果如附表1-11所示。从附表1-11可见，"示范的方式"应答人数为3 386人，占有效问卷总数的31.1%，在三种方式排序中位居第二位。

附表1-11　农村中小学布局调整方式的选择（学校卷）

布局调整的方式	权重位次	频数（人）	人次百分比（%）	样本百分比（%）
示范的方式	2	3 386	28.9	31.1
强制的方式	3	2 487	21.2	22.8
示范与强制相结合方式	1	5 450	46.6	50.0
其他	4	384	3.3	3.5
总计	—	11 707	100.0	107.5

注：$n=10\ 892$。

通过对附表1-10和附表1-11的比较发现，县（市）、乡（镇）的教育行政管理人员和学校教职员工对示范方式的看法位次不一致。在行政卷中，示范的方式被排在各种方式的首位，而在学校卷中却排在第二位。这说明县（市）、乡（镇）的教育行政管理人员和学校教职员工对布局调整方式的认同具有一定的差异。这种差异主要是由于身份和工作性质的不同而造成的。

对家长卷的分析印证了行政卷和学校卷对示范方式比较高的认同度。在问及学生家长"当地布局调整采取的是宣传动员还是采取强制手段"时，在 6 639 份有效家长问卷中，有 61.3％的家长认为布局调整采用的是宣传动员方式（如附表 1-12 所示）。另当问及"当地布局调整是否征求过包括你在内的家长的意见"时，有 56.1％的家长回答"征求过意见"。这说明，各地在进行布局调整过程中确实做了大量的宣传和动员工作，因而政府在布局调整过程中主要运用示范的方式是可信的。

运用示范的方式可以发挥成功经验的带动作用。对广大群众而言，样板的力量是什么地方什么时候都不能低估的，尤其是在农村中小学布局调整问题上，村民和村干部都有着浓厚的攀比心理。因此，用布局调整成功的典型经验不仅可以说服村民，而且可以减少他们与政府在学校布局调整方面的冲突。

附表 1-12　家长对布局调整方式的看法

	回答人数（人）	样本百分比（％）
宣传动员	4 072	61.3
强制手段	724	10.9
说不清楚	1 843	27.8
合计	6 639	100.0

2. 强制的方式

所谓强制的方式，是指政府利用手中掌握的资源，用行政手段对农村中小学布局调整进行直接的控制和干预，以达到政府意愿目标。运用强制的方式，政府处于主导地位，群众较少参与到决策过程中。

政府之所以能够采用强制的方式，是因为中国大陆教育的发展主要是以行政力量推动的，相关群众常常是被动的参与者，他们在教育改革过程中的角色是由政府设定的。与此同时，乡村社会又缺乏对政府的强有力监督和有效的群众意见表达机制，政府与村民的这种互动结构是导致政府发动"强制性变迁"的基础，但村民在此过程中的消极态度和行为也会影响政府强制性变迁的效果。

由于一些村民对农村中小学布局调整的重要性缺乏充分的认识，在具体工作中表现消极,致使个别地方的布局调整工作不能如期完成。在一些地方,教育行政部门在操作过程中不及时召开家长会及社会各方代表的通报会,而是令到即行,造成家长、社会和学校缺少必要的沟通和了解。还有些地方为揽政绩,层层加码,以求超额完成任务。这样一来,学校布局调整就变成了自上而下的政府行为,而没有立足于对本地的实际调查,结果导致布局调整方案一出台,报告、反映雪片飞来,政府工作被动,方案难行,甚至搁浅。调研中发现,强制的方式在各地农村中小学布局调整过程中时有发生。

3. 示范和强制相结合的方式

示范与强制相结合的方式,从某种意义上说,就是胡萝卜加大棒的方式,即政府给予那些配合布局调整的学校以相应的好处,而对那些不愿进行布局调整的学校和村民则采取威胁和强制的方法。

运用示范和强制相结合方式的具体做法是:政府首先将若干规模较小的中小学合并或并入其他规模较大的中小学,这些并掉的中小学校舍则整体移交给中心小学和那些交通便利、位于人口稠密地区的村校,使得这些学校吸纳村小的能力增强,村小撤并后校舍则留给幼儿园。

运用示范与强制相结合的布局调整方式能够相对妥善地处理各方面的矛盾。在具体实施过程中,政府一般会采用示范的方式,但如果一些村民不愿撤并村小,政府也会采取威胁或强制的方式。比如告诉村民,如果不撤并将不会派最好的老师到村小任教,村小的质量无法得到保证。在这种威胁和强制下,一些不支持布局调整的村民也会被迫同意。因此,示范与强制相结合的方式在农村中小学布局调整过程中是一些地方政府经常使用的方式之一。

从各地实际选择的布局调整方式来看,6省(自治区)选择的方式存在着显著差异。内蒙古、广西、云南和湖北采用的首选方式都是示范的方式,并且内蒙古、广西和云南三个民族地区省份对该方式的认同比例都明显高于湖北省。而河南和陕西两个省份的首选方式却是示范与强制相结合的方式。尤其值得关注的是,内蒙古和云南没有一个教育行政管理人员认为本地采用了"强制方式",而且这两个省区恰好又都是多民族地区。这就说明,为了照顾各民族的利益,防止民族冲突,在农村中小学布局调整过程中,民族地区较少或根本不采用强制方式,而更多采用示范的方式。

当然,在布局调整过程中,具体采取哪种方式与地方政府面临的压力大小、当地村民的认可程度、习惯使用的行政方式和可用的资源以及一些偶然的机会有关。如果上级政府的压力太大,地方政府可用的资源又较少，采用强制方式的概率就高；如果在平时的政府工作中地方政府较为习惯使用某种行政方式，那么，在农村中小学布局调整过程中政府使用这种行政方式的概率也就高。

总之，地方政府在农村中小学布局调整过程中具体选择何种方式，反映了国家与社会在当地发生互动的基本特征。不过从上述分析中不难看出，示范的方式是一种较为理想的方式。

（三）农村中小学布局调整的具体模式

所谓布局调整的具体模式，就是指在农村中小学布局调整过程中具体采用哪种方式来达到布局调整的目的。按照布局调整在实践中的具体实施方式可以分为完全合并式、兼并式、交叉式和集中分布式四种主要模式。

1. 完全合并式

完全合并式是指在学龄人口普遍减少、班额不足的情况下将两所或多所学校合并为一所学校，学生按年级整体上加以合并和重新编班，校产和师资集中在一起。这种方式具体又可以分为两种样式：一种是分离式，将一所或几所学校分离到另一所或几所学校；另一种是联合式，就是几所学校同时撤并，然后再根据情况进行重新建设或设置新的校点。

6省（自治区）关于学校布局调整具体模式的问卷调查结果详见附表1-13。在180份有效行政问卷中，"完全合并式"应答人数为93人，占样本总量的51.7%，位居各种具体模式的第二位；在11 006份有效学校问卷中，"完全合并式"应答人数为4 937人，占样本总量的44.9%，也位居各种具体模式的第二位。

附表1-13　对布局调整具体模式的看法（行政卷和学校卷）

布局调整具体模式	行政卷				学校卷			
	频数（人）	人次百分比（%）	样本百分比（%）	排序	频数（人）	人次百分比（%）	样本百分比（%）	排序
完全合并式	93	32.2	51.7	2	4 937	32.1	44.9	2
兼并式	98	33.9	54.4	1	3 761	24.5	34.2	3
交叉式	32	11.1	17.8	4	1 446	9.4	13.1	4
集中分布式	59	20.4	32.8	3	5 030	32.7	45.7	1
其他	7	2.4	3.9	5	204	1.3	1.9	5
总计	289	100.0	160.6	—	15 378	100.0	139.7	—

注：行政卷 $n=180$，学校卷 $n=11\ 006$。

完全合并式的优点在于能最大限度地实现教育资源的合理配置和优化，能够实现教育教学工作的统一管理和教育质量的提高。从布局调整追求效益和质量提高的角度而言，这是一种最理想的模式，因此也是各地在布局调整过程中采用的最基本的模式之一。

该模式适合人口分布比较集中，原学校规模较小、校舍陈旧的地方。平原地区以及交通相对便利的地区采用这种模式较多。

2. 集中分布式

集中分布式是在中心学校的统一管理下设置一个或几个教学点的形式。其具体做法是在人口相对集中、办学条件比较好的村镇设立一所完全小学为中心学校，就近辐射多个村，根据具体情况在原村小学设立教学点，教学点由中心校统一管理。高年级学生可到中心学校上学，低年级学生仍在原村小上学。学生较少的教学点则进行复式教学。对于教学点师资无法承担的课程，如美术、音乐等，由中心校统一协调，安排教师巡回授课。

从问卷调查结果来看，集中分布式在行政卷中的应答人数为59人，占样本总数的32.8%，位居各种模式的第三位；在学校卷中该模式的应答人数为5 030人，占全部有效问卷的45.7%，位居各种模式之首（见附表1-13）。行政卷和学校卷对集中分布式的认同比重明显不同，一个是第三位，一个却是首位。之所以出现这种差异，原因可能在于：农村中小学布局调整是一个连续、持久的过程，教育行政管理工作人员由于工作连续性的原因对布局调整具体采用什么模式是从一个长期、多次调整的视角来考察的，而学校教职员工的视角却是基于对近期布局调整模式的认识。经过前期几轮农村中小学布局调整后，近期的布局调整进入了最困难的时期，集中分布式又是布局调整过程中利益关系难以调和的产物，因而在近期采用的比重也较高，但从长期来看却并非当地布局调整的首选模式。所以教育行政管理工作人员和学校教职员工认识上会出现这种差异。

从布局调整追求效益的角度而言，集中分布式不符合规模效益的原则，因而是不彻底的；从管理学角度来看，校点分散也不利于统一管理；从教育均衡发展的角度讲，教学点的办学条件无论如何也不能与中心学校相提并论，因而也不利于教育均衡发展的实现。但是这种模式既方便学生就近上学，又在一定程度上保证了教学点的教育质量，特别是在交通不便的山区和丘陵地区，以及布局调整过程中矛盾相对突出的地方，尤为适合采用这种模式。

3. 兼并式

兼并式就是由一所社会声誉和教学质量都比较高的学校去兼并另外一所或几所相对薄弱的学校，将校产、师资集中，扩大学校规模，实现以强扶弱、共同发展的目的。

从反映布局调整模式的问卷调查结果来看，行政卷中，"兼并式"有98人应答，占有效问卷数的54.4%，排在各种模式的首位；学校卷中有3 761人选择了"兼并式"，占有效问卷数的34.2%，列第三位（见附表1-13）。从附表1-13来看，教育行政工作人员与学校教育工作者对本地布局调整"兼并式"使用比重的看法有明显的差异。这种差异说明行政人员在主观上更倾向采用兼并模式来推进布局调整，但客观结果并非如此，学校教育工作者主要是从布局调整的实际结果来判断布局调整的具体模式的，因此才会出现学校卷和行政卷对该模式使用比重看法的明显不同。

兼并式是由一所优势学校兼并另一所或几所相对弱势的学校，因而有利于提高区域内的教育质量和实现教育的均衡发展。而且这种模式经常与政府布局调整所采用的"示范方式"紧密结合在一起，从某种意义上讲，"兼并式"就是地方政府在推行布局调整过程中采用"示范方式"良好效果的一种反映。兼并式主要不是受地理环境的影响，而是出于提高教育质量和实现教育均衡发展的目的而采用的一种模式，因而是一种适应性很强、选用比例较高的布局调整模式。凡是村与村之间相距比较近、学校办学条件差别较大情况下的学校撤并都适宜采用这种模式。

4. 交叉式

交叉式是指几个年级在甲村，另外几个年级在乙村，彼此独立运行的学校布局调整模式。其具体做法是，每所学校各自为政，校产不动，几个年级集中于甲地，另外几个年级集中于乙地；或者几所学校同时保留几个年级，另外几个年级的学生则全部集中在另一所学校，由一名校长总负责，教师统一调配。这种模式与集中分布式不同的是，尽管存在两个或多个校点，但各个校点的地位是平等的，不是中心校和教学点的关系，而是一种分工协作的联合办学形式，并且每个校点的学生人数还相对比较多。

调查结果显示，交叉式在行政卷中有32人应答，应答样本百分比为17.8%；学校卷中有1 446人选择了交叉式，占有效问卷的34.2%（见附表1-13）。两种问卷中该模式所占的位次都是第四位。

交叉式适合在学校相距较近，校舍相对都比较好，且校舍不便改作其他用途的地方采用。该模式的优点是便于充分利用教育资源，利于化解布局调整中的村际矛盾。

总之，农村中小学布局调整模式的选择是村民、家长与政府围绕不同利益相互博弈的结果。各地在实践中具体采用哪种模式，有赖于各地政府对本地实际情况的把握和利益的协调。

四、农村中小学布局调整的绩效评估

农村中小学教育布局既要受经济社会发展的影响，又要受地理环境、人口密度、空间分布及增长速度等多种因素的制约。经过布局调整，教育资源是否得到合理配置和有效利用，区域内教育是否得到均衡发展，农村中小学教育质量是不是得到提高等，便成为摆在人们面前的现实问题。

（一）农村中小学布局调整的总体评价

在一定区域内是否设置、如何设置普通中小学校，受许多因素的影响，在决策时，要同时考虑学校规模、服务人口、服务范围等因素。同理，对农村中小学布局调整进行总体性评价也必须充分考虑这些因素。

1. 布局调整后农村中小学学校规模

农村中小学布局调整的具体方式就是撤点并校，把一些教学质量差、生源不足的教学点撤并到中心学校，扩大学校规模，并集中资金、校舍、教师以及教学仪器、图书数据等资源，改善这些学校的教学条件和教育质量。而反映学校规模的指标主要有学生人数和班级数。

就校均学生人数而言，所调查的中西部农村地区的小学校均295人，初中校均1 020人，九年一贯制学校校均748人，高中校均2 025人（见附表1-14）。其中规模最大的小学有2 200人，最小的小学（教学点）只有3个学生，学校之间的差异非常大；学生人数最多的初中和高中分别有5 802人、5 097人，学生人数最少的初中只有111人，高中有350人，就学生人数最大值而言，学校规模已是够大的；就学校班级数和班级人数来看，小学平均8.2个班，每班36人，初中平均16.7个班，每班61人，九年一贯制学校平均19.8个班，每班38人，高中平均32.6个班，每班62人，可以看出初中和高中目前平均每班学生人数已超过60人，班级规模较大，高中的校均班级数达到30多个班；就区分不同地理位置的学校来看，山区、丘陵、平原的小学校均学生数分别为278人、336人、312人，相互之间差别很小；山区、丘陵、平原初中校均学生人数分别为878人、961人、1 244人，班级数分别为15.8、14.6、17.9。比照教育部《关于报送中小学布局调整规划的通知》中的规定，本次调查的实际情况表明，小学、初中的学校规模均超过了规定的指标，高中的情况与初中基本相似；再按是否是寄宿制学校来分类，寄宿制学校的学生人数、班级数都显著高于走读学校和寄宿走读混合制学校。单纯从教育效率和规模效益角度出发，寄宿制学校具有较高的教育效率和规模效益。这可能是许多地方教育行政管理部门对建设寄宿制学校"情有独钟"的重要原因之一。把农村中小学布局调整前的学校规模数据与本次调研所获得的学校规模数据进行比较分析，可以了解学校规模的变化情况。从6省（自治区）农村中小学布局调整前（1999年）的学校规模与布局调整后（2006年）的规模比较中，能够明显看到各级学校的校均在校学生人数都有显著增长：农村小学校均学生数由228人增加到295人，增长了29.5%；初中校均学生数由874人增加到1 020人，增长了16.6%；高中校均学生数由773人增加到2 025人，增长了162%（见附表1-15），高中的规模增长极为显著，这是由于高校扩招后对普通高中产生了极为显著的拉动作用。

附表1-14　6省（自治区）农村中小学布局调整前后学校规模及师生比比较

（单位：人）

比较项目及年份		6省（自治区）平均	陕西	广西	湖北	云南	河南	内蒙古
小学校均学生数	1999年	228	129	343	248	206	271	168
	2006年	295	303	230	445	336	304	560
小学师生比	1999年	1:25.2	1:28.6	1:29.5	1:26.5	1:24.1	1:27.2	1:15.2
	2003年	1:20.7	1:21.1	1:24.7	1:23.6	1:20.0	1:22.1	1:12.6
初中校均学生数	1999年	874	788	891	953	620	944	648
	2006年	1 020	801	698	1 359	1 004	1 139	2 445
高中校均学生数	1999年	773	710	753	1 093	801	953	640
	2006年	2 025	1 680	2 492	1 404	1 404	3 267	—
中学师生比	1999年	1:19.3	1:18.3	1:22.5	1:17.9	1:17.2	1:20.5	1:15.9
	2003年	1:19.9	1:20.1	1:21.4	1:20.7	1:19.2	1:21.5	1:16.6

资料来源：2003年的资料根据《中国统计年鉴（2004年）》中各级各类学校数、各级各类学校教师数、各级各类学校在校学生数等资料计算得出。

附表1-15　布局调整前后6省（自治区）农村中小学学校规模变化情况

学校类别	布局调整前（人）	布局调整后（人）	增长幅度（%）
小学	228	295	29.5
初中	874	1 020	16.6
高中	773	2 025	162.0

2. 布局调整后农村中小学的服务人口

中西部6省（自治区）农村中小学服务人口的数据统计显示：小学的平均服务人口为5 168人，初中为27 902人，九年一贯制学校为10 220人，高中为158 116人，比布局调整前均有显着的增加，其中小学增长幅度高达180.7％，初中为34.9％（见表16）。可见小学布局的调整幅度是最大的。

附表1-16　布局调整前后6省（自治区）农村中小学服务人口变化情况

学校类别	布局调整前（人）	布局调整后（人）	增长幅度（％）
小学	1 841	5 168	180.7
初中	20 681	27 902	34.9

附表1-17　6省（自治区）不同地理环境的学校布局情况

学校类型与位置		校均班级数（个）	校均学生数（人）	服务人口（人）	服务范围（千米）
小学	山区	8.2	278	5 062	3.1
	丘陵	8.1	336	5 747	2.5
	平原	7.9	312	5 201	2.1
	牧区	14.9	624	11 300	23.2
初中	山区	15.8	878	24 427	13.4
	丘陵	14.6	961	22 103	6.9
	平原	17.9	1 244	31 418	9.0
	牧区	50.3	3 150	147 589	55.1
九年一贯制学校	山区	21.2	699	9 130	5.1
	丘陵	16.8	811	16 409	7.8
	平原	12.5	1 114	14 620	4.6
	牧区	—	—	—	—
高中	山区	30.2	1 737	150 819	42.3
	丘陵	20.8	1 057	73 202	43.1
	平原	43.5	3 206	211 963	52.6
	牧区	—	—	—	—

就不同地区、同一层次学校而言，山区、丘陵、平原的小学服务人口分别为5 062人、5 747人、5 201人，三者之间十分接近，但牧区小学的服务人口则达到11 300人，几乎是前三类学校的2倍左右，这是因为牧区

中小学普遍实行寄宿制，其中服务人口要比其他地区高得多。山区、丘陵初中的服务人口比较接近，分别为24 427人和22 103人；比较而言，平原初中的服务人口要多一些，为31 418人；最多的是牧区初中，达到147 589人。就普通高中而言，丘陵地区的服务人口最少（73 202人），其次是山区（150 818人），最多为平原地区（211 962人）。地理位置不同的学校服务人口不同的最主要原因是，不同地区人口分布密度存在较大差异。此外，某一学校是否实行寄宿制对该学校的服务人口影响非常大（见附表1-17）。

3. 布局调整后农村中小学的服务半径

根据课题组对6省（自治区）问卷调查的统计分析，目前农村中小学服务半径的均值约是：小学校均服务范围为2.9千米、初中为12.2千米、高中为51.8千米。就小学而言，与1998年中国大陆小学的服务半径1.24千米相比，增加了1.3倍；与1998年中西部5省（自治区）的均值0.99千米相比，增长了1.9倍。中学方面由于缺乏布局调整前的有关资料，难以得出其服务半径变化情况的准确资料，不过根据课题组对6个省（自治区）的调研汇总情况来分析，农村中学在布局调整后实行寄宿制的学校更多，寄宿学生人数更多，加上撤并了相当数量的校点，因此中学服务半径的增加幅度不会低于小学。总体来说，布局调整使农村中小学的服务半径都大幅度增加。

综合上述对布局调整后中西部地区农村中小学学校布局现状的总体分析，可以总结为：农村中小学的布局调整力度较大，中小学的服务人口和服务范围都有显著的增加和扩大，学校规模的扩大更加明显，以前存在的学校规模过小、布局分散、资源利用效率低的状况得到了相当程度的改善。

（二）农村中小学布局调整的具体成效

以上是对中西部地区农村中小学布局调整的总体评价，那么，农村中小学布局调整究竟取得了哪些具体成效呢？课题组通过对中西部6省（自治区）的调研发现，经过几年的努力，农村中小学布局调整工作已经取得明显成效，初步解决了农村中小学学校布局中存在的"数量多、规模小"的问题，通过布局调整，教育资源的配置更加合理，学校的规模效益和教育质量得到了提高，并且促进了区域内的教育均衡发展。

1. 促进了教育资源的合理配置

在布局调整之前，各地农村中小学普遍存在着布局分散，校点过多，学校规模过小，需要改造的危房多等问题。由于教育资源的投入具有整体性和不可分割性，学校无论规模大小，都要有校舍建筑和教学设备等固定资本投入，都要有教师、行政管理人员等人力资源投入，这使得本来就短缺的资源过于分散，难以形成规模效益。当规模小的学校和一些教学点被撤并以后，各地就将有限的教育资源集中使用，从而避免了过去分散办学时普遍存在的教育资源利用效率低下的问题。

结果显示，接受调查的县乡两级教育行政部门负责人中有高达95.5%的人认为，农村中小学布局调整促进了教育资源的合理配置，而在所有接受调查的县教育局局长（副局长）中，这一比例高达100%。尽管在调查中，学校校长、中层管理人员、教师及其他人员（教辅和工勤人员）对这一问题的认同比例呈递减趋势，分别为78.7%、77.6%、69.8%、66.9%，但在各项选择中都居首位（见附表1-18）。由此可见，尽管教育行政部门负责人、农村中小学校长、中层管理干部、教师以及教辅、工勤人员对这一问题的看法不完全一致，但大多数人都认为，农村中小学布局调整促进了教育资源的合理配置。

附表1-18 不同样本群体对当地农村中小学布局调整的看法 （单位：%）

人员类别	有效样本（份）	提高了学校规模效益	实现了教育资源的合理配置	提高了教育质量	减轻了教师的负担	有助于教育的均衡发展	其他
行政人员	178	70.8	95.5	78.7	37.1	70.8	3.2
学校校长	893	57.6	78.7	64.7	28.8	56.1	2.7
中层干部	736	56.0	77.6	52.4	21.6	53.7	3.5
教师	8 884	50.3	69.8	47.6	19.1	50.1	3.2
其他	121	49.6	66.9	52.1	19.8	48.8	5.0

注：县（市）、乡（镇）教育行政部门负责人卷缺失值为3，学校卷缺失值为829。

2. 提高了农村学校的规模效益

农村中小学布局调整不仅促进了教育资源的合理配置，而且有利于农村学校形成适度规模，提高学校的规模效益。所谓学校适度规模，是指在教育的其他条件不变的情况下，学校拥有恰好可以使所有资源得以充分和恰当利用，并在不违背教育规律的前提下，保证培养规格、教育质量不受影响的合理限额的班级数和学生人数。因此，学校规模是判断和评价农村中小学布局是否合理的主要标准之一。因为在教育资源一定时，如果学校过多且单个学校规模较小，那么每所学校就无法发挥规模效益，必然导致教育资源的利用效率低下。农村中小学布局调整后，学校数量得以减少，每所学校可支配的教育资源大大增加，形成了规模效益，其教育资源利用效率整体得到提高。

调查发现，在所有受访人员中，分别有70.8%的教育行政人员、57.6%的中小学校长、56.0%的学校中层干部、50.3%的教师和49.6%的教辅及工勤人员认为农村中小学布局调整提高了学校的规模效益（见附表1-18）。而从实地调研情况来看，近几年各地对农村中小学的调整幅度都很大，效果比较明显。

3. 促进了区域内教育的均衡发展

促进义务教育的均衡发展，是近年来中国政府一直努力的目标，是建设和谐社会、促进社会公平正义的重要方面。教育均衡发展的最基本要求是在教育机构和教育群体之间，公平地配置教育资源，达到教育需求与教育供给的相对均衡。那么，农村中小学布局调整是否促进了教育的均衡发展呢？对6省（自治区）的调查结果显示，有关各方都认为农村中小学布局调整有助于教育的均衡发展，其比例分别达到了70.8%（教育行政人员）、56.1%（中小学校长）、53.7%（学校中层干部）和50.1%（教师）（见附表1-18）。超过50%的各方认同度反映出农村中小学布局调整对于促进教育均衡发展，缩小地区之间、城乡之间、学校之间的差距确实起到了积极作用。

在实地调查中我们看到，农村中小学布局调整以后，一些基础设施较好、教学质量较高的农村中心校，由于投入加大、资源集中，其办学条件在当地农村达到一流水平，其基础设施、师资、教学仪器设备、管理水平等也朝着与城镇水平差距缩小的方向发展，在这样的情况下，农村学龄儿童可就近接受高质量、高水平的教育；从长远来看，对缩小区域内、城乡之间的教育差距，推进区域内、城乡间的教育均衡发展起到了积极作用。其次，布局调整对于推动县域、乡域之间的教育均衡发展起了积极作用。当前中国大陆农村教育管理体制的一个重要特点就是"以县为主"，县级政府负有组织实施义务教育方面的主要责任，包括统筹管理教育经费，调配和管理中小学校长和教师，指导中小学教育教学工作等。因此，虽然一个县域内各乡镇的经济发展程度有差别，但县级政府有权对全县的教育经费进行统筹安排，有权对全县的教育资源进行合理布局和调整，这对促进县域、乡域的教育均衡发展有着十分积极的意义。比如在广西，很多乡镇中心学校的校长认为，当地在进行学校布局调整以后，除了乡镇中心小学条件要明显好一些以外，其他的所有小学条件都差不多，学生可以选择在全乡镇范围内的任何一所小学就读。

总之，中国大陆农村中小学布局调整后，一大批规模小、办学条件差的中小学被调整和撤销，教育资源得以进一步集中，师资队伍进一步优化，定点学校的教育质量不断提高，使更多孩子享受到了优质的学校教育，促进了区域内义务教育的均衡发展，为进一步缩小城乡之间的差距打下了良好的基础。

4. 促进了农村学校教育质量的提高

追求教育质量的提高，是中国大陆农村中小学布局调整的最终目的。调查发现，6省（自治区）分别有78.7%的教育行政人员、64.7%的中小学校长、52.4%的学校中层干部和47.6%的教师认为，农村中小学布局调整促进了教育质量的提高；同时有51.9%的家长认为，孩子的学习成绩提高了；49.4%的学生认为，自己的学习成绩提高了。此外，有26.1%的教育行政人员和35.6%的教师认为入学率上升了，67.6%的教育行政人员和47.9%的教师认为升学率和调整前大致相当。

农村中小学布局调整之所以能促进农村学校教育质量的提高，除了布局调整后教师得到了合理配置，办学条件得到改善外，关键是教师的责任心增强了。布局调整后清退了大量民办教师，改变了以往农村教师"教书农活双肩挑"的局面，教师能更专心于教学工作，家长和学生也更切实地体会到了客观的变化，高达75.4%的家长认为布局调整后学校老师对学生更负责任了，还有63.5%的学生认为老师与自己相处的时间变多了。

综上所述，不难看出，中国大陆农村中小学布局调整取得了较好的成效：促进了教育资源的合理配置，提高了农村学校的规模效益，促进了区域内教育的均衡发展和农村学校教育质量的提高，因此，得到了有关各方的充分肯定。

（三）农村中小学布局调整中存在的问题

中国大陆农村中小学布局调整在促进教育资源的合理配置，提高教育资源利用效率，促进教育均衡发展和提高教育质量等方面取得了显著的成效，但由于经济发展的差距和历史形成的体制、机制等原因，农村中小学布局调整过程中也存在着这样或那样的问题。

1. 学生上学路程太远

本课题的一项重要研究内容，就是要了解农村中小学布局调整存在哪些主要问题。调查结果显示，不论是教育行政部门负责人，还是学校校长和教师，或是家长及学生，都认为学生上学路程太远是目前农村中小学布局调整后遇到的最大问题。其中，有74.0%的教育行政人员、77.5%的中小学校长、70.5%的学校中层干部、69.8%的教师和62.1%的教辅人员，将学生上学路程太远列为当地农村中小学布局调整中存在的最主要问题之一。在所有受访的学生家长中，有44.4%的人将孩子的安全问题看做他们最关心的问题（见附表1-19和附表1-20）。由此可见，有关各方的意见基本一致，即农村中小学布局调整以后，学生上学路程太远已经成为一个突出的问题。

附表1-19 农村中小学布局调整中存在的问题 （单位 %）

人员类别	有效问卷（份）	学生上学路程太远	家长负担加重	班级规模过大	缺乏后续配套资金	教师工作负担加重	教育质量下降	学生生活压力加大	其他
行政人员	177	74.0	40.7	13.6	76.8	22.0	4.0	24.9	7.3
学校校长	901	77.5	34.0	27.7	64.2	33.7	8.8	26.1	2.4
中层干部	739	70.5	34.8	36.9	65.9	50.3	10.3	31.4	1.6
教师	9 018	69.8	33.9	39.8	52.9	56.8	12.8	32.9	1.7
其他	124	62.1	33.9	30.6	55.6	57.3	8.1	37.1	4.8

注：县（市）、乡（镇）教育行政部门负责人卷缺失值为4，学校卷缺失值为681。

附表1-20 家长对孩子上学最担心的问题

	孩子的安全问题	家庭经济负担	孩子学习成绩下降	孩子的生活问题	其他	合计
人数	3 213	1 477	2 229	234	89	7 242
百分比（%）	44.4	20.4	30.8	3.2	1.2	100

注：缺失值为179。

2. 学校缺乏后续配套资金

中国大陆农村中小学布局调整的主要原因之一，是税费改革导致教育经费不足。那么，布局调整是否缓解了经费不足的问题？6省（自治区）的调查显示，经费不足仍是布局调整后的主要障碍，同时由于缺乏后续配套资金，布局调整后一些地方的学校又增添了新的债务。其中，有76.8%的教育行政人员、64.2%的中小学校长、65.9%的学校中层干部、52.9%

的教师和55.6%的教辅及工勤人员认为，布局调整中存在的问题是缺乏后续配套资金，学校的工作难度加大（见附表1-19）。

3. 增加了教师不少额外负担

农村中小学布局调整后，尽管教师的教学工作负担有所减轻，但其整个工作负担并没有减轻，大多数教师反映工作量和工作压力加大。调查显示，有50.3%的学校中层干部、56.8%的教师和57.3%的教辅及工勤人员认为，布局调整以后教师的工作负担加重了（见附表1-19）。农村中小学布局调整之所以给教师增加了不少额外负担，主要是因为农村教师尤其是寄宿制学校教师的编制太紧。农村中小学布局调整后，相当一部分学校实行了寄宿制，但由于学校没有保育人员的编制，学生在校的保育任务只得由任课教师担任。农村中小学教师的教学负担本来就很重，现在还要让他们额外管理寄宿生的生活和安全，负担必然加重。

4. 家长的经济负担和学生的生活压力加重

农村中小学布局调整后，由于路途远，有部分学生需要寄宿，其成本必然增大，在调研中，有40.7%的教育行政人员和33.9%的教师认为，布局调整中存在的问题是家长负担加重，有20.4%的家长和52.7%的学生表示上学最担心的问题是加重了家庭的负担；还有71.6%的家长和57.0%的学生表示，家庭负担寄宿生的住宿费和生活费存在困难；同时，有24.9%的教育行政人员和32.2%的教师认为，学生生活压力加大。

综上所述，中国大陆农村中小学布局调整取得了显著的成效，但也存在着这样或那样的问题。这些问题如果得不到妥善解决，不仅会影响农村中小学布局调整，而且会影响农村教育的进一步发展，必须引起高度重视。

五、农村中小学布局调整存在问题的原因分析

中国大陆农村中小学布局调整过程中存在的问题，其原因是相当复杂的，既有经济社会发展差距的影响，又有历史形成的体制、机制方面的原因，必须进行系统的研究，方能得出正确的结论，采取行之有效的应对策略。

（一）缺乏科学合理的规划

农村中小学布局调整是一项复杂系统的工程，要其能够顺利实施，必须制定科学合理的规划，但由于一些地方政府对政绩的片面追求，导致布局调整忽视当地的实际情况，缺乏长远考虑。

据我们了解，中国大陆各地布局调整规划方案重点考虑的是学校规模、服务范围、服务人口等因素，并参照国内同类地区的做法先后出台的。应当说，这些是很必要的，但对老百姓的心理感情、经济承受能力、自然条件等也不能忽视。然而，一些地方政府对此却缺乏全面和深刻的认识，将调整仅仅理解为效率的提高和"撤并"或"减少"农村中小学，将农村中小学布局调整的目标错误地等同于在一定年限内（甚至短期内）撤并一大批农村中小学。因而一些地区政府为揽政绩，不顾客观实际，层层加码，一味追求撤并的数量与速度，以求超额完成任务。如西南某县，在一次介绍布局调整的经验时谈到，"两年来，我县顺利撤并小学261所、初中15所，从而提前三年完成农村中小学布局调整的'十五'规划"①。其实，类似的介绍在我们对6省（自治区）的调研过程中也是屡见不鲜。然而，在这些地方政府引以为荣的"政绩"背后，却是边远贫困地区的学生和家长为此付出的艰苦代价。

（二）缺乏相应的政策保障机制

布局调整的顺利实施需要一定的政策保障机制，特别是经费保障机制来支撑，才能保证其积极效应的发挥。但是，目前政府的资金投入远没有达到布局调整规划的要求。因此，由资金投入不足而引发的问题，如布局调整过程中予以保留的农村中小学的基础设施不足问题、寄宿制学校贫困生的生活负担问题、寄宿制学校建设和管理费用问题等已成为当前农村中小学布局调整过程中各种矛盾的集合点。当然，国家可以通过财政转移支付、专项拨款等政策，加大对农村特别是边远贫困地区农村布局调整的支持，但是，这些资金的分配和使用都是有条件的。

1. 中央和省的专项拨款需要地方资金予以配套

以农村中小学布局调整主要资金来源的"国家贫困地区义务教育工程"和"中小学危房改造工程"为例，这两项工程都要求各地要按相应比例进行配套，如果配套资金无法落实，中央和省的专项拨款就无法到位。而越是贫困的县、乡、村、校，其配套资金的筹集就越困难。这就导致下述情况的产生，如被撤并学校的学生，每天要花大量时间在路上奔走却无法在新学校享受到条件更好的教育；有些甚至因住宿条件太差，不得不几个人挤在一张床上，没有地方洗澡，没有人做饭，导致逃学、失学，为

---

① 宋洲：《农村中小学布局调整之痒》，载《时代潮》2004年第7期。

此，老百姓议论纷纷，强烈要求恢复原来的教学点。而这样的问题，越是在贫困的地方、交通不便的地方就越突出。

2. 中央和省的专项资金分配不合理

调查发现，布局调整过程中有关专项资金的分配，各地一般是根据项目县社会经济发展和教育发展状况，并考虑人口数、危房状况、生均校舍、人均财政收入、农民人均纯收入、义务教育普及程度、地域特点、办学条件基础及规划目标等各方面因素，按照因素的权重，运用计算机建立模型，计算出分配给各项目县的中央专款、省级配套资金额度。一般来讲，这样的资金分配方法确实能避免人为因素的干扰，消除随意性，确保资金分配的公平、合理。但调研中发现，由于缺乏充分的调查，不少项目资金的分配过程就是自下而上的材料申报过程；而在材料申报的过程中，有些乡、村、校为了得到资金，多拿资金而在申报材料上弄虚作假，如把新建不久的学校用房当做已使用几十年的危房，张冠李戴地把甲校的危房当做乙校的危房上报，把农家的危房当做学校的危房上报，等等。而规划资金的决策层由于人手少、时间紧、工作量大，根本无法对每一项申报材料进行调查、核实，因此对其中的失真材料就缺乏了解和洞悉，这样，无论运用什么手段模拟计算出的资金分配去向、额度等都难做到公平、合理。一些特别贫困、最需要教育扶贫的乡、村、校，则因为其贫穷、落后、闭塞及在当地政治生活中的弱势地位而从一开始便失去了递送申报材料的机会。

3. 办学条件的恶化得不到及时反映

由于农村中小学布局调整是一项由上到下的政策推进工程，从中央至省、自治区到县、乡的各级政府都须层层制定中小学布局调整规划，并有相应的奖惩措施，在这种情况下，无法按照有关文件在规定时间内撤并学校的一些乡村，只好编造数字上报。结果不少边远贫困山区的农村中小学，在上级政府的统计资料中已经被撤并，而事实上这些学校还依然存在，只是原来的公办教育变成了没有编制、没有工资、没有文凭的代课教师，原来多多少少还可以分得教育资源一杯羹的艰苦办学变成了连粉笔、三角板也难以为继的苦苦支撑办学，而且这种状况还因为长期被掩盖，使得上级政府及外界很难知晓，长期下去，边远贫困山区农村的教育落后状况无疑将会进一步加大。

（三）布局调整遭遇教师危机

农村中小学合理布局的目的是通过合理配置教育资源，实现教育资源利用效率和教育质量的提高，而教育质量提升的关键在于师资条件的改善。学校布局调整不仅是对教育有形的物质资源的整合，更重要的是学校人力资源的整合，它对农村中小学布局调整能否顺利推进具有决定性的意义。但从调研情况看，目前农村中小学教师队伍建设尽管已取得了较好的效果，但还远远不适应布局调整后农村教育发展的需要。

1. 优秀教师大量减少和流失

由于农村中小学教师工资水平低，并且存在不能按时发放的现象，严重影响了农村教师队伍的稳定与工作积极性，造成农村优秀教师大量减少和流失。一方面名牌学校的毕业生不愿意到边远贫困地区当教师，另一方面当地培养的优秀教师又不断流失。因此，现在在一些农村地区，学校都不敢让教师去参加学科竞赛，只要获了奖，出了名，要么被县城的学校挖走，要么自己找门路调走。这种反向流动，造成城乡教师分布失衡，农村中小学教师越来越紧张，城镇的教师越来越富余，几乎成为农村中小学布局调整后的一种普遍现象。

2. 教师年龄老化现象严重

调查发现，农村中小学教师队伍严重老化是一种普遍现象，并且学段越低，学校越偏远，老化的程度越严重。之所以出现这种现象，主要原因在于农村中小学师资队伍缺乏年轻教师的补充。由于农村中小学学生数量的减少，对教师的需求在不断下降，加上不少县由于财力不足，难以支付教师工资，长期处于有编不补的状态，所以多年来一直没有新教师补充到农村中小学教师队伍中来。

3. 教师数量和学科结构不能满足需要

农村地区的中小学由于地域广、校点多、规模小，所有学生按区域分散在不同学校上学，所以相同数量的城乡学生在农村就读的学校数要多于城镇，所需要的教师应多于城镇。在调研过程中，绝大部分地区的教育管理者和中小学教师反映，农村中小学教师编制过紧。农村中小学教师不仅在数量上短缺，而且还存在着严重的结构性短缺，主要缺编学科为英语、音乐、体育、美术、计算机等。与此同时，农村中小学还突出存在骨干教师和学科带头人严重短缺的问题。无论是骨干教师还是学科带头人，几乎都分布在城市学校，个别会在城镇学校，在乡村中小学几乎没有，即使有也很快就被城镇学校挖走。

4. 专职生活教师普遍缺乏

农村中小学布局调整之后，寄宿制学校大量增加，也导致教师编制不足。农村中小学实行寄宿制之后，由于学校缺少甚至没有专职生活教师、保安人员的编制,导致农村教师除了教学任务之外,还要承担学生的生活管理、学校的治安工作。

综上所述,中国大陆农村中小学布局调整遇到这样或那样的问题,其中的原因固然很多,但缺乏科学合理的规划和相应的政策保障机制,以及农村教师队伍建设满足不了布局调整后农村中小学教育发展的需要,是较为根本的原因。

六、合理实施农村中小学布局调整的对策思路

农村中小学布局调整不是一个静止的过程,而是一个动态的过程。农村中小学布局是否合理,不仅关系到教育资源的合理配置,而且直接涉及广大农村中小学学生、家长和教师的切身利益,关系到农村教育能否可持续发展。因此,必须采取切实可行的措施,解决农村中小学布局调整过程中出现的问题,确保农村中小学布局调整的顺利进行和农村教育的发展。

(一)科学制定农村中小学布局调整规划

农村中小学布局调整规划,是指国家、地区为农村中小学合理布局而作出的具有全局性、长远性和根本性的谋划与决策。农村中小学布局调整规划的制定和执行必须严肃、准确和科学。当前中国大陆正处于人口变动的社会历史时期,人口增长的速度和城乡人口分布较以往有很大的不同,因此准确预测学龄人口变动趋势是科学制定农村中小学布局调整规划的前提。

从现有的预测分析来看,中国大陆未来义务教育学龄人口和在校生数呈下降趋势。据段成荣等人的预测,21世纪上半叶,中国大陆小学适龄人口规模将会较大幅度减少,2050年小学适龄人口数将减少到1.02亿人,比2000年减少24%[1]。

根据这一预测分析,未来中国大陆义务教育学龄儿童总数将不断减少,这主要表现在:小学和初中阶段适龄人口总数会大幅下降,农村义务教育阶段学生数继续减少,同时,由于人口流动和城镇化程度的提高,城镇小学阶段学生数将有所提高。因此,农村学校布局的调整要考虑两个问题:一是便于学生入学;二是有利于提高教育资源利用效率。但现实生活中,这二者似乎存在着矛盾:从学生入学的方便考虑学校越分散越好;从

---

[1] 段成荣等:《21世纪上半叶我国各级学校适龄人口数量变动趋势分析》,载《人口与经济》2000年第4期。

提高效益看,学校应具有一定的规模,过小的学校应当撤并。这样,农村中小学布局调整往往便会遇到经典的公共政策目标的权衡问题,即公平与效率该如何取舍。在公平与效率之间,义务教育阶段应是公平优先基础上兼顾效率。学校布局调整必须在公平与效率之间寻求一种动态的平衡。

(二)切实保证边远贫困地区的孩子能够公平地享受优质教育

农村中小学布局调整后,由于政府加强了乡镇中心学校和县城学校的建设,这些学校的教学质量、教学设施和教学环境都比原来分散在下面村屯的教学点要好得多,促使更多的家长愿意把孩子送到城镇的学校就读。学校布局调整并不意味着完全消除小规模学校和"教学点",考虑到未来学龄人口的波动与学生入学的实际困难,对我国广大的农村地区,尤其是学生居住较为分散的地区而言,村小和教学点这种办学模式仍是有效的。针对当前农村村小和教学点存在的问题,我们认为,关键是要做好以下几方面的工作。

1. 正确认识农村村小和教学点的作用,慎重对待村小和教学点的撤留问题

从当前及今后一段时间来看,在偏远农村地区,村小和教学点仍然是一种有效的教学组织形式。从教育教学方面看,村小和教学点的学校和班级规模小,教师容易根据学生的特点因材施教,对学生的辅导时间较多,有利于教学活动的顺利开展。从学生生活方面讲,村小和教学点确实有助于解决学生上学难的问题。偏远农村学生大多家庭贫困,他们最关心的是自己的上学成本问题,就近入学能节省相当数量的交通费和食宿费。因此,村小和教学点为改善山区、边远地区儿童接受基础教育困难的状况提供了条件。所以,在对待村小和教学点的撤留问题上,不能根据单一的标准来判定其去留,主要应考虑这样几个因素:位于偏远地区、山区的学生转到其他学校上学确实不方便的不能撤;中心校或完小如果不能解决学生的寄宿问题,其所辖的村小或教学点不能撤;对于村民及家长都不同意撤销的村小和教学点,应该遵从群众的意愿不能强行撤并。

2. 理顺关系,对保留下来的村小和教学点给予适当支持

农村义务教育新机制实行以后,农村学校维持运转主要靠上级政府下拨的公用经费和免除学生杂费资金。现在的问题在于,村小和教学点所需经费由中心校掌握,而中心校运转经费短缺,双方在争取经费方面形成博弈。所以,有必要在此基础上对当前的投入和管理机制进行改革。比如,制定投入标准要求中心校对保留下来的村小和教学点予以支持,建立强有

力的监督机制或问责制保证中心校对村小和教学点的投入;如有可能,可将村小和教学点的经费由县级教育行政部门统一管理,专款专用。

3. 加强师资队伍建设,提高村小和教学点的教育质量

由于农村教育经费短缺,师生比的限制以及缺乏有效的教师流动机制,农村教师整体上结构性短缺,老龄化问题严重,这些问题不可避免地波及村小和教学点,而且目前村小和教学点的教师数量少、年龄大、知识陈旧,处于青黄不接的状态。因此,要改善村小和教学点的师资状况,首先要适当放宽农村中小学教师编制,因为村小和教学点的学生数量少是客观事实,几个或十几个学生需要两到三位教师是合理的也是必需的。其次,对进入村小和教学点工作的优秀青年教师实行优惠政策,如岗位津贴、评聘调配优先等,且必须及时兑现以形成长效机制。再次,实行教师走教。在中国大陆很多偏远农村地区,教师走教是解决部分学科师资不足问题的重要途径之一。

(三)大力加强农村中小学师资队伍建设

中国教育的根本问题是农村教育问题,农村教育问题的关键是教师问题。没有一支数量充足和素质优良的教师队伍,就谈不上农村教育的发展。经过布局调整,农村中小学教师虽相对集中,但从现状来看,其整体水平远远不能适应农村教育发展的需要。因此,优化教师队伍,提高教师素质,是巩固农村中小学布局调整成果的根本所在。为此需要做到以下几点。

1. 建立农村中小学教师保障制度

众所周知,农村学校教师紧缺,特别是边远山区学校教师严重不足,这些学校的教师工作量特别大,任务繁重,每天工作时间很长。一些村小或教学点的教师要包一个班甚至两个班,所有的课程都是一个人任教,每天在学校从早忙到晚,回家还要批改作业。但目前给学校教师定编制都是按学生人数定,农村中小学人数少,这样教师编制就少,而学校开设的课程并不少。政府及教育主管部门对农村中小学教师在编制方面应制定特殊政策进行倾斜,让农村教师也有充裕的时间研究教材教法。

2. 建立农村中小学教师激励制度

按照《中华人民共和国教师法》规定,在待遇上建立面向农村、边远和艰苦地区中小学教师的优惠制度。可参照国家对农林、卫生等行业的优惠政策,设立农村、边远和艰苦地区中小学教师特殊津贴制度,以吸引和稳定教师在该地区任教。目前的当务之急是,鉴于农村地区中小学骨干教师流失问题严重,政府和教育主管部门应尽快出台骨干教师的优待政策,

解决待遇低的问题。按县、市骨干教师级别和学校边远程度，每月分别向骨干教师足额发放等级津贴和交通费用补助，使农村骨干教师的工资收入比城镇同等的骨干教师高，从而使他们在农村安心工作，不再向往城里的学校，确保农村教师队伍的稳定和留住骨干教师。

3. 建立教师定期交流轮岗制度

交流重点是由城市向农村、由强校向弱校、由超编校向缺编校定期流动。在部分地区已经探索的基础上，可进一步探索建立一定数量的流动编制以保障教师流动任教；按照《国务院关于进一步加强农村教育工作的决定》尽快建立城镇教师到农村任教服务期制度，并以此作为教师职务晋升和评优的重要条件；鼓励城镇教师到农村支教，鼓励他们当中的优秀者去最艰苦的地区工作；对支教教师给予必要的交通、食宿等补贴。此外，可根据需要推行政府购买教师岗位，让新补充教师先到最需要的农村学校工作；实施大学毕业生服务农村教育和大学毕业生青年志愿者行动计划，鼓励大学毕业生到基层，到农村任教、支教；推进高等学校留校青年教师、各级党政机关新进公务员到农村学校支教服务。

4. 完善农村中小学教师管理与培训制度

要抓住当前中小学教师供求关系正在发生变化和农村中小学布局调整的契机，加大农村中小学人事制度改革，优化、调整农村教师队伍结构。要按照"凡进必考"原则，实行新任教师公开招聘制度和教师资格认定制度，严把新聘教师入口关，杜绝不具备教师资格的人员进入教师队伍。在当前要充分利用近些年高校毕业生充裕的有利时机，力争经过若干年的努力，使农村小学教师大专学历占主导地位，初中教师本科学历成为主体，同时应通过扩大实施农村中小学教师教育硕士培养计划等多种方式，为农村学校补充一批具有较高素质、较高学历的青年教师。

5. 改善农村中小学的教学与生活条件

要想让教师在农村学校任教，必须保障其教学与生活条件。一些农村地区的学校教师生活条件十分艰苦。大部分学校无宿舍，无食堂，外地教师均寄住在由教室改建成的集体宿舍中，生活配套设施缺乏，教师吃饭洗澡十分不便。要稳定农村教师队伍，政府和教育主管部门就必须着重改善农村教师的生活条件。如兴建教工宿舍，完善用水、用电和娱乐等生活配套设施，使教师有良好舒适的生活环境。此外，还应大力改善农村中小学的办学条件，如添置计算机，建立多媒体教室和语言室等，缩小农村中小学与城市中小学的差距，这也将极大地提高教师教学的积极性，有助于稳定农村教师队伍。

（四）千方百计加大对农村贫困地区学生资助的力度

2005年12月，国务院印发了《关于深化农村义务教育经费保障机制改革的通知》，一项中国教育史上惠及人口最多的改革自西而东在神州大地上迅速推进。2007年春季新学期，继中国西部和中部试点地区义务教育阶段免缴学杂费后，中东部地区农村中小学生也开始享受这一政策，至此，所有农村孩子上学都不用再交费了。这是一项被认为在中国教育史上具有里程碑意义的改革。但是，即使如此，根据我们的调查，农村地区仍然有数量不少的学生完成九年义务教育面临着经费困难。这是因为，现在所免除的教育费用在整个家庭教育开支中仅占一部分。据我们了解，现在一个农村中小学生如果住校每年的教育开支大约是1 500~2 000元，而实行新机制后按2007年调整的标准计算，每个小学生年均减负最多为730~770元（包括免杂费140~180元，免费教科书90元，部分家庭经济困难寄宿生生活补助500元），而一般小学生年均减负仅为230~270元；初中生年均减负最多为1 290~1 340元（包括免杂费180~230元，免费教科书180元，部分家庭经济困难寄宿生生活补助750元），而一般初中生年均减负仅为360~410元。照此计算，免除学杂费后一般家庭每年还要负担1 000元以上的教育支出。对于农村富裕家庭来讲，负担这笔开支是没有问题的，但对于贫困家庭而言，仍然是非常沉重的负担。因此，针对边远贫困地区和少数民族地区农民家庭贫困的现实，及农村中小学布局调整后家长负担加重的实际情况，我们认为，随着义务教育新机制在中国广大农村地区的全面实行，应进一步加大对农村贫困学生资助的力度，对这些学生从实行全免学杂费和教科书费过渡到"义务教育全免费"，即不仅完全免收学杂费和免费给这些学生提供教科书，而且还应扩大义务教育阶段家庭经济困难寄宿生生活补助的范围，免费给这些学生提供伙食、校服、交通补助等，以解决义务教育阶段农村贫困家庭学生面临的经费困难问题，保证他们公平接受教育。

（五）切实加强农村寄宿制学校建设

农村中小学布局调整后，学生上学路程太远已经成为一个突出的问题。从各地的经验来看，要解决这一问题，保证农村中小学布局调整顺利实施，搞好农村寄宿制学校建设不失为一种好的选择。因此，在当前中小学布局调整过程中，要结合"农村中小学危房改造工程"、"国家贫困地区义务教育工程"等项目的实施，在有条件且必要的地方改扩建一批农村中小学寄宿制学校,同时加强对寄宿制学校教学、生活、安全方面的管理,以充分发挥学校教育的主体作用,帮助农村孩子克服农村中小学布局调整后面临的各种困难。为此,应做到以下几点。

1. 加大对农村寄宿学校建设的投入力度

由于社会经济发展相对落后,中西部地区绝大多数农村县市政府财政困难,难以承担寄宿学校的财政投入,因此,各级政府应制定农村寄宿制学校建设标准,加大对寄宿制学校建设投入的力度,按比例给农村寄宿制学校建设提供经费支持,给寄宿制学校建设在用地及收费等各方面实行减免等优惠政策,为寄宿制学校建设创造条件,使确需寄宿的农村中小学生能进入具备基本办学条件的寄宿制学校学习。

2. 适当放宽农村寄宿制学校教师的编制

根据中小学生(主要是小学低年级学生)年龄小、生活自理能力差的特点,应按一定比例(小学低年级最好按1:30或1:40的比例)给寄宿制学校配备专门的生活教师和适当数量的后勤人员,并对生活教师和其他相关后勤人员的素质提出相应要求。生活教师的职责不仅仅是照顾孩子的饮食起居,还应树立"保教结合"的意识,身体力行、言传身教,担负起对孩子的教养责任。学校其他相关后勤人员也应从"服务育人"的宗旨出发,注重自身品德修养,克服不良生活与卫生习惯,给孩子一个好的行为榜样。

3. 千方百计改善农村寄宿制学校的条件

农村寄宿制学校要在政府的支持下,大力完善学校的基础设施建设,要从最基本的改水、建厕、建食堂和澡堂等工作做起,搞好基本生活设施配套建设,切实保障学生和教师的基本生活。具体来讲,一是要改善学生住宿条件,使床铺结实,有安全保障,住得舒心。同时,要配备相应数量的浴室、洗衣池,保证学生能吃得上饭,有水喝,有热水洗澡。二是要配置一定数量的课桌椅、图书、实验设备和体育器械等,满足学生学习、生活和运动的需要,让学生学得开心,玩得开心,得到全面发展,以吸引村民将他们的孩子寄宿在学校,从而加强对农村中小学寄宿生的管护。

4. 加强寄宿制学校的日常管理

学校要依据法律法规制定各种规章制度,作为学校日常管理的重要依据。在学生日常管理上,一是要安排教师全天值班。寄宿生全天都在学校里生活,课余时间多,学生一起玩耍容易发生安全事故,必须安排教师值班。二是要建立陪护制度。生活指导教师应与寄宿生同睡,并负责处理突发事件,与家长电话联系等,保证学生夜间住宿安全。三是要强化卫生管理。要严格卫生制度,防止流行性疾病发生,配好学校医务人员。四是要办好食堂。学校食堂要办好伙食,注意营养搭配,保证成长发育中的孩子的营养健康。五是要定期排查安全隐患。对校内外环境定时检查,及时排除隐患。同时还要对学生进行安全知识教育,提高他们的安全意识。

5. 开展丰富多彩、有益身心的活动

学校应从寄宿的特点出发,开展丰富多彩的活动来满足寄宿生的需要。一是晚自习除了完成当天的作业外,可组织学生看电视、读书看报、下棋、进行各种体育比赛等;二是可以根据学生的爱好特长,由专门的教师对学生进行特长培养,如组织艺术团、科普活动小组、各种兴趣小组等;三是开展主题班会、联谊会、道德法制讲座等活动,让寄宿生充分感受到来自学校大家庭的温暖。为此,学校应提供更多适合儿童的图书、报纸杂志等读物,并且增加儿童的体育娱乐设施,增添儿童精神上的慰藉及生活上的乐趣。

6. 重视寄宿生的心理咨询与辅导

建立寄宿生心理发展档案,设立"心理健康咨询室",安排有经验的教师担任心理医生,及时发现和诊治寄宿生出现的心理健康问题,帮助解决他们心理上的困惑。

总之,农村中小学布局调整,既涉及教育资源能否合理配置和农村中小学布局是否合理,又关涉农村义务教育的发展和质量提高,如果不采取有效措施,其问题将会变得更加复杂,解决的难度将会更大。这些问题的解决是一个系统工程,但只要各级政府高度重视,社会各方共同努力,从一点一滴做起,问题就不难解决。

七、农村中小学合理布局的设计

由于农村中小学布局调整能够形成规模效益,有利于教育资源的合理配置和教育资源利用效率的提高,因此,实施农村中小学布局调整是十分必要的。但由于中西部地区农村中小学教育存在严重的发展不均衡现象,表现为县域所在学校与乡村学校、乡镇中心学校与其他学校、教学点与非教学点在办学条件、教师水平、教育质量方面存在严重的不均衡,学校之间差异极为显著,要使农村中小学布局合理,就必须统筹规划和精心设计。

(一)关于农村小学合理布局的设计

农村小学布局调整应在坚持学生就近入学的前提下,重点调整村小和教学点。要打破村村办学的"小而全"的办学方式，除交通十分不便的地区继续保留必要的低年级教学点外，应有计划、有步骤地撤并一些村小和教学点，积极推动村与村按学区联合办完全小学，发展乡镇示范性中心小学。平原和交通方便的地区，要尽可能扩大小学的规模，山区和其他交通不便的地区要积极创造条件，在考虑群众经济承受能力的前提下，兴办寄宿制小学。通过布局调整，平原地区小学的服务半径一般为2千米～2.5千米，最远不应超过3.5千米；在偏远贫困山区，服务半径原则上为1.5千米～2千米，最远不应超过3千米。当然，不同类型的学校，其覆盖范围、服务半径、服务人口、学校规模应该有所区别。具体如下。

1. 山区走读小学

山区走读小学服务半径以1.5千米～2千米为宜，最远不应超过3千米；服务人口2 500～5 000人左右；学校规模为200～400人左右，班级规模30～40人为宜，每所学校设6～12个班。

2. 山区寄宿小学

山区寄宿小学的重点服务对象应为小学高年级学生，其服务半径可适当扩大，为3千米～6千米为宜，最远不应超过7千米；服务人口为6 000～10 000人左右；学校规模360～600人，班级规模30～40人为宜，每所学校设12～18个班。

3. 丘陵平原小学

丘陵平原小学服务半径一般为2千米～2.5千米，最远不应超过3.5千米；服务人口为6 500～12 000人左右；学校规模360～600人，班级规模30～40人为宜，每所学校设12～18个班；丘陵地区如实行寄宿制，可参考山区寄宿小学的标准或以各指标的上限为准；平原地区人口相对稠密，人口居住较为集中，原则上不兴办寄宿制学校，但考虑到一些地方农民外出务工较多，形成大量的"留守儿童"，为了这些孩子的健康成长，也可考虑兴办寄宿制学校。

4. 教学点或初小

在那些交通十分不便的偏远贫困地区，保留一些教学点或初小是十分必要的，它对于保证九年制义务教育的全面实施，保证农村孩子能够接受起码的教育发挥着不可替代的作用。并且我们在调查中观察到，教学点和初小也不完全是劣质教育的代名词，不少教学点和初小的教育质量还是比较高的。只要有关部门切实重视和加以扶植，教学点或初小的教育质量是能够得到保障的。因此，教学点或初小的保留是十分必要的。具体来讲，当邻近的学校都覆盖不到，或者该地小学低年级学生上学距离超过3千米，上学时间超过50分钟时，应保留或设立教学点、初小等来解决学生上学的问题。教学点的规模一般保持在10～30人左右，如果人数不足可考虑用来年招生的方式来解决。

农村小学合理布局的设计，首先依据的是聚类分析所获得的各类小学的实际资料，山区寄宿小学是307人，山区走读小学是258人，丘陵平原小学是281人，平均是295人。调查资料表明，学校教职工认为小学的合理规模大约是460人，教育行政人员认为小学的合理规模大约是539人。据此判断，目前小学的规模仍偏小，有扩大的余地。但必须考虑家长和学生的合理利益，以及今后一段时间学龄人口的下降和小班化教学的发展趋势，小学规模也不宜过于扩大，以增加100～200人为宜。因此，可以把山区寄宿制小学和丘陵平原小学设定为360～600人，山区走读小学设定为200～400人。根据现代教育发展规律和小班化教学发展趋势，小学的班级人数设定为每班35人左右比较理想。对服务人口的设定，主要是根据聚类分析资料计算得到的学校服务人口与学校规模之间的比例关系，即山区寄宿小学为21.5：1，山区走读小学为13.2：1，丘陵平原小学为16.7：1，然后根据合理学校规模把学校服务人口分别设定为2 500～5 500人、6 000～10 000人、6 500～12 000人。同时根据学校服务人口与服务距离的关系，并照顾学生上学的需要而设定了各类别小学的合理服务半径。

（二）关于农村初中合理布局的设计

农村初中布局调整要充分考虑城镇化进程，以满足城镇人口增长对初中入学的需要。初中的布局调整主要是进一步扩大初中规模，加大对初中的基本建设投入，重点扶持规模较大、条件较好、质量较高的初中。按新的乡镇建设规划，原则上一个乡镇举办一所初中，人口特别多的地方可增办一所初中，人口稀少的地方由县按学区统筹布点，也可举办九年一贯制学校。要有计划、有步骤地撤并规模小、质量低、效益差的初中，扩大乡镇所在地的初中办学规模，对于规模小于12个班、条件差、潜力小的初中，有条件的可进一步扩大规模，满足适龄少年高峰期入学需要；交通不便地区的农村初中要积极创造条件，实行寄宿制；对初中适龄人口下降较快的地区和没有发展潜力的初中，应逐步撤并。

1. 山区初中

山区初中服务半径为7.5千米～15千米以内为宜；服务人口为13 000～25 000人左右；学校规模700～1 100人，班级规模保持45人左右为宜，每所学校设15～24个班。考虑到山区初中有相当部分学生要寄宿，在条件允许的情况下，其服务范围和服务人口可相应扩大。

2. 丘陵平原初中

丘陵平原初中服务半径 10 千米左右为宜；丘陵初中服务人口为 20 000～30 000 人左右，平原初中服务人口 20 000～40 000 人为宜；学校规模 800～1 300 人，班级规模以 45 人左右为宜，每所学校设 18～27 个班。同理，对寄宿的初中，其服务范围可相应扩大。

3. 九年一贯制学校

九年一贯制学校主要在人口稀少的地方设立，由小学和初中组合而成，其服务半径、服务范围、学校规模，可将小学与初中分开，分别参考小学和初中的有关资料确定。

农村初中合理布局指标确定的依据是根据聚类分析获得的各类初中的实际资料，山区初中为 742 人，丘陵平原初中为 793 人。调查资料表明：学校教职工认为，初中合理规模大约是 887 人；教育行政人员认为，初中合理规模大约是 997 人，参考本研究所了解的大多数人的意见以及其他相关研究获得的结论，目前的初中学校平均规模已经达到或超过理想规模，因此初中合理布局应该维持这一规模，有条件的地方甚至可以适当减小规模。但考虑到初中大多实行寄宿制，因此把合理规模区间适度扩大，将山区初中设定为 700～1 100 人左右，丘陵平原初中设定为 800～1 300 人左右，我们认为是适宜的。目前初中的平均班级规模已超过 60 人，绝大多数教师与学生认为班级规模过大，所以本研究认为初中班级规模定为 45 人左右比较适宜，并由此来设定每班人数和班级数。根据聚类分析资料计算出的学校服务人口与学校规模之间存在的比例关系是：山区初中为 23.6∶1，丘陵平原初中为 22.6∶1，考虑到平原地区交通条件更便利，服务人口可以适当增加，由此设计的山区初中服务人口区间为 15 000～25 000 人左右，丘陵初中服务人口区间为 20 000～30 000 人左右，平原初中服务人口区间为 20 000～40 000 人左右。同时根据学校服务人口与服务范围的关系，并照顾学生上学的需要而设定了各类别初中的合理服务范围。

（三）农村普通高中的合理布局设计

普通高中教育的对象是 15～17 岁左右的青少年，他们逐渐走向成熟，学习自觉性增强，参与社会生活的能力也在提高。目前普通高中不属于义务教育，普通高中不仅要在义务教育的基础上进一步提高学生的思想品德、科学文化、劳动技术和身体、心理素质，为他们今后的学习和工作打下良好的基础，还要根据高中毕业生将要进入高等学校和社会的特点，为学生"分流"或个人特长、爱好的发展打下良好的基础。

普通高中的布局可以参照普通初中的布局，所不同的是，目前高中不是义务教育，可以适当收取学费，而且初中升高中的升学率正在逐年提高，普通高中布局一定要达到最佳规模，以提高教育资源的利用效率。

由于农村高中人口居住不集中而普遍实行寄宿制，因此城镇和农村普通高中规模设置差异不大，一般都设在经济较发达、交通便利的县镇，以保证实现最佳规模。所以普通高中布局调整，首先考虑的仍是人口，其次考虑的是初中升高中的升学率，一所普通高中的服务人口可用下面的公式求得：

一所普通高中的服务人口数

$$= \frac{最佳规模在校生数}{15\sim17岁人口占总人口比重 * 初中升普高的升学率}$$

设最佳规模在校生人数为 1 800～2 100 人左右（36～42 个班，每班 50 人），其中农村初中毕业生升入普通高中的升学率为 40%（2005 年中国大陆初中毕业生升入高中阶段学校的比例达到 69.7%），考虑今后一段时间内初中升入高中阶段的学校的比例预计会达到 80%，其中农村初中毕业生升入普通高中的比重达到 40%。根据第五次人口普查所揭示的一般人口结构，15～17 岁人口占总人口的比例为 6.346 69%，那么根据上式所得的一所农村普通高中的服务人口数为：

$$农村普通高中服务人口数 = \frac{1\ 800 \to 2\ 100}{6.346\ 69\% * 40\%} \approx 71\ 000 \to 83\ 000（人）$$

即农村人口在 71 000～84 000 人左右时，设置一所普通高中是合理的。考虑到 2000 年第五次人口普查时高中年龄段人口正值高峰期，而现时高中阶段学龄人口正逐步下降，我们认为，在农村地区按每 10 万人口设置一所普通高中是适宜的。

总之，农村中小学布局是否合理，涉及学校服务人口数量、学生上学距离、学校规模等诸多因素。从实际调研中，我们深深感到上述诸多因素又受到其他许多因素的制约。以学校规模为例，它既要受人口数量、经济发展水平的制约，又要受交通情况、气候特点等诸多因素的影响。一般来讲，在人口密度大、交通便利、经济发达的城镇和平原地区，学校分布与学校规模之间并不存在矛盾。在这些地区，按人口分布密度设置学校，既有利于实现学生就近入学，又能保证适度的规模效益，只要合理规划，就能保证学校布局与学校规模统一，使教育资源得以充分利用。而在地广人稀、居住分散或经济落后、交通不便、自然条件差的山区及偏远地区，学校布局和学校规模之间，则出现了相互矛盾的状况。如果过分强调学校要有一定规模，则会因为受客观和主观因素的影响，无法保证所有适龄儿童入学，接受义务教育；但如果不考虑学校要有一定规模，则会造成教育资源浪费，而且影响教育教学质量的提高。因此，根据城镇、乡村或山区、平原等不同地域，根据人口、经济、交通等不同情况，从实际出发，采取灵活多样的办学模式，分散与集中办学相结合，正确处理学校布局、学校规模与就近入学的关系。在农村教育资源优化重组的过程中，可按学区采用"中心小学＋片完小＋初小（教学点）"或"中心小学＋片完小"、"中心小学＋初小（教学点）"、"九年一贯制中学＋初小（教学点）"等模式。在区域面积大、人口密度小、地理环境复杂、交通不便的乡镇，推行"中心小学＋片完小＋初小（教学点）"的模式，采取联大并小，大幅度撤销完小，增设教学点，而增设教学点的目的就是解决边远山区儿童上学远、上学难的问题。

（本文原发表于2009年4月台湾政治大学主编的《"海峡两岸乡村治理与农村发展"学术研讨会论文集》）

农村中小学布局调整必须慎重处理的若干问题

范先佐 曾 新

内容提要 如何正确处理集中办学与分散办学、兼顾公平与效率、重点支持集中办学又适当照顾分散的校点,搞好区域内经济发达地区与边远贫困地区学校建设的关系等,是农村中小学布局调整必须高度注意和慎重处理的问题。本文基于对中西部地区的湖北、河南、广西、云南、陕西和内蒙古6个省(自治区)、38个县(市)、177个乡(镇)中小学布局调整的调查,从理论和实践相结合的角度,对上述问题进行了分析和探讨,并在此基础上提出了如何处理这些问题的对策思路。

关键词 农村中小学   布局调整   问题   处理

20世纪90年代中后期开始,随着计划生育政策的落实,农村学龄人口不断减少和城镇化水平不断提高,我国农村地区,特别是中西部农村地区不少中小学生源不足,学校布局分散,规模小,质量低的矛盾日益突出。为了解决这一问题,我国农村地区,特别是中西部农村地区开始了新一轮中小学布局的大调整。

实施农村中小学布局调整在国家层面上是具有战略性和全局性的政策导向,但由于我国各地区的具体情况千差万别,该政策又具有在不同环境、条件下的局部性和相对性,因而如何既能把握该政策在国家层面上的战略性和全局性,又能把握其在不同环境、条件下的局部性和相对性,即如何正确处理集中办学与分散办学、兼顾公平与效率、重点支持集中办学又适当照顾分散的校点,搞好区域内经济发达地区与边远贫困地区学校建设的关系等,是农村中小学布局调整必须高度注意和慎重处理的问题。本文基于对中西部地区的湖北、河南、广西、云南、陕西和内蒙古等6个省(自治区)、38个县(市)、177个乡(镇)中小学布局调整的调查,从理论和实践相结合的角度,对上述问题进行分析和探讨,并在此基础上提出了如何处理这些问题的对策思路。

一、关于集中办学与分散办学的问题

集中办学与分散办学是农村中小学贯有的办学模式。一般来讲,集中办学有助于形成规模效益,实现教育资源的合理配置和提高教育资源的利用效率；分散办学则有助于方便学生就近入学，解决学生上学难的问题，防止学生因上学路程远而导致失学和辍学问题的产生。

从6省（自治区）样本县市的调查情况来看，目前各地农村具体所采用的布局调整模式大多数是撤点并校，在交通不便的地方建立寄宿制学校。在这一办学模式的指导下，一些成班率不足，校均人数未达标的校点很快便被撤并。的确，从目前来看，在一些山区、交通不便地区建立寄宿制学校，将离校远的孩子统一安排在学校住读，由学校进行统一管理，无疑是解决因布局调整导致学生上学难问题的较好途径。寄宿制不仅能解决学生上学远的问题，而且学校寄宿的集体生活，可以增强师生、同伴之间的交往，提高他们生活自理能力和与人合作的能力，对于他们的成长无疑具有积极的作用。但与此同时，应当看到，由于经费投入不足，大部分农村中小学缺乏寄宿条件，甚至根本没有将寄宿制纳入中小学的发展规划之中。即使是住校，一般条件都较差，从我们在6省（自治区）所调查的几十所农村寄宿制学校的情况来看，基本上是两个学生挤在一个铺位，一张高低床睡4个学生，一间宿舍住几十个学生。此外，由于编制的限制，农村中小学对于寄宿学生一般都没有配备专门的生活教师，住校生的管理基本上是由任课教师和班主任负责。而这些任课教师和班主任往往又是义务服务，没有额外的津贴补助，有的教师每天从早上5点钟一直要工作到晚上10点多钟。由于学校的寄宿条件较差，管理不到位等造成一些孩子，特别是低年级学生生活不能自理，因而上学难的问题无法得到根本解决。其中的原因固然很多，但农村中小学布局调整过程中没有正确处理集中办学与分散办学的关系，不能不说是一个重要原因。

布局调整前的分散型办学模式固然有其不合理的地方，但在方便群众就近入学方面确实有它的长处。比如教学点的学生，在他们的学前班及小学低年级阶段，由于是在本村本乡的教学点接受启蒙教育，在这一阶段，他们白天在学校上学，学校的老师和同学全是乡里乡亲，学校虽破败不堪，但乡情温暖，不受歧视，放学后又与父母兄弟姐妹相处，所以生活虽苦，但亲情融融，这样教学点就能在亲情上最大程度地满足他们身心发展的需要。但教学点的师资、设备、教学方法等又不如中心校，这样，由教学点转入中心校就读的学生就面临经济因素以外的两大问题：一是学校离家远了，需要寄宿，原来学校和家庭一体化的学习生活环境没有了，与父母亲人朝夕相处的亲情依靠没有了，而所有这些儿童身心发展极需的情感缺失又无法在集中办学的校园里找到替代，于是不少学生便在情感上陷入无依无靠的困境，这是被撤并学校的学生最难跨越的心理危机。

调查发现，不少教育行政管理人员、学校校长和教师反映，一些由教学点并入中心校的学生都存在不同程度上的亲情饥渴，晚上哭着找父母是常有的事，而半夜逃跑回家或干脆逃学也是常有的事。如课题组在湖北英山县河畈小学调研时，问一些高年级学生第一次在校住宿的感受，很多女生说，"第一天在学校住宿时哭了"。该校有几位岩村的学生，住宿的第一天竟然在漆黑的夜晚结伴回到了15里路远的家里。二是教学点的教学质量普遍比中心校差，这样，由教学点并到中心校的学生要在学习上赶上中心校的学生必须经过较长一段时间的艰苦努力才能见效，可从教学点并入的学生并不一定明白这一道理。于是，有些原来在教学点成绩不错的学生，在进入中心校后便因成绩不如其他同学而产生挫折感、自卑感。

由此可见，农村中小学布局调整并不意味着消除小规模学校和"教学点"这种办学形式，中心学校与分散的教学点都是实施义务教育的重要组织形式，在布局调整的过程中要正确解决小规模的村办小学、教学点与相对集中的中心小学之间的关系，不能采取一种非此即彼的做法，完全抛弃分散的教学点，更不能认为教学点和复式教学就是过时的、被淘汰的办学模式。考虑到未来学龄人口的波动与学生入学的实际困难，对我国广大的农村地区，尤其是学生居住较为分散的地区而言，村小和教学点这种办学模式是有效的。因此，正如胡锦涛总书记在2007年两会上与广西全国人大代表莫文珍对话所说的那样："现在，一些地方适龄孩子少了，对教学点作相应的调整是必要的。但是，我们办学一定要从农村、山区的实际出发，一定要真正为孩子们着想，科学安排教学点。该撤并的教学点，一定要撤并；不该撤并的，哪怕学生再少，也要保留下来，并想办法把教学点办好，这样才能保证孩子们上好学。"[①]

二、关于公平与效率的问题

公平与效率是一个经典的公共政策目标的权衡问题。农村中小学布局调整尽管不是解决教育公平与效率的唯一途径，但公平与效率是政府推进布局调整在政策选择上的主要依据或追求目标。因此，农村中小学布局调整必然涉及公平与效率问题。

当然，严格地说，公平与效率并不是一对哲学意义的范畴，与公平相对的是非公平，与效率相对的是非效率，虽然公平与效率并不构成一对范

---

① 郭苏：《教育达标背后的困局》，载《小康》2007年第6期。

畴，但是在经济学领域中两者之间都存在相互影响和相互制约的关系，有着较为密切的内在联系。一般认为效率是指"资源的有效使用和有效配置"，"在经济领域内，任何资源总是有限的，不同的资源只是有限供给的程度不一而已。如何使用和配置各种有限的资源，使用得当，配置得当，有限的资源可以发挥更大的作用；反之，使用不得当，有限的资源只能发挥较小的作用，甚至可能产生负作用。这就是高效率与低效率的区别"①。而公平"主要是指如何处理经济活动中的各种经济利益关系，其实质是合理的分配原则"②。经济领域内公平与效率的矛盾主要表现在制定经济政策时把何者放在更优先的位置上，即公平优先还是效率优先。

教育领域内的效率与经济领域内的效率在含义上没有太大的差别，教育领域内的效率从本质上讲是指"资源配置的结果要使效率最大化，即教育资源配置要形成一定的优势结构"③。如果有限的教育资源配置得当，使用得当，就能发挥更大的作用，具体表现为：用有限的教育资源获得教育规模与教育质量的较大发展，如果有限的教育资源使用不得当，配置不合理，就只能发挥较小的作用，具体体现为投入一定的资源却不能使教育规模得到扩大和使教育质量得到提高。但教育领域内的公平与经济领域的公平在含义上有一定差别。瑞典著名教育学家胡森认为，教育公平主要是指教育机会均等，包括教育起点的平等、教育过程的平等和教育结果的平等。而要实现教育机会均等，教育资源在各参与分配者之间就应以大体均等的占有量加以分配，即教育资源在各级各类教育之间、各学校之间、地区之间以及不同受教育者个人之间，按照与其规模和需求相对应的数量加以分配。由此可见，教育公平主要包括教育权利平等和机会均等两个方面，教育权利平等主要是指法律上要保证每个公民都享有同等的受教育权利，教育机会均等是指能力相同的儿童，不论其性别、种族、地域，都有相等的接受教育的机会，与此相对应，在同等条件下受到不平等的待遇就叫不公平。

农村中小学布局调整的一个重要目的，就是要实现教育资源的合理配

---

① 厉以宁著：《经济学的伦理问题》，生活·新知·读书三联书店1995年版，第2页。

② 余源培、荆忠著：《寻找新的学苑——经济哲学成为新的学科生长点》，上海社会科学出版社2001年版，第151页。

③ 王善迈主编：《教育经济学简明教程》，高等教育出版社2002年版，第172页。

置,提高教育资源的利用效率。这从总体上来看,应该说毫无疑问是正确的,因为与农村中小学布局调整相结合的撤点并校工作对经济条件好、交通便利的村镇具有积极的意义,主要表现在教育资源的集中和优化,不仅提高了教育资源的利用效率,同时,为农村学生接受更好的教育提供了条件。但由于各地经济社会发展的不平衡性及农村社会贫富分化的加剧,经济条件比较好的地区和经济条件比较好的家庭,有能力投资教育,对教育的需求有更高的目标,对教育有更自由的选择空间。因此,当布局调整的决策有利于他们子女教育发展的时候,这些地区和家庭有能力在财力、物力上给予积极的支持,这对于促进农村教育的发展,缩小区域之间、城乡之间、学校之间教育的差距无疑具有积极的意义。但由于布局调整后保留的学校或新建的学校大多位于经济基础较好、教育较发达、交通较便利的地区,这就必然出现在效率目标的追求下对公平的牺牲。这表现在那些最薄弱、最分散、最不经济的校点被撤并后,所有的学生被集中到条件稍好的学校就读,这对他们来说,可以增加接受优质教育的机会,但其前提是边远地区的孩子、贫困生能上得起学、留得住,然后才能谈得上接受好的教育,否则,只能是一句空话。

调查发现,边远地区、贫困山区的孩子恰恰因为上学难和留不住而失去或不能更好地接受优质教育。而上学难和留不住的根本原因就是路途远、经济困难等。尽管农村学生辍学和失学是常有的事情,但调查发现,农村中小学布局调整确实加大了边远地区、贫困山区孩子辍学和失学的风险,使政府有限的教育资源在效率的作用下而失去可以保证每个学龄儿童都能上学的公平性。

此外,政府把大部分经费投入到交通便利、办学条件较好的学校,肯定会对边远贫困地区农村教育发展不利,这对于边远贫困地区的农村居民来说是不公平的,由这种不公平所带来的负面影响将是巨大的、潜在的。如加大了边远贫困地区农村中小学与城镇中小学办学条件的差距,使这些地区的孩子不但享受不到布局调整后的成果,相反,因办学条件的差距进一步拉大,甚至进一步恶化,因而,在未来的岁月中,撇开他们是否能上高中、大学不说,仅就这一点就无法让他们与城镇的孩子处于同等的地位进行竞争,而在经济与教育的互动关系越来越密切,人力资本在一定程度上决定人们收入水平的今天,这对边远贫困地区的孩子无疑是不公平的。

以上种种问题,其影响将是潜在的、长期的,有些负面影响目前还只见端倪,因此,要确实让布局调整的政策造福于民,就不能让边远贫困地区的孩子作出政策性的牺牲,而解决的根本办法就是国家在实施这一政策的过程中,必须制定相应的财政补偿政策,资助因布局调整而在教育上受到损失的边远贫困地区的孩子,让他们不因布局调整而失去受教育的机会和使受教育的条件进一步恶化。从现象上看,贫困是农村贫困地区的孩子能否及时就学、继续学业的问题。从根本上讲,是贫困家庭的孩子能否享受教育权,关系到教育为什么人的问题。对于布局调整后农村义务教育阶段贫困生的资助,当前急需解决的问题,一是标准测定问题,即何为贫困生,由于标准不明确,在一些地方往往出现该享受生活补助的学生没有得到补助,而不该享受生活补助的学生却得到了补助,这是极不合理的。因此,必须合理确定贫困生的标准,使确需资助的学生真正能够得到资助。二是补助额度问题,现在大多数贫困地区寄宿生的生活补助是,小学生每生每天2元,初中生每生每天3元,学生每年在校天数均按250天计算。享受寄宿生生活费补助的家庭经济困难学生的比例,由省级财政、教育部门根据当地实际情况确定。中央财政对中西部地区落实基本标准所需资金按照50%的比例给予奖励性补助。中西部地区地方财政应承担的50%部分,由省级财政统筹落实。中西部地区可在中央确定的基本标准的基础上,根据实际情况调高标准。调高标准所需资金,由地方财政负责解决,但由于中西部地区省级财政大多比较困难,不仅难以调高标准,能达到基本标准就不错了,因此,中央财政应适当增加补助额度,以满足贫困寄宿生的最低生活需要。三是增加透明度,防止少数人暗箱操作,杜绝各种不正之风,让真正需要生活补助的贫困生享受到补助,感受到政府和社会的关爱。只有这样,才有利于教育的均衡发展,保证边远贫困地区的孩子都能公平接受教育。

三、关于重点支持集中办学又适当照顾分散校点的问题

通过布局调整,各地农村基础教育发生了不同程度的变化。总体情况是,教育资源得到了优化配置,学校的布局结构趋于合理,办学条件得到改善,办学效益得到提高,各阶段的教育得到协调发展。但应当看到,由于教育资源本身具有整体性和不可分割性,即使学校规模再小,也因其教育功能的需求而必须投入相应的资源,这样,投入的资源会因为学校规模小而未能获得充分的利用,这是我国实施布局调整的重要原因之所在。但如何使教育资源得到合理配置,使有限的教育资源能够依据其教育功能的特性和需求而得到有效利用,不是布局调整所能完全解决的。而本课题的调查证明,农村中小学布局调整在局部地区并不能使教育资源得到合理配置,相反,布局调整前分散型办学造成的教育资源浪费在布局调整后集

资源办学的过程中同样不可避免。

（一）布局调整的时机如果把握不好，就会出现教育资源匮乏与闲置并存的结构性浪费

将分散的、规模过小的中小学和教学点逐步撤并，把分散在这些校点的教育资源进行优化重组和合理配置，使师资和生源相对集中，扩大办学规模，提高办学效益，是农村中小学布局调整的宗旨，也是今后农村中小学教育发展的趋势。但是教育资源的合理配置，学校网点的重新布局需要较多的经费投入，新建学校不用说，即使是布局调整予以保留的学校，也必须增加教学、办公、学生活动场地、学生宿舍、学生食堂等建设，否则就无法满足从其他校点集中过来的学生的学习和生活需要。但调查发现，有些县、乡政府和教育行政部门对布局调整由理想蓝图变成真正现实所必备的人力、物力、资金等硬件条件估计不足，在基本办学条件尚不具备的前提下，便急忙把周边的一些校点撤并，结果，周边学校有的教育资源如学校校舍、运动场等因无法搬迁而被闲置和毁坏，而被政府定为集中办学的中心校却因基础设施不完备而无法容纳更多的师生。这样，一方面是被撤并学校原有教育资源的废弃和浪费；而另一方面则是集中办学的学校人满为患，从而造成新的校点在学习、生活、管理上的一片混乱，这当然会引发村民对布局调整的不满，严重的甚至造成学生的失学和辍学。

（二）集中与分散的关系如果处理不好，就会出现教育资源在教学点与集中办学学校之间的重复性浪费

在有些边远地区，一些乡村的教学点被撤并后，由于一些儿童面临着失学和辍学，当地政府在权衡利弊之后，本着实事求是的态度自动恢复了一些不该撤并的教学点。此外，由于村民不放心让自己年幼的孩子到离家很远的中心学校上学，于是，他们有些宁愿让孩子失学在家也不把孩子送到邻村或集中办学的学校就读，或者自行聘请教师，利用布局调整后废弃的教学点办学。对6省（自治区）的调研发现，由村民自行聘请教师在教学点给孩子上课，在布局调整后的一些地方并不是个别现象，这样，一方面造成中心校的生源严重不足；另一方面则是本该撤并的教学点无法撤并。可见，虽然从长远看，农村中小学布局调整确有它的长处和优势，但如果与村民的现实生活相差太远，则不但达不到提高教育资源利用效率的目的，相反还会带来教育资源的更大浪费，甚至还会带来部分学龄儿童的无法上学。

（三）新建校与保留校点如果处理不当，就会出现教育资源的过剩与紧张并存的供给性浪费

在农村中小学布局调整过程中，有些县市、乡镇政府及教育主管部门由于没有对学校覆盖范围内的学龄人口、村民意愿、地理位置等进行充分的论证就急忙进行布局调整，结果新学校建成后，却长期无法按计划完成招生任务，使校舍处于长期的空闲状态。而计划撤并的校点，由于群众不同意撤并，或者由于撤并而引发大量学生失学、辍学而只好继续办学，结果造成集中办学的学校在教育资源闲置状态下仍不断得到政府经费的补充和支持，而计划撤并的校点，普遍存在教育经费不足的问题，如校舍维修费得不到补充而不得不让学生在漏风漏雨的危房中上课；因得不到政府的正常拨款，学校往往连粉笔也买不起，更不用说图书、仪器设备了；由于政府不再派遣公办教师前往这些学校任教，这些学校又不得不聘请一些文化程度低且不具备教师资格的人任教，结果造成这些学校的师资水平低下，教学质量不高，学生学业成绩受到影响；等等。由此可见，一方面是布局调整后集中办学的学校出现生源不足，校舍、师资、教学仪器设备等教育资源的过剩或浪费；另一方面是计划撤并但由于各种原因不能撤并的校点，因长期得不到教育经费的补充而办学效益日益低下，维持学校正常运转的基本物质条件日益匮乏。这种反差极大的教育资源配置方式，应引起各级政府及教育行政管理部门的关注。

总之，在农村中小学布局调整过程中，既要考虑教育资源适当的集中配置，同时又要兼顾边远贫困地区农村一些分散校点对教育资源的需求。农村义务教育新机制实行以后，农村学校维持运转主要靠上级政府下拨的公用经费和免除学生杂费资金。这部分资金下拨到地方由县财政和教育局计财科管理，地方行政部门根据县城内各个中心学校的规模、学生数等进行再分配，把资金划拨给各中心学校统一管理，其下属的完小、初小和教学点所需经费还要由中心校进行分配。现在的问题在于，村小和教学点所需经费由中心校掌握，而中心校运转经费短缺，双方在争取经费方面形成博弈。中心校在经费方面具有支配权，为了本校的建设和发展势必忽视村小和教学点的建设，甚至起阻碍作用。所以，有必要在此基础上对当前的投入和管理机制进行改革。比如，制定投入标准要求中心校对保留下来的村小和教学点予以支持，建立强有力的监督机制或问责制保证中心校对村小和教学点的投入；如有可能，可将村小和教学点的经费由县级教育行政部门统一管理，专款专用，因为目前在中西部偏远农村地区仍有大量的村

小和教学点,这些村小和教学点在当地发挥着举足轻重的作用,但由于资金短缺、办学条件落后,很多村小和教学点难以维系,而由此带来的后果就是偏远山区的孩子上学困难甚至导致辍学,所以通过完善投入机制,从资金上支持村小和教学点的建设是必要的。

四、协调区域内经济发达地区与边远贫困地区教育的发展

20世纪90年代以来,随着我国九年制义务教育的逐步普及,基础教育均衡发展已成为我国教育政策的重要内容。而这里所说的教育均衡发展,是指受教育者接受相同数量和质量的教育,其基础是教育资源配置的均衡,包括初中教育在内的义务教育阶段是教育均衡的重点。因此,在农村中小学布局调整过程中,如何使农村基础教育实现均衡发展,是布局调整面临的重大课题。从各地布局调整的实践来看,撤并一批过于分散的教学点,在交通不便、人口居住分散的地区建设一批寄宿制学校,把有限的农村教育资源集中到办学能力强的中心校,以中心学校带动分校,以强校合并弱校,是其布局调整工作的主导方针。经过撤点并校,各地农村基础教育是否实现了均衡;不同县域、乡域的不同学校之间、城乡之间的办学条件是否已相对均衡;边远贫困山区儿童、孤残儿童、贫困儿童、留守儿童等社会弱势群体是否获得与其他同龄人一样的受教育权利;等等。它们无疑是衡量和评价农村中小学布局调整是否合理的重要内容。

毫无疑问,农村中小学布局调整对促进区域(主要是县域、乡域)内的教育均衡发展具有积极作用,但是,我们在调查中也发现,在一些边远贫困地区,农村中小学布局调整不仅没有改善农村学校的条件,反而使部分校点办学条件恶化,不但无法缩小边远贫困地区农村与发达地区农村之间教育的差距,反而拉大了这种差距。

造成这种局面的主要原因是,主观愿望与实际情形相矛盾。主观上,人们寄希望通过布局调整为所有边远贫困地区的孩子提供良好的办学条件和高质量的教育,但一个不容回避的现实是边远贫困地区义务教育目前只能在数量上予以保障,只能以完成基本的义务教育培养目标为限度,高质量教育的追求既受政府财力的制约,也与边远贫困地区老百姓脆弱的支付能力相悖。因此,边远贫困地区的教育供求矛盾与经济发达地区教育供求矛盾的区别在于:它不是教育资源质量的稀缺导致的教育不公,而是因绝对数量不足,教育活动最基本条件难以保障导致儿童受教育机会的缺失。因此,就边远贫困地区的农村而言,撤并过散过小的校点,扩大中心学校的规模,创办寄宿制学校,追求师生比例达到或接近国家标准等,都从理

论上有利于边远贫困地区农村基础教育的发展，有利于提高这些地区的教育质量与教育水平。但是，如果没有一定的经费支撑，这种主观愿望与边远贫困地区农村的实际情形就难以相符，而在布局调整过程中，一些边远贫困地区却不顾当地的实际情况，仅凭主观愿望，一轰而起，在基本办学条件不具备的情况下，过早、过快地撤并一些还应暂时保留的校点，结果事与愿违，不但无法实现布局调整的预期目标，相反出现与预想目标相反的结果。

  当然，国家可以通过财政转移支付、专项拨款等途径加大对边远贫困地区教育的资助，但在集中资源办学的方针政策下，这些资金多数被投入到集中办学的中心校，而中心校以下的教学点往往变成了"被遗忘的角落"，不仅高层政府的专门调查涉及不到这些校点，即使是本地的教育行政官员也很少甚至从没有到过这些地方。如湖北省英山县雷店镇五一中心小学下辖的一个教学点，离中心校15千米左右，至今无法通车，全靠步行并要翻越一座山才能到达。该镇中心校的刘校长告诉我们，她每学期只在开学的时候去一次，其他工作只能依靠电话联系。其他各级党政官员、教育行政官员也就可想而知了。因此，政府的财政转移支付是很难惠及到这些地方的。

  由于中小学教育是必须分散组织的社会事业，其管理权主要属于地方，因而地方经济的发展对农村中小学教育的发展及其布局，其影响是很大的，如果地方区域经济比较发达，可提供的教育经费就相应充足，中小学教育的发展就有了根本保证，反之，中小学教育的发展就很难得到经费支持。同理，农村中小学布局调整是一项具有长远发展的战略决策，随着这一决策的实施，一批标准化、现代化的农村中小学诞生了，这对于区域内经济发达地区的农村孩子获取与城市孩子一样的教育，进而通过教育的途径缩小其城乡差别是具有重要意义的。但由于同一区域内边远落后地区与经济发达地区之间仍存在着较大的差距，在投资教育就意味着投资未来的今天，经济发达地区对教育的投资越大，它们获得的发展机会和潜力就越大，因此，它们的发展速度会更快。而边远贫困地区，则由于地方财力和家庭支付能力的限制，而无法承担因布局调整所导致教育财政支出和家庭教育消费支出的增加，这些地区教育的发展和农民子女接受优质教育的机会也将受到限制。长久下去，同一区域内边远落后地区与经济发达地区的教育差距会进一步拉大。因此，农村中小学布局调整必须兼顾到同一区域内经济发达地区与边远贫困地区的学校，协调好经济发达地区与边远贫困地区教育的发展。具体而言，在贫困地区和地理环境复杂的区域，农村中小学布局应采取分散与集中相结合的办法，考虑儿童的自理能力和安全问题，小学适当分散办学，学生就近入学，优先保障学生的入学权利，初中则追求适度规模。在办学体制上，鼓励社会力量办学，满足人口分散地的教育需求；在办学形式上采取寄宿制，即在保证学校适度规模前提下，确保学生都能上学。

总之，农村中小学布局调整，既是涉及教育资源能否合理配置和农村中小学布局是否合理的问题，又是关涉农村义务教育发展和质量提高的问题，如果不采取有效措施慎重处理布局调整中出现的这样或那样的问题，其问题将会变得更加复杂，解决的难度将会更大，后果也会不堪设想。这些问题的解决是一个系统工程，但只要各级政府高度重视，社会各方共同努力，从一点一滴做起，问题就不难解决。

（本文原发表于《河北师范大学学报（教育科学版）》2008年第1期）

布局调整后学生上学难问题实证研究

郭清扬

内容提要 本文通过对农村中小学布局调整后学生上学路程和花费时间的实证研究,认为有些地区的学生在布局调整后遇到的主要问题是上学路程太远,可能引发新的辍学现象,应该引起有关部门的重视。

关键词 农村中小学 布局调整 实证研究

为了适应农村学龄人口减少和城镇化的新形势,方便教育管理,提高农村教育质量,近年来我国农村中小学进行了大规模的布局调整,这一举措取得了显著的成效,但同时也带来了一些问题。例如,有的地区学生上学路程太远,这个问题以前就已经存在,特别是一些交通不便的山区,但在布局调整以后成为了一个普遍的问题。

我们对我国中西部6省份(湖北、河南、云南、广西、陕西、内蒙古)所做的实证研究显示,不论是教育行政部门负责人,还是学校校长教师,或是家长及学生,都认为学生上学路程太远是目前农村中小学布局调整后遇到的最大问题。其中,有74.0%的教育行政人员和70.8%的教师将学生上学路程太远列为当地农村中小学布局调整中存在的最主要问题之一,分别位居第二位和第一位。在所有受访的学生家长中,有44.4%的人将孩子的安全问题看做他们最关心的问题;此外,有25.6%的学生也感到上学路远、不安全(见附表3-1)。而在被问到布局调整后上学是否觉得不方便时,有29.6%的家长和27.0%的学生做了肯定的回答(见附表3-2)。由此可见,有关各方的意见基本一致,证明农村中小学布局调整以后,学生上学路程太远已经成为一个突出的问题。

附表 3-1 布局调整后学生遇到的最大问题是否上学太远

	行政人员	教 师	家 长	学 生
有效问卷	181	11 463	7 421	11 990
被选次数	131	7 820	3 213	2 967
百分比	74.0%	70.8%	44.4%	25.6%
缺失值	4	414	179	411
位次权重	2	1	1	2

附表 3-2　布局调整后上学觉得不方便的统计

	家　长	学　生
有效问卷	7 421	11 990
被选次数	2 130	3 119
百分比	29.6%	27.0%
缺失值	221	438

附表 3-3　6省（自治区）学生上学平均最远路程和最长时间（学校卷）

省（自治区）		最大值	最小值	平均值	M—值	有效数据	缺失值
陕西	上学路程（公里）	100.00	0.07	8.563 5	5.698 4	2 395	243
	上学时间（小时）	12.00	0.10	1.765 7	1.282 0	2 350	288
广西	上学路程（公里）	100.00	0.50	14.422 0	11.234 7	1 704	142
	上学时间（小时）	14.00	0.10	2.834 7	2.458 5	1 712	134
湖北	上学路程（公里）	100.00	0.25	13.054 0	10.928 0	1 475	179
	上学时间（小时）	8.00	0.25	2.116 9	1.833 7	1 450	194
云南	上学路程（公里）	200.00	0.00	20.143 9	11.491 4	2 768	264
	上学时间（小时）	20.00	0.00	3.197 9	2.804 3	2 737	295
河南	上学路程（公里）	50.00	0.13	6.408 3	4.495 3	1 495	159
	上学时间（小时）	4.00	0.10	0.971 5	0.780 7	1 448	206
内蒙古	上学路程（公里）	250.00	0.25	44.434 5	24.344 1	515	134
	上学时间（小时）	7.00	0.15	2.087 8	1.815 4	493	156

续表

省（自治区）		最大值	最小值	平均值	M—值	有效数据	缺失值
合计	上学路程（公里）	250.00	0.00	14.737 4	8.683 7	10 352	1 111
	上学时间（小时）	20.00	0.00	2.282 7	1.794 8	10 190	1 273

注：1. "M—值"是排除极值影响所得出的近似平均值，之所以计算这一数值是由于原始数据中极值较多，对平均值影响较大，这个数值更加符合实际情况，下表同。

2. 有效数据和缺失值的单位为"个"，下表同。

3. 为了便于受访者理解，调查问卷中长度单位为"里"，在本文中换算为"千米"，下表同。

4. 在三种问卷中，各个省区都有过大的数值出现，与平均值相差甚远，可能是由于学生年龄小，无法准确填写或笔误所致，也不排除有跨区就学的情况，但由于样本量很小，不具有普遍性，本文在计算时已做相应处理，以减小其对平均值的影响。

为了进一步了解农村中小学布局调整后学生上学路程和花费时间的情况，在问卷中，我们专门针对学校领导和教师、学生、家长分别设计了相应的问题。结果显示，在6省（自治区）中，内蒙古自治区的学生上学路程是最远的，家长卷和学生卷中显示的数据分别为4.85千米和4.98千米（见附表3-4）①，学校卷显示当地学生上学平均最远路程达到24.34千米（见附表3-3），远远高于其他省份。这与该地区的地理环境有关，在所调查的6省（自治区）中，内蒙古自治区人口密度最小，地广人稀，使得该地区农村中小学的服务半径比其他省份要大得多，但是由于大部分地区地势平坦，交通比较便利，因此学生上学花费的时间并不算长，与6省（自治区）的平均时间相差无几。学生上学花费时间最多的省区是广西壮族自治区和云南省。家长卷和学生卷显示，广西学生平均上学时间分别为1.01小时和0.99小时（见附表3-5），为6省（自治区）中最长的，学校卷的数据略有不同，云南省的学生上学平均最长时间达到2.80小时，比6省（自治区）平均时间（1.79小时）多了1小时，广西则处于第二位，为2.46小时（见附表3-3）。这也是由于两省（自治区）的自然环境所致，广西和云南地处云贵高原，境内多山，交通极其不便，尤其是在农村地区和山区，看似不远的路程其实要走很长时间。

---

① 本段引用的所有数据均为"M—值"，为了叙述方便，只取到小数点后两位，详见本文附表3-3中的注1。

附表3-4　6省（自治区）学生上学平均路程（家长卷和学生卷）

省（自治区）		最大值	最小值	平均值	M—值	有效数据	缺失值
陕西	家长	50.00	0.00	2.716 7	1.544 2	1 410	41
	学生	40.00	0.10	3.486 5	1.818 5	2 061	120
广西	家长	75.00	0.05	5.824 1	3.459 9	1 026	50
	学生	75.00	0.00	6.407 5	3.581 0	1 904	229
湖北	家长	75.00	0.01	4.603 9	2.478 7	1 047	93
	学生	50.00	0.05	4.722 5	3.242 5	1 599	170
云南	家长	90.00	0.00	3.049 9	1.136 9	1 334	43
	学生	90.00	0.00	6.693 0	3.035 5	2 057	122
河南	家长	35.00	0.03	1.797 4	1.147 8	1 588	61
	学生	30.00	0.00	2.641 0	1.580 0	2 272	239
内蒙古	家长	100.00	0.05	13.381 0	4.848 2	637	91
	学生	100.00	0.00	14.005 5	4.984 5	1 010	207
合计	家长	100.00	0.00	4.271 0	1.726 3	7 042	379
	学生	100.00	0.00	5.581 0	2.490 5	10 903	1 087

注：除有效数据和缺失值外，其他数据单位均为"千米"。

同时，即使是在交通相对便利的地区，学校布局调整后学生上学也存在着较多的安全隐患。由于布局调整以后各地缺乏相应的配套交通设施，学生上学多半由家长负责接送。例如，一些家长用摩托车和拖拉机亲自接送孩子，但一般都是无照驾驶；也有部分家长联合起来租用当地的三轮摩托车或公交车委托车主负责接送孩子。由于车主大多没有驾驶执照，再加上交管部门缺乏有效的安全监督，这些做法都存在着严重的安全隐患。

在广西、云南、陕西等较偏远地区和山区，这个问题就更加突出。在一些地方，上学远已经成为上学难的主要原因，很多学生需要步行将近10千米山路上学。而且山区地广人稀，天黑了以后更是危险。广西壮族自治区南丹县地处云贵高原边缘，境内大部分中小学生都住在山里，该县教育局的崖副局长告诉我们，当地曾经发生过多起山区女孩子在放学路上遭到人身侵害的事件。为此，有些学校每天会提早放学。而我们在实地考察过程中也常常看到比较偏远学校的学生放学后是在崎岖的山路上跑着回家的。除了安全问题，上学路途过远也不可避免地影响了学生的学习成绩和学校对他们的吸引力。当学生在一天之中走了10多千米路放学回家之后，已经没有更多的精力复习功课了。

附表 3-5　6省（自治区）学生上学平均花费时间（学生卷和家长卷）

省　区		最大值	最小值	平均值	M—值	有效数据	缺失值
陕西	家长	6.00	0.00	0.715 0	0.540 3	1 397	54
	学生	8.00	0.01	0.775 4	0.532 0	2 071	110
广西	家长	11.00	0.00	1.449 5	1.014 7	1 025	51
	学生	18.00	0.00	1.422 4	0.994 0	1 957	176
湖北	家长	8.00	0.01	1.026 2	0.714 3	1 051	89
	学生	6.00	0.00	0.963 3	0.686 9	1 623	146
云南	家长	10.00	0.00	0.907 3	0.519 0	1 344	33
	学生	9.00	0.00	1.316 6	0.796 3	1 989	190
河南	家长	3.00	0.00	0.509 2	0.435 2	1 576	73
	学生	5.00	0.00	0.554 1	0.393 9	2 346	165
内蒙古	家长	6.00	0.05	1.079 2	0.775 0	626	102
	学生	8.00	0.00	1.158 8	0.641 4	954	263
合计	家长	11.00	0.00	0.892 0	0.598 5	7 019	402
	学生	18.00	0.00	1.003 4	0.609 7	10 940	1 050

注：除有效数据和缺失值外，其他数据单位均为"小时"。

实际上，即使在学校住宿也不能完全解决上学路远的问题。因为即使住宿，一般也需要每周回家一次，对于那些路途过远的学生来说，每周在学校和家之间往返一次，也是一件非常劳累的事情。例如，陕西省在布局调整以后，许多地方三年级以上的孩子都要到中心小学或完小上学，最远的有40多千米路，这些孩子从家里出发，需要步行10多个小时，再坐2个小时的汽车才能到达学校。有些不住宿的孩子每天最远要走1个小时才能到校。

综上所述，有关各方都将上学路远不安全看做是学校布局调整后出现的最大问题。这种情况已经引起了国家的高度重视，2006年6月7日和9日，教育部连续下发了《关于切实解决农村边远山区交通不便地区中小学生上学远问题有关事项的通知》和《关于实事求是地做好农村中小学布局调整工作的通知》，要求各地教育行政部门要实事求是，因地制宜，坚持寄宿制学校建设和低年级学生就近入学并举的原则，要进一步加强对农村边远山区、交通不便地区中小学校布局调整、寄宿制学校建设等方面的调查研究工作，慎重对待撤点并校，在交通不便的地区仍须保留必要的小学和教学点，确保当地学生方便就学，防止因过度调整造成学生失学、辍学和上学难问题。县级教育行政部门要合理确定小学生的就学路程，并作出明确规定；对确因布局调整造成学生入学难、群众反映强烈，而寄宿制学校建设不能满足需求的，要采取切实措施予以解决，避免因决策的失误、工作简单化和"一刀切"造成新的学生上学难问题的发生。

目前，针对学生上学远、上学难的问题，各地都在积极制订应对措施，探索依靠定点校车接送学生和家长接送学生相结合的新路子，但更重要的是要坚决执行教育部的部署，避免再出现中小学过度集中的现象，应该按照当地的实际情况进行学校布局的规划和调整。

(本文原发表于《教育管理》2007年第6期)

农村中小学布局调整过程中撤销教学点应注意的问题

——基于中西部地区的调查研究

赵 丹 王一涛

内容摘要 农村中小学布局调整是适应我国农村适龄人口减少以及农村学校布局过于分散的客观现实而作出的必然选择。在这一过程中涉及合并、撤销学校的问题，其中最值得关注的问题之一就是农村教学点的撤并问题。

关键词 农村中小学布局调整 教学点 注意的问题

农村中小学布局调整就是指农村中小学在哪里办学的问题。随着我国城镇化步伐的加快及农村适龄学生数量逐年渐少，各地展开农村中小学布局调整工作，一定程度上有利于教育均衡发展，提高教育规模效益。但在取得成效的同时，学校布局调整过程中也暴露出问题。很多地区一味追求规模效益而不考虑当地的人口密度和地理环境，盲目撤销教学点，给许多农村学生带来了上学远、上学难的新问题。很多山区学生一天往返要步行十多千米崎岖的山路到乡、镇中心学校上学；一些贫困学生因到中心学校上学成本加大甚至被迫辍学。那么，农村中小学布局调整过程中撤销教学点应注意哪些问题？我们应怎样看待教学点在农村教育发展中的角色？这些问题在现实中迫切需要回答。

本文对这一问题的研究是建立在实地调查的基础上，近年来，笔者跟随"中西部地区农村中小学合理布局结构研究"课题组对湖北、陕西、内蒙古、云南、广西、河南等中西部6省（自治区）农村地区学校布局调整状况及教学点问题进行了实地考察，获得了大量的包括访谈和数据在内的第一手资料。文中对撤销教学点应注意哪些问题的分析也充分利用了课题组的调研数据和访谈资料。

一、以灵活的标准决定教学点的撤留

农村中小学布局调整的政策初衷，是在学生就近入学的前提下适当撤销一批规模过小、过于分散的教学点，以提高办学效益和教育质量，它不是相邻学校的简单合并，绝不能盲目追求规模效益，搞一刀切、模式化。

布局调整过程中撤点并校一定要综合考虑当地经济社会发展实际、新学校服务半径、财力支付、校舍建设、食宿配套建设、教师定编、地理位置特殊性、学龄人口变化等多种因素，不能单纯地以生源数量或家校距离为撤并学校的唯一标准。世界银行全民教育资助项目高级执行专家塞尔加·塞尼克也认为："学校布局既要有刚性的标准，又要有弹性的标准。同时，最小量的人口的需求也应得到满足，学校应该靠近学生居住点，在农村地区，多年级同班上课和只有一个教室的小学是必要的。"① 因此，农村中小学布局调整一定要从当地实际出发，避免由盲目撤点并校带来的学生上学远、上学难问题的出现。在判断教学点的撤留问题时，很难有一个硬性的标准作为依据，那么我们应该对哪些学校不该撤有一个清醒的认识：位于偏远地区、山区学生转到其他学校上学确实不方便的不能撤；中心校或完小的寄宿建设如果不能解决学生的寄宿问题，其下属的教学点不能撤；充分征求教学点所在地村民的意见，如果学生及其家长都不同意撤销，应该遵从群众意见不能强行撤并。

二、针对偏远地区人口出生率不稳定的情况，适当保留当地教学点

农村中小学布局调整不仅要适应当前教育的需要，而且要适应未来发展的需要。特别是对于偏远地区来说，一定要考虑到当地人口的长期变化趋势。据调查，很多地区人口出生率在近几年或是未来几年出现回升现象，2006年湖北省英山县全县小学各年级在校学生中六年级到四年级学生数量呈递减趋势，而四年级到一年级学生数量又是逐年上升的。2004年湖北省石首市桃花山镇全镇小学生数从三年级到一年级出现回升；大部分完小从二年级起学生数量出现增长；3所教学点的学生数量并不是递减趋势，而是相对稳定。这些数据表明，尽管在近几年，县域内小学学龄人口也并不是简单的逐年下降趋势，而呈现出不稳定态势，课题组调研的其他各省也出现类似的情况。此外，再从全国范围来看，附表4-1显示，2001～2015年全国小学生学龄人口数量呈逐年递减趋势，但2015年一直到2020年又出现逐年递增趋势。因此，从上述情况来看，农村中小学布局调整不能只根据暂时的学龄人口减少而进行盲目的撤点并校，必须注意到当地学龄人口的变化状况。各地在布局调整政策的实施过程中，县、乡教育部门

---

① 石人炳：《国外关于学校布局调整的研究及启示》，载《比较教育研究》2004年第12期。

要有长远规划,明确一个乡镇应有多少学校,根据生源和并入学校的容纳情况决定对学校的投入,对未来几年出现人口数量回升状况的地区特别是偏远山区,应保留当地校点并加大投入。

附表 4-1　2001～2020 年全国小学适龄学生数① 　　　（万人）

年份	2001	2002	2003	2004	2005	2006	2007	2008	2009	2010
学生数	13 076.0	12 791.8	12 522.8	12 194.4	12 099.7	11 973.1	11 744.0	11 475.6	11 189.8	10 878.2
年份	2011	2012	2013	2014	2015	2016	2017	2018	2019	2020
学生数	10 596.9	10 390.6	10 275.0	10 225.0	10 223.2	10 264.9	10 344.4	10 446.7	10 548.8	10 626.9

三、撤点并校过程中要听取多方群体的意见

在撤点并校过程中,要听取多方群体的意见尤其是教学点所在地村民的意见,这关系到政策实施的成败和当地教育的长期发展。那么从各方群体对教学点的态度来看,调查结果显示:家长卷中认为"应该保留"的占到 76%,教师卷中则占到 68.5%。可见,无论是家长还是教师群体,对保留教学点持肯定态度的人数都占有绝对优势。因此,在学校布局调整中对偏远教学点的撤留问题必须切实做好政策宣传工作,事前要将调整方案向当地群众公示,充分听取社会各界的意见。1961 年日内瓦国际教育公共大会也特别提出建议:"想取消单一教师学校的国家在作出安排之前,有必要考虑当地居民特别是学生家长的愿望,这些学校常常是他们的文化生活和社会生活的唯一中心。"② 那么对于确实偏远、交通不便的地区,必须保留或改建一批小学或教学点;"对于学龄儿童少、学生居住相对分散的,要采取合校分班、走教送教和普及推广教学光盘等方法,为低年级学生创造学习条件"。③

四、正确看待教学点的作用和未来发展

教学点与中心学校、完小都是农村义务教育的办学形式,它与中心学

---

①　石人炳著:《人口变动对教育的影响》,中国经济出版社 2005 年版,第 201 页。

②　赵中建主译:《全球教育发展的历史轨迹——国际教育大会 60 年建议书》,教育科学出版社 1999 年版,第 244 页。

③　中国教育新闻网:《教育部办公厅关于切实解决农村偏远山区交通不便地区中小学生上学远问题有关事项的通知》,http://www.jyb.com.cn/jyzl/jyzc/jcjy/ywjy/t20060626_21927.htm。

校的地位应该是平等的。教学点是有效的教学组织形式，在我国中西部偏远地区将长期存在。而且，从国际经验来看，世界各国尤其是发展中国家都由政府出资设立小型的复式学校来帮助边远贫困山区的孩子接受基础教育。因此，在我国，农村教学点也有必要作为一种灵活的办学形式长期保留下来。

（一）教学点与中心学校的地位应是平等的

义务教育是所有适龄儿童都有权利享受的基本权利，是一国政府必须提供的公共产品和服务。因此，看待教学点应从义务教育的本质和社会公平的角度出发。无论是中心学校、完小还是教学点，都是义务教育阶段的教学组织形式，是我国农村教育的重要载体，它们的地位应该是平等的。很多地区在中小学布局调整过程中盲目追求规模效益而对中心校与教学点采取一种"非此即彼"的态度，甚至认为教学点是质量低下的代名词，迟早要被撤并。这些对待教学点的态度和政策是不合理的，不仅是对教学点的一种歧视，而且更不利于教学点学生享受到教育公平。我们必须认识到，教学点的最首要的定位是作为一种教育载体，为偏远山区学生提供义务教育。这不仅有利于普及义务教育，而且更促进了教育公平。"公共政策是对价值的一种权威性分配，不同的选择主要是价值的产物，在很大程度上取决于决策者所拥有的政治理念和文化价值"。① 各级政府特别是地方教育行政部门，只有用正确的价值观去看待教学点，认识到教学点与其他学校同等的教育教学作用，才能制定合理的政策，采取有效的措施促进教学点发挥出对农村义务教育的积极作用。

（二）教学点是有生命力的，在偏远山区将长期存在

教学点不仅给当地学生上学带来了便利，而且提供了一种灵活而又有效的教学组织形式，教学点是有生命力的。教学点规模小，学生和教师数量少，大多采用复式教学，从这个意义上说，大多数教学点均可称为复式学校。也正是复式教学这种教学组织形式，适应了我国中西部偏远地区的特殊地理地形以及人口分散、交通不便、经济落后的现状。很多学者也提出："复式学校规模小，建校费用低，可大量设置，分散布点，以便学生就近入学；复式学校又能保证教师资源更有效地使用，同它们所服务的小

---

① 杨东平著：《中国教育公平的理想与现实》，北京大学出版社 2006 年版，第 19 页。

社区有密切的联系,这将使当地人民对教育的态度及对教育的评价产生非常积极的影响"。① 而且,我国中西部偏远地区山区居多、人口分散的客观现实是长期存在的,特别是人口出生率虽然逐年降低,但每年的出生率并不为零。在调查中很多村民和教学点教师都提出:尽管教学点所在的村人口少,出生率很低,但每年都有四五个孩子出生。有小孩就要有学校,教学点是有必要长期保留的。因此,无论是从偏远地区学生对教学点的客观需求来看,还是从教学点复式教学为主的灵活的办学形式看,教学点在未来很长时期内都将继续存在。

(三)从世界范围来看,无论是发展中国家还是发达国家,都将复式学校作为一种重要的办学形式在本国推广并长期鼓励其发展

其中发展中国家复式学校的发展背景与我国相类似,即偏远农村地区学生家庭远离学校,由于学校硬件设施有限及缺少师资等原因,难以满足小学生的入学需求。为实现"全民教育"目标,当地政府一般采取鼓励或支持复式学校的策略。据国际教育机构不完全统计:小学复式教学在赞比亚、菲律宾、印度尼西亚、马来西亚等大多数发展中国家大量存在,印度、斯里兰卡、秘鲁及越南小学中的复式教学比例分别达到61%、63%、78%和17%。墨西哥全境约有35 000个社区,30万学生的受教育情况因地处偏僻山区而使教育部无法直接触及。这些社区中的学生自20世纪70年代始,迄今30多年来主要靠复式小型开发式学校进行教学活动。② 这种小型学校由政府出资,社区合作,目的是帮助边远贫困山区孩子接受基础教育,促进教育公平。可见,世界各国都在采取一切措施使教育制度适合农村人口的需要。同样,对于我国来说,也有必要将教学点作为一种灵活的办学形式继续保留,为偏远地区学生顺利接受义务教育提供条件。

(本文原发表于《河北师范大学学报(教育科学版)》2008年第12期)

---

① 吕晓虹:《复式教学在义务教育中的地位及前景》,载《教育评论》1999年第3期。
② 石人炳:《国外关于学校布局调整的研究及启示》,载《比较教育研究》2004年第12期。

后　记

本书是英国政府双边赠款"西部地区基础教育发展"项目"中西部地区农村中小学合理布局结构研究"课题结题成果之一和全国教育科学"十一五"规划青年基金项目"农村教学点问题研究"课题的最终研究成果。本书借助于对中西部6省（自治区）的实证研究和广东省韶关市清丰县、武汉市黄陂区、湖北浠水县等地的多次调研，并结合全国其他省市的调查研究，就农村中小学布局结构调整与农村教学点建设问题进行了探讨，指出农村中小学布局结构调整过程中之所以存在这样或那样的问题，其中的重要原因之一就是忽视了农村教学点的建设，并在此基础上提出了在农村中小学布局结构调整过程中如何加强教学点建设的对策思路。本研究成果可以为从事农村教育工作的管理、研究和实践机构与个人提供学术及实践参考。

本研究得到了英国政府海外发展部、世界银行和中华人民共和国教育部财务司、贷款办和全国教育科学规划办公室的资助。在这里我们衷心感谢上述各方以及所调研省（自治区）、县（市）、乡（镇）教育行政部门的负责同志，所调研地区的校长、老师、同学及其家长、监护人和乡村干部的大力支持和帮助。没有他们的支持和帮助，本研究的开展是不可想象的。

本书能够顺利地出版，是与人民教育出版社的大力支持分不开的，魏运华、吕达、刘立德以及韩华球、刘建霞等领导和编审人员为本书的编审出版做了大量的工作，付出了辛勤的劳动，在此，对他们表示衷心的感谢！此外，本研究还得到了华中师范大学社科处的指导和帮助，对此我们表示深深的谢意！

在本书的撰写过程中，作者参考、引用了许多同行、学者的文章和著作，吸收了许多观点和材料，特深表谢意。同时由于作者水平有限，书中的不妥之处肯定很多，请同行、学者们不吝指教，以便再作修改，使之更臻完善。

作者

2011年5月28日于武昌桂子山